Peter Mersch

Land ohne Kinder

Wege aus der demographischen Krise

- Warum Kindergärten, Ganztagsschulen und Kindergeld die Geburtenraten nicht wesentlich erhöhen werden
- Warum der Beruf der Familienmanagerin kommen muss

Bibliografische Information der Deutschen Bibliothek:
Die Deutsche Bibliothek verzeichnet diese Publikation in der
Deutschen Nationalbibliographie; detaillierte bibliographische Daten
sind im Internet über http://dnb.ddb.de abrufbar.

Unveränderter Nachdruck der 1. Auflage aus 2006
© 2016 Peter Mersch
Herstellung und Verlag: BoD - Books on Demand, Norderstedt
Printed in Germany
ISBN-13: 978-3-8423-5560-6

Inhaltsverzeichnis

Inhaltsverzeichnis

Inhaltsverzeichnis iii

Abbildungsverzeichnis

Danksagung

Mein besonderer Dank gilt Lenore Steller für die kritische Durchsicht des Manuskripts und zahlreiche Anregungen, ohne die das Buch in dieser Form nicht hätte entstehen können.

Peter Mersch

Für Spätzchen

Vorwort

Wir stehen in Deutschland – und in ähnlicher Weise in ganz Europa – vor einer Katastrophe biblischen Ausmaßes. Das Schlimme daran: Wir sehen zwar alles ganz klar auf uns zukommen, es gibt aber keine Erfahrungen, auf die wir zurückgreifen könnten, um die Gefahr noch abzuwenden. Denn eine vergleichbare Situation hat es in der Geschichte der Menschheit noch nie vorher gegeben[1].

Noch sind nur die ersten Vorboten der bevorstehenden Katastrophe erkennbar, wie zum Beispiel zunehmende Arbeitslosigkeit, Verarmung und Abstriche bei sozialen Leistungen. Die meisten Politiker vertreten noch die Meinung, man müsse nur wieder die Wirtschaft ankurbeln und die Arbeitslosigkeit bekämpfen, dann würden sich auch alle anderen Probleme praktisch wie von selbst lösen. Dabei handelt es sich allerdings um eine reine Symptombekämpfung: Das eigentliche Problem sitzt viel tiefer und betrifft das Fundament der Gesellschaft, nämlich ihre Menschen.

Auch ist es keineswegs so, dass wir es nur mit einer einzigen Veränderung (zum Beispiel der gestiegenen Lebenserwartung) zu tun haben, sondern mehrere ineinander greifende und sich gegenseitig verstärkende Entwicklungen führen zu einer Beschleunigung von Vorgängen, aus denen es kaum noch ein Entrinnen gibt.

Hier nur einige wenige Fakten und daraus folgende Konsequenzen:

- Die Menschen werden immer älter. Dies ist zum Teil ein Erfolg des medizinischen Fortschritts, aber auch einer insgesamt stärker geschützten Lebensweise.

  Lag die Lebenserwartung für einen im Jahr 1950 in Westdeutschland geborenen Jungen noch bei 64,6 Jahren, so erhöhte sich dieser Wert für einen in 2000 geborenen Jungen auf 74,8 Jahre. Bei Frauen nahm die Lebenserwartung im gleichen Zeitraum von 68,5 auf 80,7 Jahre zu.

---

[1] Allerdings schreibt Jared Diamond in „Kollaps – Warum Gesellschaften überleben oder untergehen", 7. Auflage, 2006, Seite 221 über den Untergang der Maya: „Auf der anderen Seite dürfte sich in der Abnahme auch die Tatsache widerspiegeln, dass die Geburtenrate oder der Anteil überlebender Kinder im Lauf mehrerer Jahrzehnte sank. Die Entvölkerung war also vermutlich sowohl auf eine höhere Sterblichkeit als auch auf eine geringere Geburtenrate zurückzuführen."

Vorwort

Zusammen mit der gleichzeitig gesunkenen Geburtenrate wird dies unter anderem zur Folge haben, dass in 2030 jede dritte (34,4 Prozent) in Deutschland lebende Person 60 Jahre oder älter sein wird.

- Es werden immer weniger Kinder geboren. Jede Frau müsste im Durchschnitt 2,1 Kinder in die Welt setzen, damit die Bevölkerungszahlen stabil bleiben, tatsächlich liegt die sogenannte Fertilitätsrate[2] zurzeit bei 1,36, betrachtet man nur die deutsche Bevölkerung ohne Zugewanderte, dann sogar noch deutlich darunter.

- Älter werdende Menschen sind in vielen Belangen bedürfnisärmer. Sie benötigen keine neuen Autos mehr, die sie sowieso nicht fahren dürfen, keine teuren Konsumgüter oder Modeartikel, und die alten Möbel tun es in der Regel auch noch, zumal alternde Menschen in der Regel weniger häufig umziehen. Und wenn, dann siedeln sie gleich in den warmen Süden über, wodurch sie ihr Geld ins Ausland transferieren. Auch fehlen die Enkelkinder, denen sie das Geld in der einen oder anderen Form zukommen lassen könnten. Eine sinkende Anzahl junger Menschen hat deshalb eine abnehmende Binnennachfrage zur Folge.

- Die geringere Anzahl an nachrückenden jüngeren Personen wird noch stärker für die Aufrechterhaltung lebenswichtiger Funktionen des Staates und der Wirtschaft benötigt werden, weswegen sie noch weniger Kinder in die Welt setzen werden. Eine geringere Anzahl an Menschen setzt also auch bezogen auf ihre eigene Populationsgröße zu wenige Kinder in die Welt, wodurch sich der Effekt der Überalterung verstärken wird.

- Viele Menschen leiden bereits in jungen Jahren unter chronischen Erkrankungen mit schweren Spätfolgen. Zu nennen sind insbesondere: Übergewicht, Kopfschmerzen, Diabetes, Essstörungen, Hyperaktivität, Depressionen, rheumatische Erkrankungen. Einige der genannten Krankheiten haben in den letzten Jahrzehnten epidemische Ausmaße angenommen. Eine erhebliche Anzahl der nachrückenden jüngeren Menschen ist also nur bedingt leistungsfähig[3].

- Viele junge Menschen entstammen zugewanderten Familien, sprechen schlecht Deutsch und schließen die Schule entweder mit keinem Abschluss oder lediglich mit einem Hauptschulabschluss ab. Andere Kinder scheinen kaum erziehbar zu sein, so dass den verzweifelten Eltern gar

---

[2]   Wikipedia: Fertilitätsrate, http://de.wikipedia.org/wiki/Fertilit%C3%A4tsrate

[3]   Mersch, Peter: Migräne – Heilung ist möglich, 2006

eine Super-Nanny[4] zu Hilfe eilen muss. Ein nennenswerter Anteil der schwindenden jüngeren Generation ist also gleichzeitig schlecht ausgebildet oder verhaltensauffällig und in einer modernen Informations- und Wissensgesellschaft wie der Bundesrepublik Deutschland nur bedingt einsatzfähig.

- Gerade begabte Frauen und Männer entscheiden sich zunehmend für eine berufliche Karriere und eine lebenslängliche Kinderlosigkeit. Im günstigsten Fall werden ein oder zwei Kinder in die Welt gesetzt. Dies führt zu der bedenklichen Situation, dass sich vor allem die gesellschaftlichen Leistungsträger zu wenig reproduzieren. Die heute aufwachsenden Kinder haben meist keine oder nur wenige Geschwister und werden im Erwachsenenalter einen geringeren Kinderwunsch verspüren[5].

- Frauen entscheiden sich heute häufig eher für eine Langzeitarbeitslosigkeit als für Kinder, weil sie glauben, ihren Kindern unter den heutigen wirtschaftlich unsicheren Rahmenbedingungen nicht genügend Sicherheit und Wohlstand bieten zu können. Auch glauben sie – und das mit Recht –, dass eigene Kinder die weitere Jobsuche eher behindern werden.

- Viele ältere Menschen sind geistig oder körperlich so gebrechlich, dass sie sich nicht mehr selbst versorgen können. Sie benötigen folglich die Hilfe anderer. Diese „anderen Menschen" werden in den nächsten Jahrzehnten zahlenmäßig abnehmen oder dringend für andere gesellschaftliche Aufgaben benötigt. Es ist deshalb denkbar, dass Menschen nicht mehr so lange am Leben erhalten werden können, wie dies medizintechnisch machbar wäre, ein Punkt, der an den ethischen und moralischen Grundfesten unserer Gesellschaft rütteln wird.

- Der bereits entstandene Nachwuchsmangel wird in den nächsten Jahren mit voller Wucht auf den Arbeitsmarkt treffen, während gleichzeitig ein deutlich größerer Bevölkerungsteil in Rente geht. Dies dürfte nicht nur das Rentensystem unfinanzierbar machen, sondern den Bedarf an ausländischen Arbeitskräften erhöhen. Diese können aber nicht aus den von ähnlichen Nachwuchssorgen betroffenen europäischen Nachbarländern kommen, sondern nur aus Ländern mit einem erheblichen Überschuss an jüngeren Menschen, insbesondere also aus muslimischen Ländern, in denen Frauen oft noch als reine Gebärmaschinen gehalten

---

[4] RTL: Die Super Nanny – Erziehungsnot in Deutschland: Viele Eltern haben Stress mit ihren Kindern und kommen mit dem eigenen Nachwuchs nicht mehr klar. Die Super Nanny hilft!

[5] Schirrmacher, Frank: Minimum – Vom Vergehen und Neuentstehen unserer Gemeinschaft, 2006, Seite 95

werden. Hierdurch besteht die Gefahr der zunehmenden fundamentalistischen Unterwanderung der liberalen westlichen Gesellschaft. Dies hätte die ironische Konsequenz, dass die Stärkung der Stellung der Frauen in den westlichen Industrienationen indirekt zu einer Durchsetzung dieser Gesellschaften mit extrem frauenfeindlichen Ideologien führt.

Betrachtet man den Staat als einen lebenden Organismus und die in ihm wohnenden Menschen als seine Zellen, dann haben wir es hier mit einer Situation zu tun, bei der

- ein Großteil der Zellen alt und verbraucht ist (zu viele alte Menschen),

- ein Teil der jüngeren Zellen angeschlagen ist (krank, erschöpft, überfordert),

- zu wenige jüngere Zellen nachwachsen, die die alten ersetzen können (zu wenige Kinder),

- die jüngeren Zellen oft von minderer Qualität sind (schlecht ausgebildet, verhaltensauffällig),

- zunehmend Teile des Organismus durch Implantate ersetzt werden müssen (Zuwanderer).

Einem solchen Organismus fehlt etwas, was für jedes Lebewesen von entscheidender Bedeutung ist: die Fähigkeit der inneren Erneuerung. In der Natur würde ein solches Lebewesen bald eingehen.

In diesem Buch wird deutlich gemacht, dass nicht die zunehmende Lebenserwartung, sondern in erster Linie der fehlende und weniger qualifizierte bzw. belastbare Nachwuchs – oder wirtschaftwissenschaftlich ausgedrückt: das sinkende Humanvermögen[6] – für die sich abzeichnende Entwicklung verantwortlich gemacht werden muss.

Darüber hinaus wird gezeigt, dass das Aufziehen von Kindern nur bedingt mit unserer spezialisierten und stressreichen Arbeitswelt und den heute weit verbreiteten Ansprüchen an die Freizeitgestaltung vereinbar ist und dass daher ein Großteil der Probleme rührt. Gerade begabte Frauen scheinen unbewusst zu spüren, dass sie nur maximal ein oder zwei Kinder in die Welt setzen können, weil alles andere zu stark zulasten der Kinder oder, abstrakter ausgedrückt, zulasten der Qualität gehen würde.

---

[6]   Kaufmann, Franz-Xaver: Schrumpfende Gesellschaft – Vom Bevölkerungsrückgang und seinen Folgen, 2005, Seite 72 ff.

Es wird deshalb der Vorschlag gemacht, das Aufziehen von Kindern zu professionalisieren, damit diese Aufgabe auch für intelligente und gebildete junge Frauen wieder attraktiv wird. Anders gesagt: In einer arbeitsteiligen Welt wird das Aufziehen von Kindern zunehmend zu einer weiteren Spezialaufgabe, die wie jede andere Tätigkeit von vergleichbarer gesellschaftlicher Bedeutung bezahlt werden muss. Gleichzeitig adressiert der Vorschlag neben der quantitativen Komponente auch qualitative Aspekte einer anzustrebenden Erhöhung des Humanvermögens, insbesondere die Verbesserung von Bildung und Gesundheit der aufzuziehenden Kinder.

Daneben werden verschiedene Optionen diskutiert, welche Rolle zukünftig den Alten in unserer Gesellschaft zukommen könnte.

Das Buch will gleichzeitig daran erinnern, dass jede Krise – und sei sie noch so bedrohlich – auch neue Chancen bieten kann. Eine Informations- und Wissensgesellschaft wie die Bundesrepublik Deutschland lebt entscheidend von den Kompetenzen ihrer Menschen und Unternehmen. Und in diesem Rahmen ist es auf Dauer viel weniger entscheidend, ob irgendeine Mikrochip-Fabrik nun in Leipzig oder Singapur gebaut wird, sondern ob die Menschen gesund, leistungsstark, gebildet und motiviert sind.

Auf etwas, wo bereits das Fundament nicht trägt, kann man nicht bauen. Dieser Aspekt wurde in den letzten Jahrzehnten zu wenig beachtet. Und so war es möglich, dass eine Lebensmittelindustrie unser Land mit Junk-Food überschüttete, während gleichzeitig das Kinderkriegen vor allen Dingen denen überlassen wurde, die ohnehin kaum noch etwas zu verlieren hatten, was wiederum dazu führte, dass eine erhebliche Zahl der aufwachsenden Kinder zwischen Kassiererinnen-Job und Arbeitssuche mit minderwertiger Nahrung und wenig Bildung versorgt wurde.

Die demographische Krise wird viele Länder treffen, Deutschland besonders früh und hart. Vielleicht bietet dies die Chance, auch besonders frühzeitig die notwendigen Weichen für die Zukunft zu stellen.

Sollte dies nicht gelingen, wird unser Land in den nächsten Jahrzehnten in Depression versinken. Ein Land benötigt Kinder, um optimistisch zu bleiben und an die Zukunft zu glauben. In dem Moment, wo die Kinder von den Straßen verschwinden, gehen Freude und Zuversicht verloren.

Frankfurt, im April 2006

Peter Mersch

1 Was auf uns zukommt

> *Im Vergleich zur demographischen Katastrophe ist der Zusammenbruch des Kommunismus unwichtig.[7]*

Die Menschen in Deutschland – und fast überall sonst auf der Welt – werden immer älter, während gleichzeitig immer weniger Kinder in die Welt gesetzt werden. Mit anderen Worten: Deutschland altert mit unvorstellbarer Geschwindigkeit.

Die Tatsache ist schon seit vielen Jahren bekannt und dokumentiert, trotzdem wird politisch darauf kaum reagiert. Ein Hauptargument ist, dass sich dagegen kaum etwas tun lasse, weil es sich bei demographischen Entwicklungen um Naturprozesse (biologische Prozesse) handelt, die man politisch nicht beeinflussen[8], sondern an die man sich lediglich anpassen kann, auch wenn dies schmerzlich ist. Politiker neigen dazu, nur das als Problem anzuerkennen, wofür es eine erkennbare Lösung gibt, und folglich wird die Entwicklung ignoriert.

Daneben gibt es andere Stimmen, die verstärkt ökonomische und soziale Ursachen für den Bevölkerungsschwund verantwortlich machen[9]. Eine solche Auffassung würde politische Gegensteuerungen ermöglichen.

Für welche Auffassung man sich auch immer entscheiden mag: Wenn nichts geschieht oder die beschlossenen Maßnahmen nicht greifen, werden die mittelfristigen Auswirkungen gewaltig sein[10]:

> *Das flache Land entvölkert sich, nur die Regionen um die Großstädte bleiben attraktiv und müssen den Unterhalt für den Rest der Republik erwirtschaften. Immobilienkapital entwertet sich in großem Umfang, die Binnennachfrage stagniert. Die öffentlichen Haushalte sind nicht mehr auszugleichen, ihre Kreditwürdigkeit sinkt. Soweit lassen sich die Wirkungsketten mit einiger Sicherheit voraussehen. Welche politischen und sozialen Weiterungen daraus entstehen, lässt sich*

---

[7] Claude Lévi-Strauss

[8] Kaufmann, Franz-Xaver: Schrumpfende Gesellschaft – Vom Bevölkerungsrückgang und seinen Folgen, 2005, Seite 116

[9] ebenda, Seite 167

[10] ebenda, Seite 166 f.

> *nur ahnen: zunehmende Verarmung, Abwanderung, soziale Unruhen, neue extremistische Parteien, kollektiver Vertrauensverlust, vielleicht auch kollektive Erstarrungserscheinungen.*

Oder etwas allgemeiner formuliert[11]:

> *Der unaufhaltsame, sich von Tag zu Tag beschleunigende Verfall unserer Bevölkerung, die Überalterung unserer Gesellschaft, die graue Revolution wird das Antlitz Europas stärker verändern als die Französische, die Russische oder die osteuropäische Revolution, wird größere gesellschaftliche Veränderungen anrichten als der Erste und Zweite Weltkrieg zusammen.*

Das vorliegende Buch ist so strukturiert, dass im ersten Kapitel die möglichen oder wahrscheinlichen Konsequenzen der Entwicklung näher betrachtet werden, und zwar unter der Prämisse, dass sich die Fertilitätsraten in der Zukunft nicht wesentlich ändern werden.

Die Kapitel 2-4 beleuchten einige Hauptursachen der Entwicklung, während sich die Kapitel 5-9 mit möglichen Maßnahmen zur Gegensteuerung beschäftigen. Kapitel 10 und 11 diskutieren schließlich ergänzende Maßnahmen, die in erster Linie als Ausblick zu verstehen sind.

Überalterung

Das Problem der gesellschaftlichen Überalterung besteht aus zwei Komponenten:

- Die Menschen werden aufgrund des medizinischen Fortschritts bei gleichzeitig geringeren physischen Belastungen (beispielsweise sind die meisten Menschen Wind und Wetter nur noch selten ausgesetzt) und einer geringeren Gefährdung immer älter.

- Auf der anderen Seite werden in den meisten Industrieländern immer weniger Kinder in die Welt gesetzt. In Deutschland beträgt die Fertilitätsrate[12] zurzeit 1,36. Stabile Bevölkerungsgrößen setzen eine Fertilitätsrate von 2,1 (= durchschnittlich 2,1 Kinder pro Frau) voraus.

---

[11] Tichy, Roland und Tichy, Andrea: Die Pyramide steht Kopf – Die Wirtschaft in der Altersfalle und wie sie ihr entkommt, 2003, Seite 10

[12] Wikipedia: Fertilitätsrate, http://de.wikipedia.org/wiki/Fertilit%C3%A4tsrate

In nackten Zahlen drückt sich das Problem so aus[13]:

- Geht man von einem Rentenalter von 60 Jahren aus, dann kamen in 1985 auf 100 Erwerbstätige 35 Rentner, während dieses Verhältnis in 2030 auf 71 Rentner und in 2050 auf 78 Rentner pro 100 Erwerbstätige ansteigen wird. Heute liegt der Wert bei 45.

- Geht man von einem Rentenalter von 65 Jahren aus, dann kamen in 1985 auf 100 Erwerbstätige 24 Rentner, während dieses Verhältnis in 2030 auf 49 Rentner und in 2050 auf 55 Rentner pro 100 Erwerbstätige ansteigen wird. Heute liegt der Wert bei 32.

- In 2030 wird jede dritte Person (34,4 Prozent) in Deutschland 60 Jahre oder älter sein.

- Gab es 1985 noch 19,8 Millionen Frauen in einem gebärfähigen Alter, so wird diese Zahl in 2030 auf 16,3 Millionen und in 2050 auf 14,2 Millionen sinken. Aktuell sind 19,6 Millionen Frauen in diesem Alter.

- Wurden in 1964 noch 1,36 Millionen Kinder geboren, so wird diese Zahl im Jahr 2050 auf 548.000 bis 450.000 sinken[14]. In 2005 wurden 680.000 Kinder geboren.

Das Statistische Bundesamt schreibt zur Basis der aufgeführten Schätzwerte[15]:

> *Für den Zeitraum von 2002 bis 2050 wurden die Ergebnisse der mittleren Variante der 10. koordinierten Bevölkerungsvorausberechnung herangezogen. Dieser Variante liegen folgende Annahmen zugrunde:*
>
> *1. Die Geburtenhäufigkeit bleibt während des gesamten Zeitraums der Vorausberechnung bei 1,4 Kindern pro Frau.*
>
> *2. Die Lebenserwartung bei Geburt steigt bis 2050 für Mädchen auf 86,6 Jahre und für Jungen auf 81,1 Jahre; die "fernere" Lebenserwartung beträgt 2050 für 60-jährige Frauen 28 weitere Lebensjahre und für gleichaltrige Männer etwa 24 Lebensjahre.*
>
> *3. Der Außenwanderungssaldo der ausländischen Bevölkerung beträgt 200.000 jährlich; die Nettozuwanderung der Deutschen geht von etwa 80.000 im Jahr 2002 schrittweise zurück bis zum Nullniveau im Jahr 2040.*

---

[13] Statistisches Bundesamt: 10. koordinierte Bevölkerungsvorausberechnung, http://www.destatis.de/basis/d/bevoe/bev_svg_var.php

[14] Roloff, Juliane: Demographischer Faktor, 2003, Seite 87

[15] Statistisches Bundesamt: 10. koordinierte Bevölkerungsvorausberechnung, http://www.destatis.de/basis/d/bevoe/bev_svg_var.php

Mit anderen Worten: Die Geburtenrate wurde optimistisch noch mit 1,4 Kindern pro Frau angenommen. Davon scheint man aber nicht mehr ausgehen zu können, denn aktuell ist die Zahl bundesweit bereits auf 1,36 gesunken[16], in einigen Bundesländern liegt sie sogar deutlich darunter.

Fazit: Deutschland wird – sofern keine gravierenden Änderungen eintreten – spätestens in 2030 ein Land voller alter Menschen sein, mehr als jede dritte Person wird über 60 Jahre alt sein. Ob die dann in Deutschland aufwachsenden Kinder im Erwachsenenalter hier noch leben wollen oder nicht lieber irgendwo sonst auf der Welt ihr Glück versuchen werden, kann man zurzeit nicht voraussehen. Die im Osten Deutschlands bereits stattfindende Landflucht spricht aber eine klare Sprache. Es ist deshalb nicht auszuschließen, dass gerade die Leistungsträger frühzeitig in Länder auswandern werden, die über bessere Rahmenbedingungen verfügen[17]:

> *Die jungen Hoffnungsträger wandern scharenweise aus in andere Länder, wo sie bessere Entfaltungsmöglichkeiten vorfinden.*

Um keine Missverständnisse aufkommen zu lassen: Ich halte die Tatsache, dass die Menschen immer älter werden, für ein erschwerendes, aber letztendlich lösbares Problem: Viele alte Menschen können immer noch gesellschaftlich wichtige Aufgaben übernehmen, dazu werden verschiedene Vorschläge im Kapitel *Die Alten* auf Seite 159 gemacht. Die wirklich schwerwiegende Komponente des Überalterungsproblems stellt die zunehmende Kinderlosigkeit dar. Eine Gesellschaft mit vielen alten Menschen reift, eine Gesellschaft ohne Kinder stirbt dagegen.

---

[16] n-tv: Immer weniger Kinder – Rückgang beschleunigt sich, 15.03.2006, http://www.n-tv:de/644879.html

[17] Tichy, Roland und Tichy, Andrea: Die Pyramide steht Kopf – Die Wirtschaft in der Altersfalle und wie sie ihr entkommt, 2003, Seite 57

Franz-Xaver Kaufmann dazu[18]:

> *Je mehr die Bevölkerung altert, desto wichtiger ist eine Fertilität, die das Reproduktionsniveau nicht wesentlich unterschreitet.*

Und an anderer Stelle[19]:

> *Nicht das Altern, sondern der absehbare und sich voraussichtlich beschleunigende Rückgang unserer Bevölkerung ist das zentrale demographische Problem.*

Allerdings darf bezweifelt werden, dass dies auf Dauer auch so von der Bevölkerung gesehen wird. Wenn die demographische Entwicklung unverändert weiter geht, wird sich eine zunehmende Intoleranz gegenüber alten Menschen herausbilden. Bei verstärkter ökonomischer Belastung des erwerbstätigen Teils der Bevölkerung werden ältere Menschen empfindliche Einbußen bei der medizinischen Betreuung erfahren. Dies wird sowohl für medikamentöse Therapien, medizinische Eingriffe, physikalische Therapien als auch Pflegedienste gelten. Die Veränderungen werden an grundsätzlichen ethischen und moralischen Wertvorstellungen unserer Gesellschaft rütteln. Es ist nicht auszuschließen, dass sich gleichzeitig ein offener Altenhass entwickeln wird, in dessen Rahmen zum Beispiel jede größere Grippewelle mit Verlusten bei der älteren Bevölkerung als Geschenk Gottes gefeiert wird.

Sucht man nach den Gründen für den Fertilitätsrückgang, dann fällt zunächst der deutliche Anstieg des Anteils der Frauen ohne Kinder auf. Mittlerweile ist davon auszugehen, dass jede dritte Frau zeitlebens ohne Kinder bleiben wird.

Herwig Birg dazu[20]:

> *Die Risiken langfristiger Festlegungen im Lebenslauf sind am größten, wenn eine Entscheidung über den Schritt zum ersten Kind getroffen werden muss. Die Übergänge vom ersten zum zweiten und vom zweiten zum dritten Kind unterscheiden sich grundlegend von diesem ersten Schritt, denn der Wechsel zur Elternschaft ist irreversibel, er ist wie ein Übergang von einer Welt in eine andere,*

---

[18] Kaufmann, Franz-Xaver: Schrumpfende Gesellschaft – Vom Bevölkerungsrückgang und seinen Folgen, 2005, Seite 16

[19] ebenda, Seite 15

[20] Birg, Herwig: Die ausgefallene Generation – Was die Demographie über unsere Zukunft sagt, 2005, Seite 88

> *während der Zuwachs einer Familie durch ein weiteres Kind als ein Ereignis aus der gleichen Welt erfahren wird, nicht als Übergang in eine neue. Deshalb erhöhte sich der Anteil der Kinderlosen vom Frauenjahrgang 1940 bis zum Jahrgang 1965 kontinuierlich von 10,6% auf 32,1%.*

Des Weiteren ist auch der Anteil der Frauen mit einem Kind und der von Frauen mit drei und mehr Kindern zurückgegangen. Der geringere Rückgang bei den Familien mit vier und mehr Kindern beruht auf dem hohen Anteil Zugezogener. Bereits Anfang der 90er Jahre hatten 42 Prozent der Kinder, die als vierte oder weitere Kinder zur Welt kamen, ausländische Eltern[21]. Lediglich der Anteil der Frauen mit zwei Kindern blieb über die verschiedenen Geburtenjahrgänge hin konstant. Dies wird in der folgenden Tabelle zusammengefasst[22]:

	Von 100 Frauen haben … Kinder					
Jahrgang	keine	1	2	3	4 u. m.	Geburtenrate
1940	10,6	26,4	34,1	18,5	10,4	1,97
1945	13,0	30,4	34,6	14,0	8,0	1,78
1950	15,8	29,4	34,3	13,1	7,4	1,70
1955	21,9	24,9	33,5	12,5	7,3	1,61
1960	26,0	21,6	32,4	12,4	7,7	1,57
1965	32,1	17,6	31,2	11,1	8,1	1,48

Abbildung 1: Prozentsatz der Frauen mit … Kindern

Einerseits mag die sichere Empfängnisverhütung und die Legalisierung der Abtreibung bei dieser Entwicklung eine wesentliche Rolle gespielt haben. Hierdurch wurden die Frauen in die Lage versetzt, eine Empfängnis auf sichere und durch sie gesteuerte Weise zu verhindern. Ihnen standen damit zum ersten Mal die gleichen biographischen Optionen wie Männern zur Verfügung, und das ganz ohne Triebverzicht (siehe dazu den Abschnitt *Die Opportunitätskosten der Kindererziehung* auf Seite 63). Die Pille und die Legalisierung der Abtreibung waren also letztendlich die technischen

---

[21]   ebenda, Seite 85

[22]   ebenda, Seite 89

Voraussetzungen für gesellschaftliche Veränderungen, wie die stärkere Selbstbestimmung und Berufstätigkeit der Frauen.

Konzentriert man sich auf die ökonomischen und gesellschaftlichen Veränderungen, dann dürften sich vor allem die folgenden Punkte negativ auf die Geburtenraten ausgewirkt haben:

- Rentenversicherung (siehe Kapitel *Rentenversicherung* auf Seite 37)

- Frauenemanzipation (siehe Kapitel *Emanzipation der Frauen* auf Seite 49)

- Scheidungsgesetze (siehe Kapitel *Ehe-Risiken* auf Seite 73)

Dabei betreffen die ersten beiden Punkte beide Elternteile, da eigene Kinder nicht nur aktuelle wirtschaftliche Nachteile zur Folge haben, sondern auch zu Beeinträchtigungen bei der Altersversorgung führen. Die deutschen Scheidungsgesetze mit ihrer deutlichen Benachteiligung von alleinverdienenden Ehemännern beeinflussen dagegen vor allem den Kinderwunsch von Männern negativ.

Insgesamt besagen die aktuellen Geburtenraten, dass sich Generationen nur noch zu zwei Dritteln ersetzen[23]:

> *Wenn – wie dies seit drei Jahrzehnten in der Bundesrepublik mit kleinen Schwankungen kontinuierlich der Fall ist – sich eine Frauengeneration über die Generationen hinweg nur noch zu etwa zwei Dritteln ersetzt, so bedeutet dies, dass 1.000 Frauen nur noch 667 Töchter und 444 Enkelinnen und 296 Urenkelinnen bekommen.*

Die Beispielrechnung macht unmittelbar klar, dass einmal angelaufene Prozesse zu einem späteren Zeitpunkt kaum noch umstimmbar sind. Auch wenn die 444 Enkelinnen eine Geburtenrate von 3,0 hätten, würden daraus nur wieder 667 Urenkelinnen entstehen und eben nicht 1.000.

Überfremdung / Fremdenfeindlichkeit

Der Begriff der „Überfremdung" hört sich zunächst politisch motiviert an[24]. Er soll aber im Kontext dieses Buches genauso neutral verstanden werden, wie der Begriff der „Überalterung". Dieses Buch beschäftigt sich nicht mit der

---

[23] Kaufmann, Franz-Xaver: Schrumpfende Gesellschaft – Vom Bevölkerungsrückgang und seinen Folgen, 2005, Seite 52

[24] Wikipedia: Überfremdung, http://de.wikipedia.org/wiki/%C3%9Cberfremdung

politisch korrekten Verwendung von Begriffen, sondern mit der Beschreibung und Lösung von Problemen.

Beide Begriffe – Überalterung und Überfremdung – bedingen sich gegenseitig. Auf der einen Seite macht die zunehmende Alterung der Gesellschaft einen ständigen Zustrom an Zuwanderern erforderlich, so dass[25]

> *Deutschland und die EU selbst nach konservativsten Berechnungen ein solches Maß an Zuwanderung erleben werden, dass die Integrationsfähigkeit unserer Gesellschaft bis aufs Äußerste herausgefordert sein wird.*

Hohe Anforderungen an die Integrationsfähigkeit einer Gesellschaft bzw. schlussendlich die Überforderung der Integrationsfähigkeit sind andere Formulierungen für den Begriff der „Überfremdung": Irgendwann ist ein Punkt erreicht, wo ein zu hoher Anteil an Zuwanderern gesellschaftlich nicht mehr verkraftet werden kann. Eine unverblümte Fremdenfeindlichkeit wird nur eine der direkten Folgerungen sein[26].

Verzichtet man dagegen auf eine Verstärkung der Zuwanderung, wird unsere Gesellschaft zwangsläufig „überaltern". Alte Menschen werden dann einen so hohen Anteil an der Gesamtbevölkerung haben, dass sie von der jüngeren Generation nur noch als störend empfunden werden[27]:

> *Den Alternden werden Schuldgefühle gemacht werden. Und sie werden sich schuldig fühlen, weil sie da sind.*

Als Konsequenz aus der demographischen Krise hat die Gesellschaft also die Wahl zwischen einer verstärkten Alten- oder einer verstärkten Fremdenfeindlichkeit. Wahrscheinlich wird beides eintreten.

In diesem Abschnitt sollen aber in erster Linie die Konsequenzen einer verstärkten Zuwanderung diskutiert werden.

---

[25] Schirrmacher, Frank: Das Methusalem-Komplott – Die Menschheit altert in unvorstellbarem Ausmaß. Wir müssen das Problem unseres eigenen Alterns lösen, um das Problem der Welt zu lösen, 36. Auflage, 2004, Seite 52

[26] Netzzeitung.de: Viele Deutsche beklagen "Überfremdung", 13.07.2005, http://www.netzeitung.de/deutschland/348393.html

[27] Wikipedia: Überfremdung, http://de.wikipedia.org/wiki/%C3%9Cberfremdung

[27] Schirrmacher, Frank: Das Methusalem-Komplott – Die Menschheit altert in unvorstellbarem Ausmaß. Wir müssen das Problem unseres eigenen Alterns lösen, um das Problem der Welt zu lösen, 36. Auflage, 2004, Seite 57

Wenn Deutschland zunehmend älter wird, immer weniger Kinder geboren werden, während gleichzeitig anhaltend mehr alte Menschen in Rente gehen, dann ist eine nahe liegende Handlungsoption, die fehlenden Arbeitskräfte durch Zuwanderer zu ersetzen.

Tatsächlich aber geschieht dies bereits seit vielen Jahren. Ohne die regelmäßige Zuwanderung von Arbeitskräften aus dem Ausland, hätte die Einwohnerzahl in Deutschland längst abgenommen.

Herwig Birg dazu[28]:

> *Deutschland war im 19. Jahrhundert ein Auswanderungsland, jedes Jahr zogen 100 bis 200 Tausend Menschen nach Übersee, die meisten in die Vereinigten Staaten und nach Südamerika. Nach dem Zweiten Weltkrieg nahm Deutschland über 12 Millionen Vertriebene und Flüchtlinge auf. In der Zeit hohen Wirtschaftswachstums wandelte es sich von einem Auswanderungs- in ein Einwanderungsland; das ist in der Zeit niedrigen Wachstums so geblieben. Es überholte dabei – von der Öffentlichkeit weitgehend unbemerkt – die klassischen Einwanderungsländer USA, Kanada und Australien: Auf 100 Tausend Einwohner und oft auch in absoluten Zahlen übertrifft die Zahl der Zuwanderungen die der klassischen Einwanderungsländer um ein Vielfaches.*

Und weiter[29]:

> *Seit den 70er Jahren des 20. Jahrhunderts werden in Deutschland jedes Jahr mehr Zuwanderer aus dem Ausland registriert als Geburten im Inland – eine Entwicklung, die sich im 21. Jahrhundert wegen der permanent sinkenden Geburtenzahl verstärkt fortsetzen wird. So deutlich diese Zahlen den Übergang zu einem Einwanderungsland dokumentieren, sie sagen nichts über den besonders wichtigen Sachverhalt aus, dass es sich um die Zuwanderung meist wenig qualifizierter Menschen aus Ländern der Dritten Welt handelt, während die Wanderungsbilanz mit den europäischen Ländern oder den USA negativ ist.*

---

[28] Birg, Herwig: Die ausgefallene Generation – Was die Demographie über unsere Zukunft sagt, 2005, Seite 107 f.

[29] ebenda, Seite 108

Mit anderen Worten:

- Die Zahl der Zuwanderer übertrifft seit den 70er Jahren des 20. Jahrhunderts die Zahl der Geburten.

- Überwiegend wandern weniger qualifizierte Menschen aus Ländern der Dritten Welt zu, während die Abwanderer dagegen häufig besonders qualifiziert sind.

- Deutschland übertrifft bei der Zuwandererzahl die meisten anderen Länder bei weitem und hat selbst die klassischen Einwanderungsländer hinter sich gelassen.

Franz-Xaver Kaufmann schätzt die relative Qualifikation der Zugewanderten wie folgt ein[30]:

> *Man muss deshalb den Beitrag, den die Zuwanderung zur Minderung der skizzierten Investitionslücke in Humankapital bisher geleistet hat, als deutlich unterproportional zur Zahl der Zuwanderer einschätzen.*

Übersetzt heißt dies mehr oder weniger: Eine bestimmte Anzahl an Zuwanderern ist insgesamt deutlich weniger qualifiziert als die gleiche Anzahl einheimischer Mitarbeiter. Das Humanvermögen wird durch zugewanderte Menschen nicht in gleicher Weise gesteigert wie durch in Deutschland aufgewachsene Menschen.

Dies drückt sich konkret zum Beispiel wie folgt aus[31]:

> *Einer Studie der Bertelsmann-Stiftung in elf norddeutschen Städten zufolge gingen im Jahre 2003 22,6 aller ausländischen Schüler ohne Abschluss von der Schule; im Jahr zuvor waren es noch 15,1%. Dieser Anteil ist etwa dreimal so hoch wie derjenige der einheimischen Jugendlichen.*

Die folgende Abbildung zeigt die Zahl der Zuwanderungen in die Länder Schweiz (CH), Deutschland (D), Spanien (ESP), Frankreich (F), Italien (ITA)

---

[30]   Kaufmann, Franz-Xaver: Schrumpfende Gesellschaft – Vom Bevölkerungsrückgang und seinen Folgen, 2005, Seite 86

[31]   Kaufmann, Franz-Xaver: Schrumpfende Gesellschaft – Vom Bevölkerungsrückgang und seinen Folgen, 2005, Seite 178

und Großbritannien (GB) in Tausend im Zeitraum 1991 bis 2002 (Jahres-durchschnitte) [32]:

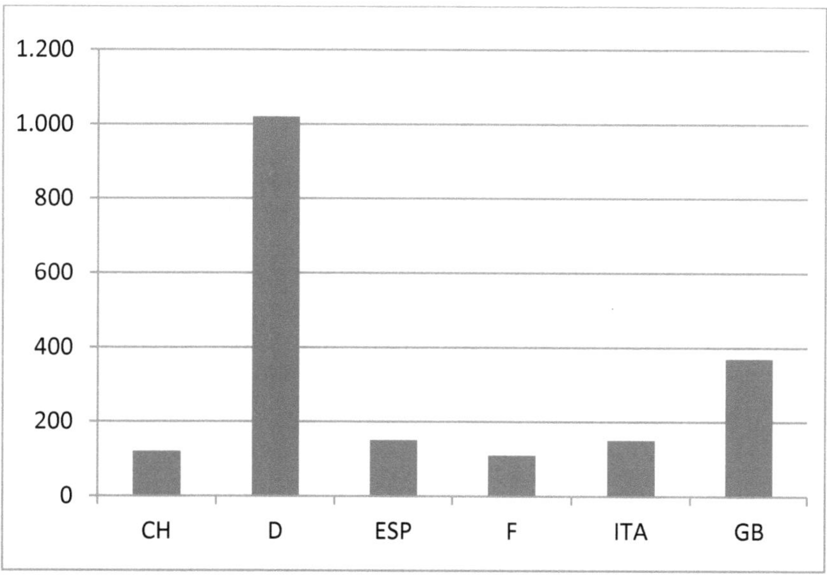

Abbildung 2: Zuwanderungen pro Jahr 1991 – 2002

Herwig Birg fasst die Situation wie folgt zusammen[33]:

> *Stärker als in anderen Industrieländern werden fehlende Geburten durch Einwan-derungen ersetzt: Schon vor dem Zusammenbruch des Ostblocks und der an-schließenden starken Zuwanderung nahm Deutschland ein Mehrfaches an Mig-ranten auf als vergleichbare Länder: Auf 100 Tausend Einwohner bezogen betrug die jährliche Zahl der Zuwanderungen zum Beispiel in den 80er Jahren des vorigen Jahrhunderts in den USA 245, in Kanada 479, in Australien 694 und in der alten Bundesrepublik 1.022. In Deutschland werden pro Jahr im Mittel 700 Tau-send Geburten und rund 800 Tausend Zuwanderungen registriert – bei rund 850 Tausend Sterbefällen und rund 600 Tausend Abwanderungen ins Ausland. Deutschland hat also mehr Zuwanderungen pro Jahr als Geburten im Inland, und zwar schon seit Jahrzehnten. Desinformation und Desinteresse haben zu einem falschen Selbstbild Deutschlands geführt: Es ist weltoffener als andere Länder.*

---

[32] Birg, Herwig: Die ausgefallene Generation – Was die Demographie über unsere Zukunft sagt, 2005, Seite 105

[33] ebenda, Seite 33

Der Zuwanderungsstrom von außen wird im Inneren des Landes durch ein weiteres Phänomen ergänzt:

- Zwischen 2000 und 2005 lag die Fertilitätsrate der deutschen Frauen schätzungsweise zwischen 1,2 und 1,3.

- Im gleichen Zeitraum hatten die zugewanderten Frauen dagegen eine Fertilitätsrate von 1,9.

Mit anderen Worten: Es wandern nicht nur jährlich mehr Menschen aus anderen Ländern nach Deutschland zu, als in Deutschland Kinder geboren werden, die zugewanderten Menschen setzen auch prozentual deutlich mehr Kinder in die Welt als die einheimische Bevölkerung; das heißt, die deutsche Bevölkerung reproduziert sich deutlich schlechter als der zugewanderte Bevölkerungsteil. Auch dies wird auf Dauer zu signifikanten Verschiebungen bei den Bevölkerungsmehrheiten führen.

Franz-Xaver Kaufmann dazu[34]:

> *Sollte sich die Zuwanderung in Deutschland im bisherigen Umfang fortsetzen, so würde der Anteil der Zugewanderten und ihrer Nachkommen nach einer Schätzung von Birg sich von 9% (1998) auf 19,6% (2030) und 27,9% (2050) erhöhen. In Ostdeutschland und manchen Großstädten könnte schon bald unter den Jüngeren die Zahl der Zugewanderten und ihrer Nachkommen überwiegen.*

Ganz anders stellen sich die Prognosen dar, wenn man sich nicht an dem bisherigen Umfang der Zuwanderung orientiert, sondern an der Bevölkerungszahl bzw. an der Zahl der Arbeitskräfte[35]:

> *Wollte Deutschland bis zum Jahr 2050 die Bevölkerungszahl konstant halten, müssten wir jährlich 344.000 ausländische Menschen aufnehmen; also insgesamt bis zum Jahr 2050 rund 17 Millionen – das entspricht der Einwohnerzahl der Benelux-Staaten oder von Österreich plus Tschechien. Und doch ist diese gewaltige Zahl lediglich die untere Grenze, das Harmlos-Szenario: Denn noch dramatischer sieht es im Hinblick auf das Arbeitspotenzial aus (also der Deutschen, die älter als 15, aber jünger als 65 Jahre sind). Wollte man das Reservoir an Arbeitskräften konstant halten, wären jährlich 487.000 Zuwanderer nötig, was sich bis zum Jahr 2050 auf 24,3 Millionen Einwanderer summieren würde. ...*

---

[34] Kaufmann, Franz-Xaver: Schrumpfende Gesellschaft – Vom Bevölkerungsrückgang und seinen Folgen, 2005, Seite 84

[35] Tichy, Roland und Tichy, Andrea: Die Pyramide steht Kopf – Die Wirtschaft in der Altersfalle und wie sie ihr entkommt, 2003, Seite 125 f.

> *Noch alarmierender werden die Zahlen, wenn es darum geht, das „potenzielle Unterstützungsverhältnis" aufrechtzuerhalten, also die Zahl der Personen im arbeitsfähigen Alter, die auf je eine Person über 65 entfällt. Wäre es das Ziel, das heutige Verhältnis zu stabilisieren, müssten bislang nie dagewesene (und jeglichen vernünftigen Erwartungen widersprechende) Einwanderungszahlen erreicht werden: Deutschland müsste jährlich bis zu 3,6 Millionen Migranten gewinnen und so bis zum Jahr 2050 nicht weniger als 181 Millionen Zuwanderer ins Land holen – die heutige Bevölkerung Russlands.*

Die Zahlen machen unmittelbar deutlich, dass es eine Veränderung im „potenziellen Unterstützungsverhältnis" geben muss, oder anders ausgedrückt: Die Deutschen müssen zu einem späteren Zeitpunkt in Rente gehen als bisher.

In fast allen Industrieländern und insbesondere in der gesamten Europäischen Union ist die Fertilitätsrate in den letzten Jahrzehnten signifikant gefallen, so dass fast nirgendwo mehr bestandserhaltende Werte erreicht werden.

Ganz anders sieht dies in den ans Mittelmeer angrenzenden Nachbarländern der EU aus.

Herwig Birg präzisiert[36]:

> *Trotz einer in den Vorausberechnungen unterstellten schnellen Abnahme der Geburtenrate und trotz angenommener hoher Auswanderungen wächst die Bevölkerung in diesen Anrainerstaaten des Mittelmeers von 1998 bis 2050 von 236 auf 394 Millionen. Gleichzeitig schrumpft sie in den 15 Ländern der Europäischen Union von 375 auf 296 Millionen, falls die Geburtendefizite nicht durch Einwanderungen ausgeglichen werden können.*

Noch gravierender sehen die Unterschiede aus, wenn das gesamte südliche europäische Hinterland betrachtet wird. Hier gehen konservative Schätzungen davon aus, dass die Bevölkerungszahl im Zeitraum von 2000 bis 2050 von 587 auf 1.298 Millionen zunehmen wird[37].

---

[36] Birg, Herwig: Die ausgefallene Generation – Was die Demographie über unsere Zukunft sagt, 2005, Seite 62

[37] ebenda, Seite 63

Bei unveränderter demographischer Entwicklung in Deutschland und seinen Nachbarländern dürften diese Bevölkerungen irgendwann in Europa vor leeren Räumen stehen.

Oder mit den Worten von Franz-Xaver Kaufmann[38]:

> *Der Bevölkerungsrückgang wird bald auch unsere Nachbarländer ergreifen und gleichzeitig einen Sog auf die noch „jungen" und weit ärmeren Bevölkerungen anderer Weltteile ausüben. Was dann zu erwarten steht, lässt sich durchaus mit den Wirkungen der Völkerwanderung vergleichen.*

Vereinzelung

Bezogen auf die alte Bundesrepublik Deutschland lässt sich die folgende Entwicklung festhalten:

- Von 1970 bis 2004 erhöhte sich die Zahl der Ein-Personen-Haushalte von ca. 5,5 Millionen auf ca. 11,5 Millionen.

- Von 1970 bis 2004 stieg gleichzeitig die Zahl der Zwei-Personen-Haushalte von ca. 6 Millionen auf ca. 10,5 Millionen.

Gleichzeitig kam es zu einer signifikanten Verringerung der Zahl der Familien mit drei und mehr Kindern. Bei einem Großteil der verbliebenen kinderreichen Familien handelt es sich um Zuwanderer, ein erheblicher Teil davon ist arm.

In Deutschland kommt es also mehr und mehr zu einer Vereinzelung von Menschen, die entweder als Single oder in einer Paarbeziehung ohne Kinder leben.

Und auch die aufwachsenden Kinder haben sehr häufig nur noch einen Bruder oder eine Schwester.

Martine und Jürgen Liminski ergänzen[39]:

> *Freilich gilt auch: Ohne Mehrzahl kaum oder gar keine Beziehungen. Bei einem Kind gibt es drei Beziehungen, bei zwei schon sechs, bei drei bereits zehn.*

---

[38] Kaufmann, Franz-Xaver: Schrumpfende Gesellschaft – Vom Bevölkerungsrückgang und seinen Folgen, 2005, Seite 242

[39] Liminski, Martine und Liminski, Jürgen: Abenteuer Familie - Erfolgreich erziehen: Liebe und was sonst noch nötig ist, 2002, Seite 206

Daneben entwickeln sich vor allem die Großstädte stellenweise zu regelrechten Arbeitswelten, in denen für Kinder kein Platz mehr zu sein scheint.

Franz-Xaver Kaufmann dazu[40]:

> *Posttraditionale Lebensformen finden sich vor allem in Großstädten und städtischen Zentren, während Familien vorzugsweise im Stadtumland wohnen, soweit sie nicht ohnehin in einem eher traditionalen ländlichen Umfeld siedeln. Und es ist ebendiese Polarisierungstendenz, welche das besondere Ausmaß des Geburtenrückgangs in Deutschland mit erklärt. Es bilden sich hier zunehmend „kinderlose Milieus", in denen das Fehlen von Kindern auch nicht mehr wahrgenommen wird. Kinderlose finden hier also Bestätigung unter ihresgleichen. Sie haben sich den Umgang mit Kindern abgewöhnt.*

Und weiter[41]:

> *Die Polarisierung auf der Bewusstseinsebene wird auch durch eine aktuelle Studie im Auftrage der baden-württembergischen Landesregierung bestätigt. Ihr zufolge ist ein Teil der deutschen Bevölkerung dabei, sich von Kindern zu entfremden. „Der Anteil der Bevölkerung, der kaum Kontakte zu Kindern und Jugendlichen hat, wächst kontinuierlich und damit die Gefahr, dass die Interessen der nächsten Generation bei der gesellschaftlichen Meinungsbildung und den Entscheidungen in Politik und Gesellschaft zu wenig berücksichtigt werden."*

Viele Restaurants und Konsumtempel in Großstädten sind heute bereits so konzipiert, dass Kinder sich darin nicht wohlfühlen würden.

Noch deprimierender sieht es in der virtuellen Welt aus[42]:

> *Auf dem Bildschirm tummeln sich weit mehr Großstadt-Singles, kinderlose Männer und Alleinerziehende als in der Wirklichkeit. „Eine Geburtenrate von 0,48 Kindern pro Frau und 0,6 pro Mann macht das Filmleben der Primetime zur quasi kinderfreien Zone und potenziert den demographischen Niedergang des ‚wahren Lebens' auf dem Schirm ins geradezu Apokalyptische", lautet das Ergebnis einer Studie des Adolf-Grimme-Instituts zu Familienbildern im Fernsehen. Im Fernsehfilm gab es im Untersuchungszeitraum 2004 mehr als doppelt so viele Singles und dreimal so viele Alleinerziehende wie in der deutschen Realität.*

---

[40]   Kaufmann, Franz-Xaver: Schrumpfende Gesellschaft – Vom Bevölkerungsrückgang und seinen Folgen, 2005, Seite 143

[41]   ebenda, Seite145

[42]   Der Spiegel: TV-Programm – Kinderfreie Zone, 15.04.2006, 16/2006, Seite 102

Frank Schirrmacher sieht diesen Prozess sich gradlinig fortsetzen[43]:

> *Je kinderloser die Umwelt, je verwandtschaftsärmer die Netzwerke, desto schneller scheint sich der Mensch der Kinder zu entwöhnen.*

Die zunehmende Vereinzelung hat aber auch wirtschaftliche Konsequenzen. Meinhard Miegel dazu[44]:

> *Bei gleichem Lebensstandard brauchen und verbrauchen nun einmal vier Ein-Personen-Haushalte sehr viel mehr als ein Vier-Personen-Haushalt. Die Menschen lassen sich ihre freiwillige oder unfreiwillige Vereinzelung etwas kosten. Ob diese Vereinzelung menschengerecht ist, soll dahingestellt bleiben. Viele haben sie selbst gewählt. Doch wirtschaftlich aufwändig ist sie allemal.*

Auf der anderen Seite ist das Single-Dasein in den meisten Fällen mit deutlich niedrigeren Opportunitätskosten verbunden als alternative Lebensläufe. Obwohl diese Lebensweise gemäß Meinhard Miegel wirtschaftlich sehr aufwändig ist, ist sie für die Singles selbst wirtschaftlich die günstigste Alternative. Roland und Andrea Tichy erläutern dies so[45]:

> *Eine Hauptursache für den Anstieg Alleinlebender ist die gesellschaftliche Aufwertung des Single-Daseins. Immer mehr Menschen genießen das Singleleben in vollen Zügen, und viele haben die materiellen Voraussetzungen dafür. Im Vergleich etwa zu Familienhaushalten leisten sich die Singles deutlich mehr Kneipenbesuche (40 Prozent – Familien 16 Prozent) und gehen öfter ins Kino (15 Prozent – Familien 6 Prozent). Und sie können sich auch doppelt so viel Zeit für gemeinsame Unternehmungen mit Freunden nehmen (57 Prozent – Familien 28 Prozent).*
>
> *Um zu leben brauchen wir heute keine Familie mehr.*

---

[43]   Schirrmacher, Frank: Minimum – Vom Vergehen und Neuentstehen unserer Gemeinschaft, 2006, Seite 73

[44]   Miegel, Meinhard: Epochenwende – Gewinnt der Westen die Zukunft? 5. Auflage, 2006, Seite 190 f.

[45]   Tichy, Roland und Tichy, Andrea: Die Pyramide steht Kopf – Die Wirtschaft in der Altersfalle und wie sie ihr entkommt, 2003, Seite 204 f.

Fehlende Liebe

Vereinzelung hat aber noch eine andere Konsequenz: Es fehlt die Motivation für altruistische Verhaltensweisen, für ein Geben, das kein gleichzeitiges Nehmen erwartet. Altruistische Verhaltensweisen werden ganz wesentlich in der Familie eingeübt, in einer Welt voll Einzelpersonen dominiert dagegen die Geschäftsbeziehung.

Frank Schirrmacher zitiert Ergebnisse einer internationalen Studie über die Familienkultur in Deutschland, Kamerun und Costa Rica[46]:

> *Es zeigte sich übereinstimmend in allen drei Ländern, dass durch jüngere Geschwister ein soziales und altruistisches Verhalten eingeübt wird. „Zweiundsechzig Prozent der Wirkungen, die die Kultur auf implizites prosoziales Verhalten ausübt, kann auf Geschwister-Effekte zurückgeführt werden", schreiben die Autoren dieser Studie.*

Depressive Stimmung

Deutschland ist von einer Depression erfasst. Damit ist nicht nur der konjunkturelle Status gemeint, sondern die Stimmung in der Bevölkerung generell. Selbst in Deutschland produzierte Popsongs hören sich mittlerweile mehrheitlich so an, als stände der Weltuntergang unmittelbar vor der Tür.

Allgemein wird die bedrückende und fast aussichtslose wirtschaftliche Lage der Bevölkerung dafür verantwortlich gemacht.

Dies ist sicherlich ein wichtiger Aspekt. Ich bin allerdings überzeugt, dass die Bevölkerung längst die zunehmende Überalterung und vor allem das Fehlen von Kindern als einen Prozess versteht, der eher in Richtung Untergang denn Erneuerung führt.

Menschen müssen Veränderungen erleben, um ihre Stimmung zu ändern. Menschen müssen Kinder sehen und spüren, um wieder optimistischer zu werden. In einer Welt ohne Kinder werden eher Fatalismus und Zynismus dominieren.

Kurt Biedenkopf hebt noch einen anderen Aspekt hervor: Die sich zunehmend ausbreitende Angst vor der Zukunft und dem Alter. Angst ist bei Menschen ein häufiger Begleiter von Depressionen[47]:

---

[46]   Schirrmacher, Frank: Minimum – Vom Vergehen und Neuentstehen unserer Gemeinschaft, 2006, Seite 57

> *Die Angst wächst mit dem Lebensstandard. Wir fürchten ihn zu verlieren. Sie ist beherrschend geworden, Ausdruck einer steigenden Unsicherheit, welche die Bevölkerung erfasst hat. Sie ist nicht auf ältere Menschen beschränkt. Auch die heute aktiven, die geburtenstarken Jahrgänge haben Angst vor der Zukunft und dem Alter. Niemand hat ihre Ängste in jüngerer Zeit eindringlicher, drängender, aber auch hoffnungsloser beschrieben als Frank Schirrmacher in seinem „Methusalem-Komplott". Ein Komplott der Hilflosigkeit, das im Grunde ins Leere zielt.*

Die sich ausbreitende Angst vor der Zukunft und dem Alter hat nur indirekt etwas mit einer Furcht vor dem Verlust des Lebensstandards zu tun. In Wirklichkeit ist sie der Ausdruck des Wissens darüber, dass sich der Organismus „Deutschland" nicht mehr erneuert, dass mit den Menschen der ganze Organismus altert und möglicherweise bald verendet.

Zusammenbruch der Rentenversicherung

In diesem Abschnitt soll exemplarisch nur auf die Rentenversicherung eingegangen werden. In Wirklichkeit ist aber das gesamte soziale Sicherungssystem von der demographischen Entwicklung betroffen[48]:

> *Ein wesentlicher Punkt ... ist der erkennbare bevorstehende Zusammenbruch der sozialen Sicherungssysteme ... Wir wissen aber alle, dass der alarmierende demographische Wandel eben nicht nur die Rentenversicherung und die Pflegeversicherung betrifft, sondern auch die Arbeitslosen- und Krankenversicherung, ja im Prinzip sämtliche Sozialversicherungssysteme, die bei anhaltender Bevölkerungsentwicklung nicht mehr so aufrechtzuerhalten sind, wie wir das bis jetzt gewohnt sind.*

Wie im Kapitel *Rentenversicherung* auf Seite 37 näher erläutert wird, handelt es sich bei dem deutschen Rentensystem um ein umlagefinanziertes System. Dies bedeutet, dass die heutigen Renten aus den aktuellen Beiträgen der Versicherungspflichtigen bestritten werden. Die Rentenkassen sind also vom Prinzip her stets leer, weil eingehende Beiträge sofort an die Leistungsempfänger (Rentner) ausgezahlt werden.

---

[47] Biedenkopf, Kurt H.: Die Ausbeutung der Enkel – Plädoyer für die Rückkehr zur Vernunft, 2006, Seite 38

[48] Löhr, Mechthild: Argumente zur Familienförderung aus Unternehmenssicht; in: Leipert, Christian (Hrsg.): Demographie und Wohlstand – Neuer Stellenwert für Familie in Wirtschaft und Gesellschaft, 2003, Seite 271

Ein solches System ist an zwei Stellen verwundbar:

- Steigt die Lebenserwartung der Menschen, dann müssen die nachrückenden jüngeren Arbeitnehmer immer höhere Leistungen für die immer älter werdenden Rentner erbringen.

- Sinkt die Anzahl der jüngeren Menschen, dann müssen die wenigen nachrückenden jüngeren Arbeitnehmer gleichfalls immer höhere Leistungen für die Rentner erbringen.

Daneben gibt es noch eine dritte Angriffsstelle: das verstärkte Aufkommen von Arbeitslosigkeit und nicht beitragspflichtigen Formen der Erwerbstätigkeit, wobei Letzteres eine direkte Folge moderner Wirtschaftätigkeit ist. Peter Schimany dazu[49]:

> *Der Trend zur Ausgliederung von Risiken aus den Unternehmen aufgrund neuer Organisationsstrukturen (outsourcing) trägt zur Beschleunigung solcher Prozesse bei. Mit dem Anstieg sozialrechtlich ungeschützter Erwerbstätigkeit in einem vorsorgeorientierten System wächst die Gefahr mangelnder Altersabsicherung, so dass in Zukunft massive sozialpolitische Probleme befürchtet werden. Unter der Prämisse, dass flexible Vertrags- und Organisationsformen in einer Informations- und Wissensgesellschaft gesamtwirtschaftlich erwünscht und – vor dem Hintergrund steigender Qualifikationen und veränderter Arbeitsanforderungen – vielfach auch im Interesse der Erwerbstätigen sind, ist eine Ausweitung der Basissicherung folgerichtig.*

Diese dritte Angriffsstelle soll im Rahmen dieses Buches aber keine weitere Berücksichtigung finden.

Steigende Lebenserwartungen wären möglicherweise noch verkraftbar. Da aber speziell die Geburtenrate in einem Ausmaß eingebrochen ist, wie es kein derartiges Rentensystem verkraften kann, ist ein Zusammenbruch des Rentensystems unausweichlich. Dagegen werden auch keine Zusatzrenten einen Schutz bieten können. Im Gegenteil: Es darf erwartet werden, dass die kapitalstockfinanzierten Zusatzrenten mit dem Zusammenbruch des gesetzlichen Rentensystems ebenfalls massiv an Wert verlieren werden. Diese Einschätzung wird auch von den Ausführungen Phillip Longmans über den Status der amerikanischen Pensionsfonds gestützt[50].

---

[49] Schimany, Peter: Die Alterung der Gesellschaft – Ursachen und Folgen des demographischen Umbruchs, 2004, Seite 408

[50] Longman, Phillip: The Empty Cradle - How Falling Birthrates Threaten World Prosperity and What to Do about It, 2004, Seite 154

Stephan Fasshauer dazu[51]:

> *Die Einflüsse der demographischen und ökonomischen Entwicklungen auf die Alterssicherung betreffen alle Formen der Alterssicherung, das heißt auch die betriebliche und private Alterssicherung.*

Und Roland und Andrea Tichy[52]:

> *Und es ist geradezu ein Treppenwitz, dass neuerdings private Anlageformen wie Aktien die bisherige gesetzliche Rentenversicherung ergänzen sollen, um die demographische Versorgungslücke durch Kapitalerträge zu ergänzen: Wenn die heute in Aktien, Lebensversicherungen und Immobilien angesparten Beträge von ihren Eigentümern zur Finanzierung des Alters aufgelöst werden, wird es zu einem massiven Preis- und Kursverfall kommen, denn auch zukünftige Nachfolge-Investoren werden fehlen. Maschinen kann man nicht essen, man kann sie nur verkaufen. Aber es wird keine Käufer für die Aktienpakete, Firmenanteile und Immobilien geben, es sei denn zu Discount-Preisen. Der angehäufte Wohlstand dieses Landes wird auf den Flohmärkten verramscht werden.*

Die Veränderungen in der Geburtenrate und in der Lebenserwartung können im sogenannten Altenquotienten zusammengeführt werden. Dieser Quotient gibt Auskunft über das Verhältnis der jüngeren, erwerbsfähigen Bevölkerungsgruppe zur älteren, sich im Rentenalter befindenden Bevölkerung[53]:

> *Gemessen an diesem Quotienten ist Deutschland eine rasant alternde Gesellschaft. Noch Ende des vergangenen Jahrhunderts lag der Altenquotient (60/20) bei 41,3. Für die nächsten 20 bis 30 Jahre erwartet das Statistische Bundesamt einen Anstieg auf fast 70. Das würde bedeuten, dass auf 100 Personen zwischen 20 und 60 Jahren fast 70 Personen über 60 Jahre kommen. Setzt man die Altersgrenzen für den Altenquotienten je fünf Jahre höher an, ergibt sich für 2030 ein*

---

[51] Fasshauer, Stephan: Die Folgen des demographischen Wandels für die gesetzliche Rentenversicherung; in: Kerschbaumer J, Schroeder W (Hrsg.): Sozialstaat und demographischer Wandel – Herausforderungen für Arbeitsmarkt und Sozialversicherung, 2005, Seite 67

[52] Tichy, Roland und Tichy, Andrea: Die Pyramide steht Kopf – Die Wirtschaft in der Altersfalle und wie sie ihr entkommt, 2003, Seite 12

[53] Fasshauer, Stephan: Die Folgen des demographischen Wandels für die gesetzliche Rentenversicherung; in: Kerschbaumer J, Schroeder W (Hrsg.): Sozialstaat und demographischer Wandel – Herausforderungen für Arbeitsmarkt und Sozialversicherung, 2005, Seite 71 f.

> *Wert von 50, das heißt 50 Personen über 65 stehen 100 Personen zwischen 25 und 65 gegenüber.*

Momentan wird das Rentensystem immer wieder durch kosmetische Maßnahmen gerettet, da die geburtenstarken Nachkriegsjahre mehrheitlich immer noch in die Rentenkassen einzahlen.

Dennoch waren bereits erhebliche Zusatzbelastungen zu verwalten. Beispielsweise stiegen die durchschnittlichen Rentenbezugszeiten in der Zeit von 1960 bis 2002 bei Männern um 54 Prozent und bei Frauen um 77 Prozent.

Wenn die starken Nachkriegsjahrgänge das Rentenalter erreicht haben, wird es kein Halten mehr geben. Dann müssen andere Lösungen auf den Tisch, die schon jetzt entwickelt werden sollten.

Stephan Fassbauer nennt die wesentlichen Stellschrauben:

> *Mit Blick auf die aktuelle politische und wissenschaftliche Diskussion dürften bei einer weiteren Reform insbesondere folgende Überlegungen zumindest intensiv diskutiert werden:*
>
> *a) Erhöhung des gesetzlichen Renteneintrittsalters,*
>
> *b) Maßnahmen zur Erhöhung der Geburtenrate und*
>
> *c) Maßnahmen zur Erhöhung der Zuwanderer.*

Bezüglich der Wirksamkeit der einzelnen Maßnahmen führt er dann aus[54]:

> *Unter der Annahme, dass sich die zusammengefasste Geburtenziffer in den nächsten Jahren in Deutschland leicht erhöht, kommt eine aktuelle Prognos-Studie zu dem Ergebnis, dass sich deutlich positive Effekte für die Finanzen der gesetzlichen Rentenversicherung ergeben würden: Bis zum Ende des Prognosezeitraums (2050) würde sich bei einer unterstellten zusammengefassten Geburtenziffer von 1,7 ab 2010, eine Verringerung des Beitragssatzes zur gesetzlichen Rentenversicherung von 1,2 Prozentpunkten gegenüber der Referenzrechnung ergeben. Da sich zugleich das Bruttorentenniveau im Vergleich zum Referenzszenario um 0,8 Prozentpunkte erhöhen würde, ist eine Erhöhung der Geburtenrate im Betrachtungszeitraum bis 2050 nach den Ergebnissen der Studie im Vergleich zu den weiteren untersuchten Varianten (unter anderem höheres Wirtschafts-*

---

[54]   ebenda, Seite 88 f.

> *wachstum, höhere Erwerbsbeteiligung von Jüngeren bzw. Älteren und höhere Zuwanderung) die „vorteilhafteste Variante". Die Analyse hat aber auch gezeigt, dass bei einem Zeithorizont bis 2030 – bei Beachtung von Leistungsniveau- und Beitragssatzentwicklung – eine höhere Erwerbsbeteiligung Älterer die zu präferierende Variante wäre.*

Zu einer Erhöhung der Zuwanderung schreibt Stephan Fassbauer weiter[55]:

> *Die Studie von Prognos hat auch diese Reformüberlegung analysiert und nimmt bei ihren Berechnungen an, dass ab 2011 der jährliche Nettozuwanderungssaldo gegenüber der Referenzberechnung schrittweise bis 2020 auf dann 50.000 Personen gesteigert wird und auf diesem Niveau anschließend konstant bleibt. Unter diesen Bedingungen kommt die Analyse zu dem Ergebnis, dass diese Variante, nach einer Erhöhung der Geburtenrate, in Bezug auf Leistungsniveau- und Beitragssatzentwicklung die zweitbeste Option darstellt.*
>
> *Für die Auswirkungen auf die gesamte Sozialversicherung ist jedoch nicht die Anzahl, sondern die Struktur der Zuwanderung von entscheidender Bedeutung. So haben nach einer Studie junge Zuwanderer mit einer guten schulischen bzw. beruflichen Qualifikation eine positive Wirkung auf die wirtschaftliche Situation Deutschlands. Insgesamt sind die Einflussfaktoren auf die Zuwanderung jedoch sehr unsicher – insbesondere aufgrund der politischen Einflussfaktoren –, weshalb für langfristige Prognosen auch nur ein „langfristiges Mittel" genommen wird. Eine Erhöhung der Zuwanderung stellt damit keine realistische Option dar.*

Weniger Unternehmer

Eine verringerte Geburtenrate wird irgendwann die Zahl der auf den Arbeitsmarkt drängenden Menschen verringern. Vielfach wird angenommen, dies könne zu einer Entlastung des Arbeitsmarktes oder gar zu Vollbeschäftigung führen.

---

[55]   ebenda, Seite 89 f.

Dies wird von Hans-Werner Sinn bezweifelt[56]:

> *Manchmal wird vermutet, die altersbedingte Verringerung der Erwerbstätigkeit sei ein Vorteil für den Arbeitsmarkt, weil so die Arbeitslosenquote gesenkt werden könne. Diese Vermutung ist freilich irrig. Sie entspringt einer allzu primitiven mechanischen Sichtweise des Wirtschaftsgeschehens und übersieht, dass die Alterung nicht nur Arbeitnehmer, sondern auch Arbeitgeber aus dem Arbeitsmarkt eliminiert. Zu beachten ist nämlich, dass neue Unternehmen, die neue Arbeitsplätze schaffen, von jungen Leuten gegründet werden. Das durchschnittliche Alter der Unternehmensgründer liegt in Deutschland bei 34 bis 35 Jahren, es fällt also mit dem Alter der maximalen wissenschaftlichen Leistung zusammen. Da die am dichtesten besetzten Altersklassen älter als 35 Jahre sind, ist als Ergebnis einer weiteren Alterung der deutschen Bevölkerung nicht eine Verminderung der Arbeitslosigkeit, sondern ganz im Gegenteil eine Verschärfung des ohnehin schon bestehenden Mangels an Unternehmern und Arbeitsplätzen zu befürchten. Dass ein Land von Greisen eine geringere Arbeitslosigkeit als ein Land von jungen, arbeitsfähigen Menschen aufweisen würde, ist eine absurde und naive Vorstellung.*

Und Ernst Kistler bezweifelt ebenfalls die im Rahmen der Alterung unserer Gesellschaft erhoffte Entlastung des Arbeitsmarktes[57]:

> *Dass von einem Arbeitskräftemangel in den nächsten zwei Jahrzehnten nicht die Rede sein kann, zeigen – bei allen Unsicherheiten solcher Langfristszenarien – auch die vorliegenden Prognosen zur Arbeitsmarktbilanz in Deutschland. Grob zusammengefasst prognostizieren diese Studien eine Arbeitslosenquote von ca. 4 Prozent im Falle einer günstigen und von 10 und mehr Prozent im Falle einer ungünstigeren Wirtschaftsentwicklung bis 2030/40.*

---

[56] Sinn, Hans-Werner: Das demographische Defizit – die Fakten, die Folgen, die Ursachen und die Politikimplikationen; in: Birg, Herwig (Hrsg.): Auswirkungen der demographischen Alterung und der Bevölkerungsschrumpfung auf Wirtschaft, Staat und Gesellschaft, 2005, Seite 64 f.

[57] Kistler, Ernst: Demographischer Wandel und Arbeitsmarkt; in: Kerschbaumer J, Schroeder W (Hrsg.): Sozialstaat und demographischer Wandel – Herausforderungen für Arbeitsmarkt und Sozialversicherung, 2005, Seite 156

Martine und Jürgen Liminski ergänzen fast resigniert[58]:

> *Für den permanenten wissenschaftlichen Fortschritt ist vor allem die Altersgruppe der 18- bis 35jährigen bedeutsam. Sie wird aber in den nächsten zehn bis zwölf Jahren halbiert.*

Rückgang der Binnennachfrage

Zu diesem Thema gibt es sehr unterschiedliche Auffassungen. Einige Autoren vertreten die Meinung, dass der bisherige Rückgang der Geburtenrate noch keine negativen Auswirkungen auf die Konjunktur und Binnennachfrage in Deutschland hat.

Andere Studien sprechen bei bereits optimistischer Einschätzung davon, dass ein Drittel des wirtschaftlichen Wachstums durch demographische Einflüsse verloren geht[59]:

> *Legt man eher moderate Prognosen zum Trendwachstum zugrunde, wie etwa die der Bundesbank von jährlich 1,5 Prozent, kostet die Demographie dann immerhin ein Drittel des jährlichen Wachstums.*

Ich denke, dass die negativen Auswirkungen des Rückgangs der Geburtenrate auf die wirtschaftliche Entwicklung viel gravierender sein werden und es zum Teil bereits sind. Einerseits hat der Rückgang der Geburtenrate speziell in Familien mit hoher Qualifikation dazu geführt, dass weniger hochqualifizierte Kinder nachrücken. Dies drückt sich indirekt auch in dem schlechten Abschneiden deutscher Kinder in verschiedenen internationalen Vergleichsstudien aus. Oder anders ausgedrückt: Eine sinkende Anzahl an bereits frühzeitig hochmotivierten Kindern führt zu einem Sinken des Humanvermögens und damit zu einer Verringerung der Innovationsfähigkeit.

Andererseits verliert Deutschland in Verbindung mit der zunehmenden Überalterung der werktätigen Bevölkerung und den generell hohen Lohnnebenkosten mehr und mehr an Attraktivität als Unternehmensstandort,

---

[58] Liminski, Martine und Liminski, Jürgen: Abenteuer Familie - Erfolgreich erziehen: Liebe und was sonst noch nötig ist, 2002, Seite 198

[59] Opdenhövel, Patrick: Die demografische Herausforderung für Politik und Wirtschaft in Hessen – Daten, Fakten, Handlungsoptionen; in: Vereinigung der hessischen Unternehmerverbände e.V. (Hrsg.): Zukunft Hessen, Zukunft Deutschland – Chancen der demografischen Herausforderung, 2005, Seite 24

wodurch es zu einer verstärkten Arbeitslosigkeit kommt. Arbeitslosigkeit hat aber einen unmittelbaren negativen Einfluss auf die Binnennachfrage.

Unbestritten ist, dass es bei langfristig schrumpfenden Bevölkerungszahlen und zunehmender Kinderlosigkeit zu einem erheblichen Nachfragerückgang in bestimmten Branchen kommen wird.

Franz-Xaver Kaufmann führt dazu aus[60]:

> *Für diejenigen Wirtschaftszweige, deren Expansion von der internen Nachfrage abhängt, ist somit bei schrumpfender Bevölkerung eine geringere Expansion und daher auch Innovationsfähigkeit zu erwarten. Das betrifft am unmittelbarsten die Bauwirtschaft, aber auch alle Wirtschaftszweige, die eher zur Grundversorgung der Bevölkerung beitragen. Die Nachfrage nach Luxusgütern und erst recht die exportabhängige Nachfrage werden von einem Bevölkerungsrückgang im Inland dagegen unmittelbar weniger betroffen. Allerdings ist nicht auszuschließen, dass eine Stagnation der Binnennachfrage und die damit verbundenen auch politischen Schwierigkeiten sich indirekt auch auf die Exportindustrien auswirken. Da heute eine Tendenz zu marktnaher Produktion besteht, kann das Schrumpfen inländischer Märkte in Verbindung mit dem vergleichsweise hohen Lohnniveau in Deutschland durchaus die Neigung zur Verlagerung von Produktionsleistungen ins Ausland verstärken.*

Verlagerung von Arbeitsplätzen

Immer mehr international operierende Unternehmen verlagern ihre Arbeitsplätze in sogenannte Niedriglohnländer. Allerdings ist auffällig, dass häufig Arbeitsplätze ins Ausland verlegt werden, für die eine hohe Qualifikation erforderlich ist. Auch wird Deutschland seltener gewählt, wenn es um die Errichtung eines neuen Produktionsstandorts geht.

Meist werden dafür die hohen Lohnnebenkosten in Deutschland verantwortlich gemacht. Ich bin allerdings überzeugt, dass dies nur ein Teil der Wahrheit ist. Ähnlich wie die Börse, die manchmal Entwicklungen schon lange vorwegnimmt, planen Unternehmen langfristig. Und da könnte in den Überlegungen für die optimale Lokation eines Unternehmensstandorts auch das zunehmend sinkende Humanvermögen in Deutschland eine entscheidende Rolle spielen. Ein Unternehmen, das in Deutschland zwar erhebliche steuerliche Vorteile zugesprochen bekommt, letztendlich aber den Eindruck gewinnt, dass die rekrutierbaren Mitarbeiter häufig alt und vielfach auch

---

[60]   Kaufmann, Franz-Xaver: Schrumpfende Gesellschaft – Vom Bevölkerungsrückgang und seinen Folgen, 2005, Seite 89

krank sind, und dass auch die Binnennachfrage aufgrund des zu erwartenden Bevölkerungsrückgangs eher zurückgehen wird, dürfte seinen Standort
lieber dahin verlegen, wo ihm die zukünftige Entwicklung günstiger erscheint.

Hans-Werner Sinn formuliert dazu entsprechend[61]:

> *Die Investoren nehmen die demographischen Probleme vorweg und halten sich schon heute zurück. Auch die Aktienmärkte, die sehr stark von den langfristigen Gewinnerwartungen der Anleger geprägt sind, antizipieren die zu erwartende Entwicklung schon heute. Vielleicht sind der allgemeine Attentismus der Investoren und der im internationalen Vergleich starke Verfall der deutschen Aktienkurse bereits auf diesen Effekt zurückzuführen. Nur die Aktien von Altersheimen werden von dieser Entwicklung ausgenommen sein. Sie werden sich durch steigende Kurse nach oben hin vom allgemeinen Trend abheben, denn in den Altersheimen liegt die Zukunft des Landes.*

Und Franz-Xaver Kaufmann[62]:

> *Die Vorstellung einer „Standortkonkurrenz" zwischen ganzen Volkswirtschaften bezieht sich nicht etwa nur auf Löhne und Abgaben, sondern auch auf den Zusammenhang zwischen politischen (zum Beispiel Rechtssicherheit, sozialer Friede), ökonomischen und soziokulturellen Standortfaktoren; zu Letzteren zählen insbesondere die Arbeitskräfte mit ihren Motivationen und Fähigkeiten, also das sogenannte Humanvermögen, aber auch die infrastrukturellen Voraussetzungen der Produktivität wie Forschung, Kommunikation und Lebensqualität.*

Und Mechthild Löhr ergänzt[63]:

> *Und als letzten Aspekt möchte ich noch die Globalisierung erwähnen: Sicher, dieses Stichwort darf ja derzeit nirgendwo fehlen. Aber in der Tat ist den Unternehmen klar geworden, dass über die Zukunft eines Unternehmens vor allem*

---

[61] Sinn, Hans-Werner: Das demographische Defizit – die Fakten, die Folgen, die Ursachen und die Politikimplikationen; in: Birg, Herwig (Hrsg.): Auswirkungen der demographischen Alterung und der Bevölkerungsschrumpfung auf Wirtschaft, Staat und Gesellschaft, 2005, Seite 65

[62] Kaufmann, Franz-Xaver: Schrumpfende Gesellschaft – Vom Bevölkerungsrückgang und seinen Folgen, 2005, Seite 170

[63] Löhr, Mechthild: Argumente zur Familienförderung aus Unternehmenssicht; in: Leipert, Christian (Hrsg.): Demographie und Wohlstand – Neuer Stellenwert für Familie in Wirtschaft und Gesellschaft, 2003, Seite 273

> *entscheidet, welche Qualität dessen Mitarbeiter haben. Und über die Zukunft einer Volkswirtschaft entscheidet ebenfalls, welchen Ausbildungsstand die Beschäftigten haben und wie die sozialen Rahmenbedingungen aussehen. Wie steht es mit Leistungsbereitschaft und -fähigkeit? Wie groß und wie leistungsfähig und -bereit ist die nachfolgende Generation?*

Andere Experten hoffen dagegen, dass der Entwicklung durch eine Stärkung der Wirtschaftskraft entgegen gewirkt werden kann[64]:

> *Der andere zentrale Ansatz ist die nachhaltige Stärkung der Wirtschaftskraft des Landes, weil Menschen dort leben, wo sie Arbeit finden.*

Dies dürfte angesichts der Beobachtung, dass Unternehmen häufig dahin gehen, wo sie Märkte und qualifizierte und bezahlbare Arbeitskräfte finden, kaum zutreffen. Im Prinzip handelt es sich hierbei um die Frage, ob Unternehmen dem Humanvermögen folgen oder umgekehrt; ob Kapital zu den Menschen kommt oder die Menschen zum Kapital. In einer Wissensgesellschaft wird eher ersteres der Fall sein.

Sinkender Wohlstand

Franz-Xaver Kaufmann äußert sich in „Schrumpfende Gesellschaft" wie folgt[65]:

> *Wenn ein Hochlohnland wie Deutschland mit der Produktivitätssteigerung und der Innovativität seiner Produkte nicht mehr mithalten kann, wenn also sein Humanvermögen nicht mindestens ebenso rasch zunimmt wie in Ländern mit einer nachholenden Entwicklung, muss mit Beschäftigungs- und Wohlstandsverlusten und erbitterten Verteilungskämpfen gerechnet werden.*

Es ist davon auszugehen, dass es im Rahmen dieser Entwicklung zu einer größeren Anzahl an Konkursen und Firmenübernahmen kommt.

---

[64] Opdenhövel, Patrick: Die demografische Herausforderung für Politik und Wirtschaft in Hessen – Daten, Fakten, Handlungsoptionen; in: Vereinigung der hessischen Unternehmerverbände e.V. (Hrsg.): Zukunft Hessen, Zukunft Deutschland – Chancen der demografischen Herausforderung. 2005. Seite 23

[65] Kaufmann, Franz-Xaver: Schrumpfende Gesellschaft – Vom Bevölkerungsrückgang und seinen Folgen, 2005, Seite 92

Durch die sinkenden Bevölkerungszahlen werden insbesondere die Werte von Immobilien drastisch zurückgehen, und die Bauwirtschaft wird völlig zum Erliegen kommen.

Durch die allgemein und europaweit sinkenden Werte (Immobilien, Unternehmen, Fonds) kann es zu einer substanziellen Geldentwertung mit hohen Inflationsraten und einer Entwertung von kapitalstockfinanzierten Zusatzrenten kommen.

Sinkendes Bildungsniveau

42 Prozent der Akademikerinnen zwischen 35 und 40 Jahren haben keine Kinder. Es wird prognostiziert, dass diese Zahl bis zum Jahr 2010 auf 50 Prozent ansteigen wird.

Dagegen liegt ein erheblicher Teil der kinderreichen Familien unterhalb der Armutsgrenze, fast 60 Prozent aller Alleinerziehenden mit zwei und mehr Kindern sind arm.

Zwischen 1973 und 1998 sind die Armutsquoten von Jugendlichen und Kindern deutlich stärker gestiegen als für die Gesamtbevölkerung. Je nach Alter haben sich die Armutsquoten verdoppelt oder gar verdreifacht[66].

Bei einem Großteil der armen und kinderreichen Familien handelt es sich um Zuwanderer, davon beenden wiederum sehr viele Kinder die Schule entweder ohne Abschluss oder mit Hauptschulabschluss.

Die sinkenden Fertilitätsraten machen einen ständigen weiteren Zustrom von Zuwanderern erforderlich. Da die europäischen Nachbarländer ähnliche Nachwuchssorgen haben, werden die Zuwanderer immer häufiger aus Ländern kommen, in denen das Ausbildungsniveau nicht deutschen Standards entspricht.

Die Fertilitätsrate der deutschen Bevölkerung lag in den letzten Jahren unter 1,3, während die der Zuwanderer in Deutschland immerhin 1,9 betrug. Auch dieser Umstand wird das Bildungsniveau insgesamt senken, denn bei vielen Zuwanderern scheitert die Bildung allein schon an sprachlichen Barrieren.

Es ist zu befürchten, dass ein immer größerer Teil der nachwachsenden Generation den sich wandelnden Anforderungen beim Übergang von einer Dienstleistungsgesellschaft hin zur Wissensgesellschaft nicht gewachsen ist.

Mechthild Löhr erläutert[67]:

---

[66]   ebenda, Seite 190

> *Die Resultate der PISA-Studie haben unter anderem klargemacht, dass beispielsweise die Ausbildungsfähigkeit eines erheblichen Teils der nachwachsenden Generation nur gering ist. Dies beleuchtet das Dilemma aus der Sicht der Unternehmen. Wir haben jetzt gerade seitens der Bundesvereinigung der Deutschen Arbeitgeberverbände (BDA) herausgefunden, dass in Deutschland ein Viertel aller Auszubildenden ihre Ausbildung abbricht, weil sie sich teilweise aus verschiedenen Gründen als gar nicht ausbildungsfähig oder -willig erweisen. Wirtschaft und Gesellschaft begegnen also in Besorgnis erregendem Maße (potenziellen) Mitarbeitern und Bürgern, die nur über ein sehr begrenztes Ausbildungspotenzial (Wissen und Verhalten) verfügen. Laut PISA-Studie sind dies in einem Jahrgang zwischen 10 und 23% der jungen Menschen. Und dies, obwohl wir eine Wissensgesellschaft werden wollen und bereits eine Dienstleistungsgesellschaft sind, deren Zukunft immer stärker von der Qualität der Mitarbeiter abhängt. Denn unser Wohlstand hängt eng mit der Qualität und Qualifizierung unserer Mitarbeiter zusammen. Dennoch haben wir eine nachwachsende junge Generation, die diesen qualitativen Anforderungen nur bis zu einem gewissen Prozentsatz gewachsen ist.*

Jugendarbeitslosigkeit und -proteste

Wie im letzten Abschnitt bereits dargestellt wurde, ist das Bildungsniveau unter Jugendlichen allgemein sinkend. In Verbindung mit der generell hohen Arbeitslosigkeit kommt es hierdurch zu einer verstärkten Arbeitslosigkeit unter Jugendlichen und jungen Erwachsenen. Zahlreiche Jugendliche finden keine Lehrstelle, an verschiedenen Hauptschulen hat im letzten Jahr sogar kein einziger Abgänger eine Lehrstelle erhalten.

Dies führt bei vielen Schülern zu einer völligen Perspektivlosigkeit und zu einer Respektlosigkeit gegenüber Mitschülern und dem Lehrpersonal. Zahlreiche Schulen stellen sich nur noch als ein buntes Gemisch unterschiedlicher Nationalitäten dar, die alle einen anderen kulturellen Hintergrund haben und sich nicht notwendigerweise verstehen. An einigen Schulen liegt der Anteil der Schüler mit nicht deutscher Herkunft über 80 Prozent. Mehr und mehr kommt es zu Ausschreitungen unter den Schülern, aber auch gegenüber dem Lehrpersonal.

Ernst Kistler schließt nicht aus, dass sich auch nach dem Ausscheiden einer größeren Anzahl älterer Arbeitnehmer aus dem Berufsleben die Arbeits-

---

[67] Löhr, Mechthild: Argumente zur Familienförderung aus Unternehmenssicht; in: Leipert, Christian (Hrsg.): Demographie und Wohlstand – Neuer Stellenwert für Familie in Wirtschaft und Gesellschaft, 2003, Seite 272

marktchancen für die geringere Anzahl an nachrückenden jüngeren Menschen nicht verbessern wird[68]:

> *Dennoch ist angesichts des absehbaren Ausscheidens der im Schnitt recht gut ausgebildeten Babyboomer und des Nachwachsens von (weniger) Jüngeren, bei denen zumindest häufig qualifikatorische und andere Mängel behauptet werden, ein steigender Mismatch [zwischen den Arbeitsplatzanforderungen und den Qualifikationen] wahrscheinlich.*

Hinzu kommt, dass viele Jugendliche heute bereits gesundheitliche Probleme haben oder verhaltensauffällig sind. Die speziell bei Kindern und Jugendlichen allgemein verbreitete sehr kohlenhydratreiche Fast-Food-Ernährung kann starke Schwankungen im Blut-Glucose-Spiegel auslösen und dadurch Ängste und Aggressionen begünstigen. Ein zunehmender Teil der Jugendlichen ist übergewichtig. All dies kann die Jobsuche erschweren und die Einstellungschancen mindern.

Wenn Jugendliche bzw. junge Erwachsene über mehrere Jahre arbeitslos sind, sinkt die Wahrscheinlichkeit auf eine spätere Beschäftigung praktisch gegen Null. Hierdurch entwickelt sich ein erhebliches Gefahrenpotenzial[69]:

> *Auch problematische Jugendliche wollen irgendwann Beruf und Beschäftigung oder sie bleiben dauerhaft auf den Sozialstaat angewiesen und müssen dann von der Solidargemeinschaft getragen und finanziert werden. Diese Problemgruppen sind natürlich vor allen Dingen der Personenkreis, der uns in Zukunft Sorgen machen wird; und diese Problemgruppe wächst in Deutschland. Schon jetzt liegt die Jugendarbeitslosigkeit der bis zu 25-Jährigen bei rund 500.000. Dies ist ein Skandal; und das kann unsere Gesellschaft auf Dauer nicht verkraften und hinnehmen.*

Es ist zu erwarten, dass die Jugendarbeitslosigkeit speziell unter Jugendlichen mit einem Migrationshintergrund in den nächsten Jahren weiter ansteigen wird. Die Folge wird eine weitere Zunahme von Jugendkrawallen, jugendlicher Gewaltkriminalität und Jugendprotesten sein, möglicherweise bis weit über das Ausmaß, das bereits aus Frankreich bekannt ist.

---

[68]   Kistler, Ernst: Demographischer Wandel und Arbeitsmarkt; in: Kerschbaumer J, Schroeder W (Hrsg.): Sozialstaat und demographischer Wandel – Herausforderungen für Arbeitsmarkt und Sozialversicherung, 2005, Seite 158

[69]   Löhr, Mechthild: Argumente zur Familienförderung aus Unternehmenssicht; in: Leipert, Christian (Hrsg.): Demographie und Wohlstand – Neuer Stellenwert für Familie in Wirtschaft und Gesellschaft, 2003, Seite 272

Verschlechterung der Volksgesundheit

Der Mensch ist primär ein Omnivore (Allesfresser) mit einer klaren Präferenz für tierische Produkte. Dies ist die unmittelbare Folge der menschlichen Entwicklungsgeschichte.

Anthropologen vermuten, dass die ersten menschlichen Wesen aus reiner Not mit groben Steinen Knochen und Schädel von bereits erlegten und von Raubtieren weitestgehend verspeisten Tieren (Aas) aufgeschlagen haben, um an das wertvolle und sehr fetthaltige Knochenmark und das ebenfalls sehr fettreiche Gehirn zu kommen. Diese weichen Substanzen konnten ohne sie zu garen auch mit den Zähnen der ursprünglichen Pflanzenfresser verzehrt werden. Die frühen Menschen bevorzugten also von Anfang an in erster Linie tierische Fette und nicht tierische Proteine.

Lebewesen nehmen Nahrung primär zur Sicherstellung einer ausreichenden Zufuhr energetisch verwertbarer Substrate auf ("eat for energy"). Erst an zweiter Stelle folgt die Versorgung mit essentiellen Nährstoffen. Das Erschließen einer besonders energiereichen und damit effizienten Nahrung stellt deshalb evolutionär einen Vorteil dar.

Wie Forschungen zeigen, wurden in einer späteren Phase der Menschwerdung – nach deutlichem Intelligenzzuwachs und einigen technologischen, kommunikativen und strategischen Innovationen – vorwiegend Großlebewesen gejagt und erlegt, deren Fleisch einen hohen Fettanteil besaß. Auch heute noch lebende Naturvölker sind vor allem am Erlegen sehr fetthaltiger Großlebewesen interessiert[70 71 72 73 74 75].

Anthropologen sehen sowohl in den geistigen Anforderungen bei der gemeinschaftlichen Jagd als auch in der spezifischen sehr konzentrierten und eiweiß- und fettreichen Ernährung den Grund dafür, dass sich das

---

[70] Gonder, Ulrike: Fett – Unterhaltsames und Informatives über fette Lügen und mehrfach ungesättigte Versprechungen, Stuttgart, 2004

[71] Fallon S, Enig MD: Guts and Grease – The Diet of Native Americans, http://www.westonaprice.org/traditional_diets/native_americans.html

[72] Krech III, Shepard: The Ecological Indian: Myth and History, 1999

[73] Pollmer, Udo et al.: Erstes Steinzeitmärchen – Unsere Vorfahren aßen fettbewusst, EU.L.E.n-Spiegel 5-6/2005, Seiten 4-7

[74] Speth JD, Spielmann KA: Energy source, protein metabolism, and hunter-gatherer subsistence strategies, Journal of Anthropological Archaeology 1983/2/pages 1-32

[75] Stefansson V: The Fat of the Land, 1956

Gehirn des Menschen in den letzten 3 Millionen Jahren so bemerkenswert (von 500 g auf fast 1.500 g) entwickeln konnte[76].

Eine Tendenz zu immer ballaststoffärmerer, stärker konzentrierter und vorverarbeiteter Nahrung lässt sich über die gesamte Geschichte der Menschheit verfolgen, unter anderem spielte auch das Kochen frühzeitig eine wichtige Rolle. Die dabei für die Verdauung eingesparten Energien konnten in die Entwicklung des Gehirns gesteckt werden. Es ist fast wie im normalen Leben:

- Wenn man weniger Geld fürs Essen ausgibt, kann man sich mehr Bücher oder Computerspiele leisten,

- wenn man weniger Zeit beim Essen verbringt, kann man länger fernsehen.

Beim Menschen hat sich diese Umverteilung der Prioritäten in seine Körperstrukturen gebrannt: Der Darm wurde im Vergleich zu anderen Primaten kleiner und sparsamer im Energieverbrauch, das Gehirn dagegen größer.

Solche Erkenntnisse haben brisante praktische Konsequenzen, die fundamentalen Grundaussagen der heutigen Ernährungsberatung widersprechen.

Denn die Ernährungsberatung behauptet[77]:

> *Merkmale einer ausgewogenen Ernährung sind abwechslungsreiche Auswahl, geeignete Kombination und angemessene Menge nährstoffreicher und energiearmer Lebensmittel. ... Fett ist besonders energiereich, daher kann zu viel Nahrungsfett Übergewicht fördern. ... Insgesamt 70-90 g Fett pro Tag reichen aus.*

Damit stellt die Ernährungsberatung das Prinzip, was den Menschen in der Evolution so erfolgreich und erst zum Menschen gemacht hat, auf den Kopf. Statt einer gehirnfreundlichen, energetisch konzentrierten, darmentlastenden und zeitsparenden Nahrung wird eine hohe Verdauungsleistungen erfordernde Diät mit vielen Ballaststoffen und geringer Energiedichte empfohlen.

Die Diskrepanz zwischen den hohen energetischen Anforderungen des Gehirns auf der einen Seite und den schwachen menschlichen Verdauungsfunktionen auf der anderen Seite erklärt, warum Empfehlungen für ballaststoff- und kohlenhydratreiche Ernährungsweisen bei der Bevölkerungsmehr-

---

[76]   Jäncke, Lutz: Die Evolution des Gehirns,
http://www.psychologie.unizh.ch/neuropsy/Lehre/WS0506/ETH/ETH2-Evolution-Gehirn.pdf

[77]   Deutsche Gesellschaft für Ernärung e.V.: Die neuen 10 Regeln der DGE,
http://www.dge.de/modules.php?name=News&file=article&sid=428

heit immer zu einem erhöhten Konsum an Zucker und Weißmehl führen: Für ballaststoffreiche Diäten haben die meisten Menschen zu schwache Verdauungsorgane.

Das Problem verstärkt sich noch in Stresssituationen, weil dann im vegetativen Nervensystem des Menschen der Sympathicus dominiert, der eine Schwächung der Verdauungsfunktionen bewirkt. Stress bedeutete für die Vormenschen entweder Kampf oder Flucht, und in diesen Momenten waren starke Muskeln und schnelle Entscheidungen gefordert, keineswegs aber die Verdauungsfunktionen.

Heinz Meyer dazu[78]:

> *Den heutigen Menschen missversteht man, wenn man unterstellt, er habe den größeren Teil seiner Geschichte unter den derzeit überwiegenden Lebensbedingungen existiert. Die größte Spanne seines etwa zwei Millionen Jahre währenden Daseins verbrachte der Mensch nämlich als Wild- und Feldbeuter, das heißt, Agrikultur und Haustierhaltung sind als kulturbestimmende Techniken sehr junge Phänomene, nämlich um 9.000 bis 7.000 vor Christus in den Bergregionen Vorderasiens entstanden; die Ansätze zu dieser Entwicklung liegen maximal 15.000 Jahre zurück. 99 Prozent seiner Geschichte lebte der Mensch demnach als Jäger und Sammler, und zwar wahrscheinlich meist in Gruppen von 25 bis 50 Personen; als Wild- und Feldbeuter fristeten noch zur Zeit der Geburt Christi zwei Drittel der Menschheit ihr Leben. Die Wild- und Feldbeuterei bedeutet nach dem heutigen Kenntnisstand unter anderem, dass die Sammelwirtschaft vornehmlich von den Frauen, die Jagd fast ausschließlich von den Männern und der Fischfang von beiden Geschlechtern betrieben wurden. Die lange Existenz als Jäger und Sammler erklärt wahrscheinlich auch manche genetischen Dispositionen des Menschen, insbesondere auch angeborene Neigungen, die im Bereich der geschlechtlichen Differenzierung angenommen werden. Eibl-Eibesfeld konstatierte zum Nachwirken der unter den früheren Lebensbedingungen entwickelten Disposition unter anderem: „Im übrigen dürften wir uns in der Alten Welt in den letzten 20.000 Jahren im Körperbau und Verhalten nicht wesentlich verändert haben. Menschen mit der Motivationsstruktur und intellektuellen Kapazität eines altsteinzeitlichen Jägers und Sammlers steuern heute Düsenjäger!"*

Viele Menschen sind heute beruflich starkem Stress ausgesetzt. In solchen Situationen sind ballaststoffreiche Vollkornprodukte ungeeignet, folglich wird erst recht zu leichtverdaulichen Kohlenhydraten wie Weißmehl und Zucker gegriffen.

---

[78] Meyer, Heinz: Emanzipation von der Männlichkeit – Genetische Dispositionen und gesellschaftliche Stilisierungen der Geschlechtsstereotype, 1993, Seite 35

Mit Getreide kann man auf einfache Weise große Bevölkerungsmengen ernähren. Getreide war immer die Nahrung der Armen. Die herrschenden Schichten reservierten für sich demgegenüber die tierischen Produkte.

Wohlhabende Schichten haben Getreide immer ausgemahlen bevorzugt. Lediglich in Notzeiten wurde auf Vollkorn zurückgegriffen. Die Ernährungsberatung versucht dagegen seit Jahrzehnten diese Nahrung der Ärmsten der Armen als besonders gesund herauszustellen. Dabei handelt es sich in Wirklichkeit eher um eine Notnahrung.

Das geschilderte Dilemma hat auch die Lebensmittelindustrie erkannt. In der Folge sind zahlreiche Fertigprodukte und Getränke auf den Markt gekommen, die von der Nahrungszusammensetzung den offiziellen Empfehlungen für eine kohlenhydratreiche Ernährungsweise entsprechen, in Wirklichkeit aber aus einer großen Menge Zucker bestehen.

Untersuchungen zeigen, dass gerade sozial schwache Schichten bevorzugt solche Produkte konsumieren[79]. Viele Familien mit 3 und mehr Kindern oder Familien von Alleinerziehenden sind sozial schwach. Oft sind die Kinder über längere Zeit nicht betreut, schauen fern und versorgen sich dabei selbst mit Naschkram. Die Eltern wissen oft nicht einmal, welche ungesunde Entwicklung ihre Kinder dabei nehmen können, da manche Produkte sogar offen mit einem angeblichen Gesundheitswert werben.

Andere Familien mit einem höheren Familieneinkommen, bei denen beide Elternteile berufstätig sind, haben zum Teil ein ähnliches Problem. Auch hier entsteht häufig eine Betreuungslücke, die zu einem unkontrollierten Zuckerkonsum bei den Kindern führen kann, zumal zuckerreiche Produkte ohne Einschränkungen direkt an Kinder verkauft werden können.

Kinder benötigen für eine einwandfreie zerebrale und körperliche Entwicklung in der Regel hochwertige tierische Produkte. Gerade der sehr hohe Anteil des Energieverbrauchs des kindlichen Gehirns am Gesamtenergieverbrauch verlangt nach substanzieller Nahrung. Sehr stark kohlenhydratreiche Mahlzeiten, mit der dadurch bewirkten Überlastung des Insulin-Systems, können frühzeitige kindliche Erkrankungen und Entwicklungsstörungen verursachen. Viele Kinder leiden dann unter häufigen Hypoglykämien, einer verringerten Insulin-Sensitivität und sind gezwungen, ständig zu essen und zu trinken, um ihren Energiehaushalt konstant zu halten[80]:

---

[79] Dubois, Lise: Diet in childhood – A social and behavioural perspective,
       http://www.stat.gouv.qc.ca/publications/sante/pdf_colloques/ISSBD_2002_Ottawa/ISSBD_
       3-08-02/ISSBD02_QLSCD_LDubois_et-al.pdf
[80] Miegel, Meinhard: Epochenwende – Gewinnt der Westen die Zukunft? 5. Auflage, 2006,
       Seite 150 f.

> *Eine 45-minütige Schulstunde oder Universtitätsvorlesung meinen viele nicht ohne Erfrischungsgetränke und kleine Imbisse durchstehen zu können. ... Die Toleranz gegenüber Hunger- und Durstgefühl tendiert in den frühindustrialisierten Ländern gegen null.*

Der britische Forscher Richard Lynn behauptet auf Basis von Daten aus 1981, dass die deutsche Bevölkerung mit einem durchschnittlichen Intelligenzquotienten von 107 das intelligenteste Volk in Europa sei.

Der Spiegel dazu[81]:

> *"Die frühen Menschen in nördlicken Gebieten mussten die kalten Winter überleben, in denen es keine pflanzliche Nahrung gab, und waren gezwungen, großes Wild zu jagen", sagte Lynn der "Times". Die Nahrung bilde den größten äußeren Einfluss auf den IQ, und die Menschen in Südosteuropa hätten durch die fleischärmere Ernährung weniger Proteine, Mineralien und Vitamine abbekommen. "Sie sind wichtig für die Entwicklung des Gehirns", meint Lynn.*

Der Medizinpsychologe Siegfried Lehrl behauptet dagegen, dass in einer zweiten Studie aus dem Jahr 2001 der durchschnittliche Intelligenzquotient der Deutschen bereits auf den Wert 102 abgefallen sei[82].

Es ist deshalb durchaus vorstellbar, dass die Empfehlung für fleisch- und fettarme, dafür aber kohlenhydratreiche Ernährungsweisen bereits ihre Wirkung zeigt, genauso wie sie das erkennbar auch bei der Leibesfülle tut.

Der Versuch einer Vereinbarkeit von Familie und Beruf führt in vielen Familien zu einem Verzicht auf selbst zubereitete Mahlzeiten, damit zu einer Erhöhung des Zuckerkonsums bei den Kindern und damit langfristig zu Krankheiten wie Übergewicht, Diabetes[83], Kopfschmerzen, Migräne[84] [85], ADHS und Bulimie. Die epidemische Zunahme dieser Erkrankungen bei

---

[81]   Der Spiegel: Britische Studie: Deutsche sollen intelligenteste Europäer sein. 27.03.2006, http://www.spiegel.de/wissenschaft/mensch/0,1518,408084,00.html

[82]   Der Spiegel: Intelligenz: "Frühstücken macht klug", 03.04.2006, 14/2006, Seite 163

[83]   Connolly V, Unwin N, Sherriff P, Bilous R, Kelly W.: Diabetes prevalence and socioeconomic status: a population based study showing increased prevalence of type 2 diabetes mellitus in deprived areas, J Epidemiol Community Health. 2000 Mar;54(3):173-7

[84]   MerckMedicus Modules: Migraine – Epidemiology, http://www.merckmedicus.com/pp/us/hcp/diseasemodules/migraine/epidemiology.jsp

[85]   Mersch, Peter: Migräne – Heilung ist möglich, 2006

Kindern ist die direkte Folge der elterlichen Überlastung und Verunsicherung und des damit einhergehenden Erziehungsdefizits.

Es ist davon auszugehen, dass sich diese Entwicklung in der Zukunft fortsetzen wird. Eine Eindämmung der Übergewichtsepidemie wird mit den bisher versuchten Mitteln nicht gelingen.

Der Verzicht auf selbst zubereitete und gemeinsam eingenommene Mahlzeiten hat aber noch ein weiteres erzieherisches Vakuum erzeugt[86]:

> *Mit der Aufgabe der Feuerstätte zugunsten von Fastfood hat man die Wärme der familiären Gemeinschaft auf die Temperatur des Kühlschranks abgekühlt. Es gibt kaum einen Ort der Erziehung, der markanter wäre als das regelmäßige gemeinsame Essen. Natürlich kann man auf diese Gemeinsamkeit verzichten und den Tisch warmer Gemeinsamkeit durch den Kühlschrank ersetzen, aus dem sich jeder einzeln bedient. Menschlich gesehen ist das ein Rückschritt. Und mit Familie hat das auch nicht mehr viel zu tun.*

---

[86] Liminski, Martine und Liminski, Jürgen: Abenteuer Familie - Erfolgreich erziehen: Liebe und was sonst noch nötig ist, 2002, Seite 179

2 Rentenversicherung

Arbeitsteilung

Die heutige Arbeitswelt ist von Arbeitsteilung und Spezialisierung geprägt. Die Fundamente dieser Entwicklung wurden schon sehr frühzeitig während der Menschwerdung gelegt: Die einen gingen zur Jagd, um möglichst effizient große Tiere zu erlegen, andere optimierten das Zerlegen und die Verwertung der Tiere und Dritte bemühten sich um eine Verbesserung der Waffentechnik.

Zeitlich noch davor lag die biologisch determinierte Arbeitsteilung zwischen Frauen und Männern[87], in deren Rahmen sich die Männer mehr um das Überleben in der Gegenwart sorgten (produktive Aufgaben) und die Frauen dafür mehr um das in der Zukunft (reproduktive Aufgaben)[88]. Da die Gegenwart immer aktuell („Der nächste Gegner ist immer der schwerste"[89]) und die Zukunft erst irgendwann und notfalls auch mal ein wenig aufschiebbar ist[90], entstand auf fast natürliche Weise ein Ungleichgewicht zwischen Männern und Frauen, zumal deren primäre Aufgabe, das Gebären und Aufziehen von Kindern, nur in kleinen Teilen delegierbar und spezialisierbar war[91].

In der Folge entwickelte sich eine immer stärkere Arbeitsteilung innerhalb der Männerwelt, während die Rolle der Frau relativ unverändert blieb[92]:

> *Die Frau war für die drei großen „K" – Kinder, Küche, Kirche – zuständig, der Mann für das Geldverdienen.*

---

[87] Wickler, Wolfgang und Seibt, Ute: Männlich-Weiblich – Der große Unterschied und seine Folgen, 1983

[88] Wikipedia: Frau, http://de.wikipedia.org/wiki/Frau

[89] Sepp Herberger

[90] Was sich zum Beispiel auch im Umgang mit dem demographischen Problem in Deutschland zeigt.

[91] Allerdings ist dieses Problem auch Männern vertraut: Zukunftsgerichtete kreative Leistungen werden in unserer Gesellschaft im Allgemeinen schlechter entlohnt und hierarchisch niedriger positioniert als zum Beispiel Managementtätigkeiten.

[92] Simonis, Heide: Was Familien und der "Dritte Sektor" für die Zukunft des Sozialstaats tun; in: Leipert, Christian (Hrsg.): Aufwertung der Erziehungsarbeit – Europäische Perspektiven einer Strukturreform der Familien- und Gesellschaftspolitik, 1999, Seite 298

Diese Rollentrennung kulminierte dann im Rahmen von gesellschaftlichen und ökonomischen Veränderungen wie Industrialisierung, Urbanisierung, Trennung von Haus und Arbeit[93] und die Durchdringung des Wirtschaftslebens mit einer hoch entwickelten Geldwirtschaft.

Jürgen Borchert führt dazu aus[94]:

> *Dabei ist die Auflösung der von lohnloser Zusammenarbeit und relativer Autarkie getragenen Wirtschaftsformen des „ganzen Hauses" und der Landwirtschaft von besonderer Bedeutung. Sie führte nämlich zur räumlichen und zeitlichen Trennung von Erwerbs- und Privatsphäre, wobei der Mann zum homo oeconomicus und die Frau zur domina privata avancierte. Gleichzeitig brachte es der Siegeszug der Markt- und Geldwirtschaft mit sich, dass diese Bereiche nicht als gleichwertige und komplementär aufeinander bezogene Aufgaben wahrgenommen, sondern diese Dichotomie von Erwerbsarbeit und Privatem hierarchisch angelegt wurde. Das der Geldwirtschaft immanente chrematistische Prinzip, welches auf die Maximierung der Tauschwertproduktion ausgerichtet ist, beinhaltet nämlich per se ein Informations- und Bewertungssystem, in welchem die reproduktiven Leistungen systematisch unterdrückt, verkannt und nicht selten der Lächerlichkeit preisgegeben werden. Denn die lohnabhängigen Arbeiten zählt man zum volkswirtschaftlichen Einkommen, die „stille" Arbeit der individuellen und gesellschaftlichen Reproduktion setzt man wertmäßig gleich Null, weil das „Produkt" der Erziehung schließlich nicht tauschbar ist, ja Erziehung wird sogar in „Urlaub" umgedichtet.*

Und weiter[95]:

> *Und so wie die gesellschaftliche Arbeitsteilung seitdem aus den vormals nur wenigen Dutzend Berufen bis heute 44.000 unterschiedliche Tätigkeiten von „Aalbrutzüchter" bis „Zytotechnologische Lehrassistentin" mit jeweils eigenen Arbeitswelten und Begriffszusammenhängen hat entstehen lassen, entwickelten sich auch wissenschaftlich immer neue Spezialgebiete.*

---

[93]   Meyer, Heinz: Emanzipation von der Männlichkeit – Genetische Dispositionen und gesellschaftliche Stilisierungen der Geschlechtsstereotype, 1993, Seite 62 ff.

[94]   Borchert, Jürgen: Wie Juristen Flüsse bergauf fließen lassen – Zur Semantik in der Sozial- und Familienpolitik und ihre Folgen für das Recht; in: Birg, Herwig (Hrsg.): Auswirkungen der demographischen Alterung und der Bevölkerungsschrumpfung auf Wirtschaft, Staat und Gesellschaft, 2005, Seite 41 f.

[95]   ebenda, Seite 42 f.

Humanvermögen

In der Volkswirtschaft hat sich der Begriff des Humankapitals durchgesetzt.
Franz-Xaver Kaufmann dazu[96]:

> *Im vorliegenden Zusammenhang interessiert vor allem die Humankapitaltheorie,
> welche Theodore W. Schultz 1979 den Nobelpreis für Wirtschaftswissenschaften
> eingebracht hat. Das zusammenfassende Werk von Schultz trägt den sprechen-
> den Titel „In Menschen investieren. Die Ökonomik der Bevölkerungsqualität".
> Versteht man unter Humankapital mit Friedrich List die Gesamtheit der in einer
> Volkswirtschaft eingesetzten Kompetenzen der Arbeitskräfte, so folgt daraus, dass
> Humankapital „von endlicher Lebensdauer und an Menschen gebunden" ist, so
> dass die Zahl der Erwerbstätigen als erster Bestimmungsfaktor für die Größe des
> Humankapitals einer Volkswirtschaft gelten kann. Die zweite Bestimmungsgröße
> betrifft die Qualifikation, Gesundheit und Motivation der Arbeitskräfte, wie sie
> durch familiale und außerfamiliale Sozialisation, durch Schul-, Berufs- und Weiter-
> bildung, durch Berufserfahrung sowie die zahlreichen Maßnahmen des betriebli-
> chen, privaten und öffentlichen Gesundheitswesens beeinflusst werden.*

Und weiter[97]:

> *Die Rede vom „Humankapital", das durch „Investitionen" in die Quantität und
> Qualität der Bevölkerung, insbesondere des Bevölkerungsnachwuchses, entsteht,
> ist ein kognitiver Durchbruch im Rahmen der Wirtschaftswissenschaften, um
> sowohl den technischen Fortschritt zu entmystifizieren, als auch der Bevölke-
> rungsentwicklung den ihr zukommenden Platz in der Theorie zu ermöglichen.*

Und schließlich[98]:

> *Im Zuge der industriellen Entwicklung und des Übergangs zur Dienstleistungsge-
> sellschaft und neuerdings zur „Wissensgesellschaft" scheint die Zunahme von
> Arbeitsproduktivität immer weniger vom Wachstum des Sachkapitals und immer
> stärker von der Zunahme des Humankapitals abhängig. Das Wachstum des
> Humankapitals ist also gerade in fortgeschrittenen modernisierten Gesellschaften
> der Schlüsselfaktor auch für weiteren technischen Fortschritt.*

---

[96] Kaufmann, Franz-Xaver: Schrumpfende Gesellschaft – Vom Bevölkerungsrückgang und
seinen Folgen, 2005, Seite 73 f.

[97] ebenda, Seite 74

[98] ebenda, Seite 75

In vielen Publikationen wird stattdessen der Begriff „Humanvermögen" vorgezogen, der im Wesentlichen dem Begriff „Humankapital" gleicht, anders als dieser sich aber nicht auf die wirtschaftlich verwertbaren Fähigkeiten beschränkt, sondern auch die übrigen Gesellschaftsbereiche in die Betrachtung mit einbezieht.

Die letzten 40 Jahre waren geprägt von einer Diskussion um die Rolle des Staates und der Frage, wieviel Staat sein müsse. Dies hatte unter anderem zur Konsequenz, dass sich der Staat mehr und mehr von vormals staatlichen Aufgaben zurückzog und sie privaten Anbietern überließ (zum Beispiel im Bereich der Telekommunikation).

Auch die zunehmende Zahl der Zuwanderer spielte in diesem Zusammenhang eine Rolle: Welche Aufgabe hat der Staat noch, wenn ein immer größer werdender Anteil seiner Einwohner aus anderen Ländern stammt?

Verbunden damit war eine Diskussion um die sogenannte Globalisierung und die Sorge, dass die einzelnen Staaten zu Spielbällen multinationaler Großkonzerne werden könnten. Diese Diskussion hält bis heute an.

Für die Beantwortung der Frage nach der Rolle des Staates ist der Begriff des Humanvermögens von entscheidender Bedeutung. Eine zentrale Aufgabe eines Sozialstaates ist die Reproduktion des Humanvermögens, das heißt, den Nachwuchs oder die Rekrutierungspotenziale für die verschiedenen Gesellschaftsbereiche sicherzustellen[99].

Das Humanvermögen eines Staates stellt also ein wesentliches Unterscheidungsmerkmal in der Konkurrenz zu anderen Staaten dar.

Hinsichtlich der Reproduktion des Humanvermögens stehen dem Staat verschiedene Optionen zur Verfügung:

- Beispielsweise kann er verstärkt in den eigenen Nachwuchs investieren. Ein Vorteil dabei kann die höhere Qualität des Nachwuchses sein, nachteilig dürften dagegen die höheren Kosten und das Risiko einer späteren Abwanderung sein.

- Alternativ kann sich der Staat verstärkt um Zuwanderungen bemühen. Dieses Thema wird näher im Abschnitt *Einwanderungsland* auf Seite 174 diskutiert.

Im letzten Abschnitt wurde erläutert, dass reproduktiven und zukunftsgerichteten Aufgaben gesellschaftlich eine geringere Bedeutung zugemessen wird als produktiven.

---

[99] ebenda, Seite 30

Dies ist beim Humanvermögen nicht anders.

Denn:

- Die mit der Reproduktion des Humanvermögens primär befassten Bundesministerien „Familie, Senioren, Frauen und Jugend" (Alt-Bundeskanzler Gerhard Schröder: „Frauen und so'n Gedöhns") und „Bildung und Forschung" spielen im Vergleich zu vielen anderen Ministerien (Auswärtiges, Inneres, Finanzen, Wirtschaft und Technologie, Verteidigung) nur eine sehr untergeordnete Rolle.

- Obwohl es sich bei der Reproduktion des Humanvermögens um eine wichtige, wenn nicht sogar die wichtigste Aufgabe des Sozialstaates handelt, wurde der nun schon mehr als 30 Jahre zu beobachtende Einbruch bei den Geburtenraten – trotz einer ausreichenden Zahl an Mahnern – politisch ignoriert. Stattdessen wurden mehrheitlich aktuelle wirtschaftliche Probleme wie Arbeitslosigkeit, sinkendes Wirtschaftswachstum oder Globalisierung thematisiert, die aber bereits heute ganz eng mit der unzureichenden gesellschaftlichen Reproduktion zusammenhängen und zum Teil dadurch bewirkt werden.

1964 wurden in Deutschland ca. 1,36 Millionen Kinder geboren, 2005 dagegen nur noch ca. 680.000, mit anderen Worten: ziemlich genau halb so viel. Die Hälfte an Neugeborenen wird auch nur noch die Hälfte an gebärfähigen Frauen, Ideen, Unternehmern, Wissenschaftlern, Managern, Wissensarbeitern, Politikern, Ärzten, Polizisten usw. hervorbringen.

Begünstigt wurde diese Fehlentwicklung durch die Tatsache, dass der zeitliche Horizont der meisten Politiker gerade bis zum nächsten Wahltermin reicht, und die gesellschaftliche Reproduktion damit automatisch eine untergeordnete Rolle spielen dürfte.

Gerade der zuletzt erwähnte zeitliche Aspekt ist sehr entscheidend für ein Verständnis der Problematik:

- Der größte Teil des Humanvermögens wird in den Familien generiert.

Allerdings benötigt ein neuer Mensch mehr als 20 Jahre Erziehung und Ausbildung, um für die Gesellschaft produktiv werden zu können, davor stehen eher Kosten im Vordergrund.

Man könnte deshalb sagen: Die Produktions- und Reifezeit des familialen Produkts „Mensch" beträgt mehr als 20 Jahre. Diese Zeitspanne übersteigt den zeitlichen Horizont von Politik und Wirtschaft um ein Vielfaches. Und sie verhindert eine unmittelbare Kommerzialisierbarkeit der familialen Arbeit: ihr Produkt ist nicht mehr tauschbar.

Wenn es möglich wäre, einen Menschen binnen einem Jahr aufzuziehen und auszubilden, dann wären die Familien vermutlich längst als Family AG mit dem Geschäftsfeld „Just-In-Time-Produktion von Humanvermögen" an die Börse gegangen.

So müssen sie ihren Nachwuchs (ihr Produkt) auf eigenes Risiko und in weiten Teilen auf eigene Kosten aufziehen und das Ergebnis später sozialisieren.

Obwohl es eine zentrale Aufgabe des Sozialstaates ist, das Humanvermögen zu reproduzieren und zu mehren, ist er konkret eher der Nutznießer einer Arbeit, die andere kostenfrei für ihn erbringen.

Staatliche Fürsorgepflicht

Im Rahmen seiner Aufgaben fällt dem Staat auch eine Fürsorgepflicht zu. Anders als ein Unternehmen kann er „wenig effiziente" Mitglieder nicht einfach „entlassen". Aus diesem Grund wurden in Deutschland verschiedene Versicherungssysteme eingeführt, zum Beispiel die gesetzliche Krankenversicherung, die Arbeitslosenversicherung und die Rentenversicherung. Ziel dieser Versicherungen ist es, individuelle Risiken zu sozialisieren und damit zu minimieren.

Bei der Rentenversicherung geht es darum, aus dem Berufsleben ausgeschiedenen ehemaligen Arbeitnehmern einen gesicherten Lebensabend zu finanzieren. Grundlage ist, wie im nächsten Abschnitt näher erläutert wird, ein sogenannter Generationenvertrag, bei dem eine Generation mit ihren aktuellen Beiträgen den Lebensabend der vorherigen Generation finanziert. Das setzt zwar nicht notwendigerweise eine ausreichende Zahl an Nachkommen pro Einzelperson, sehr wohl aber für diese Generation insgesamt voraus, etwas wovon viele Entscheidungsträger bei der Verabschiedung der Rentengesetze ausgegangen sind (Konrad Adenauer: „Kinder kriegen die Leute immer!"). Alternativ müssten fehlende Einzahler durch Zuwanderer ersetzt werden, was in den letzten Jahrzehnten zum Teil auch geschehen ist.

Das deutsche Rentensystem

Das deutsche Rentensystem ist umlagefinanziert, das heißt, die heutigen Renten werden aus den aktuellen Beiträgen der Versicherungspflichtigen bestritten. Die Rentenkassen sind also vom Prinzip her stets leer, weil eingehende Beiträge sofort an die Leistungsempfänger (Rentner) ausgezahlt werden.

Der Grund für diese Auslegung waren die Kapital- und Vermögensverluste der beiden Weltkriege, die zu der Entscheidung führten, dass[100]

> *aller Sozialaufwand immer aus dem Volkseinkommen der laufenden Periode gedeckt werden müsse.*

In den USA und Großbritannien ist die Altersversicherung dagegen kapitalstockfinanziert: Dabei entrichten die Versicherten zunächst Beiträge an eine Rentenkasse, die die Beiträge verzinst und mit dem angesparten Kapital die Rente des Versicherten finanziert. Dieser Unterschied hat dazu geführt, dass es in den USA und Großbritannien – anders als in Deutschland – Kapitalgesellschaften, Fonds und Banken mit international konkurrenzfähiger Finanzmacht gibt[101].

Beim Umlageverfahren vertrauen heutige Beitragszahler auf eine auch in Zukunft zur Verfügung stehende ausreichende Zahl an Beitragszahlern („Generationenvertrag"). Das führt dazu, dass die Rentenzahlungen nicht nur mehr von der durchschnittlichen Lebenserwartung und den während des aktiven Berufslebens geleisteten Beiträgen abhängen, sondern auch von der Leistungskraft der aktuellen Beitragszahler. Und wenn die Zahl der Beitragszahler zurückgeht, während simultan die durchschnittliche Lebenserwartung steigt, dann ist das Rentensystem gleich von zwei Seiten bedroht.

---

[100] Borchert, Jürgen: Wie Juristen Flüsse bergauf fließen lassen – Zur Semantik in der Sozial- und Familienpolitik und ihre Folgen für das Recht; in: Birg, Herwig (Hrsg.): Auswirkungen der demographischen Alterung und der Bevölkerungsschrumpfung auf Wirtschaft, Staat und Gesellschaft, 2005, Seite 39

[101] Birg, Herwig: Die ausgefallene Generation – Was die Demographie über unsere Zukunft sagt, 2005, Seite 7

Rentenversicherung

Die folgende Abbildung zeigt die relative Lebenserwartung von Männern im Alter von 0, 20, 40, 60 und 80 Jahren, einmal um das Jahr 1900 und ein anderes Mal um das Jahr 2000[102].

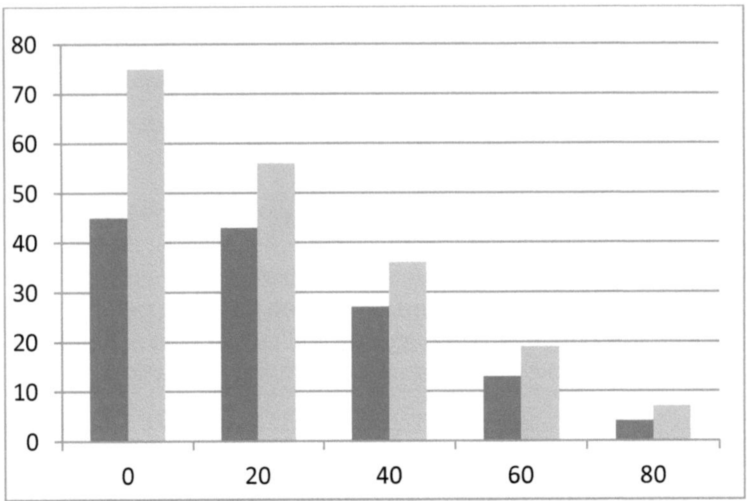

Abbildung 3: Lebenserwartung von Männern um 1900 und 2000

---

[102]   Roloff, Juliane: Demographischer Faktor, 2003, Seite 17

Bei den Frauen stellt sich die gleiche Situation dagegen wie folgt dar:

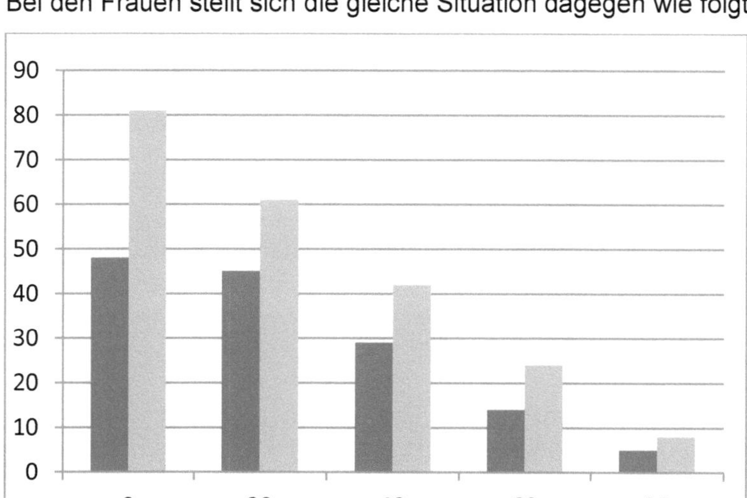

Abbildung 4: Lebenserwartung von Frauen um 1900 und 2000

Die Einführung der Rentenversicherung hat dazu geführt, dass Arbeitnehmer keine Kinder mehr in die Welt setzen müssen, um im Alter versorgt zu sein. Stattdessen zahlen sie regelmäßig Geld in eine Kasse ein, mit dem die Ansprüche der aktuellen Rentenempfänger befriedigt werden, während die nachkommende Generation später ihre Renten finanziert.

Hans-Werner Sinn präzisiert[103]:

> *Die Rentenversicherung nach dem Umlageverfahren ist eine Versicherung gegen Kinderlosigkeit und die daraus entstehende Altersarmut. Auch wenn man selbst keine Kinder haben kann, muss man im Alter nicht darben, weil man von den Kindern anderer Leute ernährt wird. Der gegenseitige Versicherungsschutz ist ein großer Vorteil für alle Beteiligten. Problematisch ist aber, dass diese Versicherung gegen Kinderlosigkeit die ökonomischen Gründe für den Kinderwunsch aus der Familienplanung ausblendet, indem sie die Leistungen der Kinder an die vorangehende Generation fast vollständig sozialisiert.*

---

[103] Sinn, Hans-Werner: Das demographische Defizit – die Fakten, die Folgen, die Ursachen und die Politikimplikationen; in: Birg, Herwig (Hrsg.): Auswirkungen der demographischen Alterung und der Bevölkerungsschrumpfung auf Wirtschaft, Staat und Gesellschaft, 2005, Seite 74

Und weiter[104]:

> *Auf eigene Kinder kommt es bei der Versorgung im Alter nicht mehr an. Es reicht, wenn andere Leute Kinder in die Welt setzen, die später die Rente zahlen. Ob man selbst Kinder hat oder nicht, die eigene Versorgung im Alter wird davon kaum berührt, und deshalb ist eines der wichtigsten Motive für den Kinderwunsch erloschen. Kaum ein junges Paar verbindet den Kinderwunsch heute mehr mit der Frage, wie der eigene Lebensabend zu sichern ist. Der fehlende Zusammenhang zwischen Kinderwunsch und Rententhema in den Köpfen der Menschen zeigt in aller Deutlichkeit, auf welch dramatische Weise das staatliche Rentensystem auf die gesellschaftlichen Normen Einfluss genommen hat.*

Da ein kinderloses und berufstätiges Paar durch das umlagefinanzierte Rentensystem eine deutlich höhere Rente erzielen kann als ein Ehepaar mit drei Kindern, entwickelten sich Kinder aus Rentengesichtspunkten regelrecht zum Nachteil.

Herwig Birg dazu[105]:

> *Unter den hier aufgeführten (und nicht aufgeführten) Beispielen kommt der großen Rentenreform von 1957 und dem damals eingeführten Umlageverfahren, auf dem auch die gesetzliche Kranken- und Pflegeversicherung beruht, eine herausragende Bedeutung zu. Durch diese Reform wurden die Ansprüche auf Altersversorgung kollektiviert, aber die zur Erfüllung der Ansprüche notwendigen „generativen Leistungen" in der Form der Erziehung künftiger Beitragszahler den Familien aufgebürdet – eine nach meinem Dafürhalten verfassungswidrige Reform, die den Gleichheitsgrundsatz der Verfassung verletzt, indem sie die Gruppe der Kinderlosen privilegiert, und die darüber hinaus den Artikel 6 des Grundgesetzes – „Ehe und Familie stehen unter dem besonderen Schutze der staatlichen Ordnung" – in sein Gegenteil verkehrt, ein Tatbestand, der von Fachleuten als „Transferausbeutung der Familien" bezeichnet wird (Jürgen Borchert).*

Aufgrund dieser einfachen Zusammenhänge trägt die Rentenversicherung maßgeblich zur Reduzierung der Fertilitätsrate bei: Kinder sind aus ökonomischen Gründen eine törichte Entscheidung, man müsste sie unbedingt wollen, um eine solche Entscheidung zu rechtfertigen, und da sie mit einem Berufsleben beider Teile eines Paares nur schwer vereinbar sind, überlässt

---

[104] ebenda

[105] Birg, Herwig: Die ausgefallene Generation – Was die Demographie über unsere Zukunft sagt, 2005, Seite 84

man das Kinderkriegen lieber anderen, in der Hoffnung, dass nicht alle so ökonomisch und clever denken, wie man selbst.

Die Rentenversicherung ist aber noch aus einem anderen Grund problematisch: Sie ist eine Investition in die Vergangenheit und nicht in die Zukunft. Denn alte Menschen sind die Vergangenheit eines Staates und Kinder seine Zukunft.

Dies führt zu der grotesken Situation, dass etliche Rentner ohne eigenen Nachwuchs über eine komfortable Rente verfügen, während gleichzeitig viele Kinder von der Sozialhilfe leben. Tatsächlich hat sich der Anteil der von der Sozialhilfe lebenden Kinder in den letzten 40 Jahren versechzehnfacht[106].

Man kann nur spekulieren, wieso es zu dieser Entwicklung gekommen ist. Ein Grund könnte sein, dass Entscheidungsträger zunächst einmal an sich denken. Und für diesen in der Regel schon reiferen Personenkreis ist die wirtschaftliche Absicherung des Lebensabends wichtiger als Kinder, die sie sowieso nicht mehr in die Welt setzen werden, und deren Fehlen höchstens spätere Generationen belasten wird.

Ferner könnten auch moralische Gründe eine Rolle gespielt haben: Wenn man Beiträge entrichtet, damit Mütter ihre eigenen Kinder aufziehen können, dann bezahlt man Frauen indirekt dafür, dass sie Sex haben.

Möglicherweise liegt die Ursache aber auch auf sprachlicher Ebene. Denn viele vorgeschlagene Lösungen zur Anhebung der Geburtenrate konzentrieren sich zurzeit auf eine Verbesserung der Vereinbarkeit von Familie und Beruf. Damit verfestigt sich die von Jürgen Borchert festgestellte „räumliche und zeitliche Trennung von Erwerbs- und Privatsphäre, wobei der Mann zum homo oeconomicus und die Frau zur domina privata avancierte"[107]. In einer Gesellschaft, in der derjenige, der Schweine erzieht, ein produktives Mitglied ist, und derjenige, der Kinder erzieht nicht[108], kann eine Steigerung der zu niedrigen Reproduktionsraten wohl kaum durch eine Verbesserung der Vereinbarkeit von Schweineerziehen und Kindererziehen erreicht werden, sondern eher durch die Behebung des Grundproblems der fehlenden Kommerzialisierbarkeit des Aufziehens von Kindern durch die Frau, die dadurch zwangsläufig immer teilweise „domina privata" bleiben wird.

---

[106] Borchert, Jürgen: Wie Juristen Flüsse bergauf fließen lassen – Zur Semantik in der Sozial- und Familienpolitik und ihre Folgen für das Recht; in: Birg, Herwig (Hrsg.): Auswirkungen der demographischen Alterung und der Bevölkerungsschrumpfung auf Wirtschaft, Staat und Gesellschaft, 2005, Seite 37

[107] ebenda, Seite 42

[108] ebenda, Seite 44

In einer arbeitsteiligen Wissensgesellschaft kommt der Reproduktion des Humanvermögens eine zentrale Bedeutung zu. Sie entwickelt sich regelrecht zum Standortvorteil. Dies hat zwangsläufig zur Folge, dass das Aufziehen von Kindern Teil der arbeitsteiligen und produktiven Welt werden muss. Darauf wird im Kapitel *Die Familienmanagerin* auf Seite 99 näher eingegangen.

3 Emanzipation der Frauen

Heimchen am Herd

Dieter Bachmann schrieb 1975 in der Weltwoche über Alice Schwarzer[109]:

> *Nun hat sie ihr Buch nicht für die Männer geschrieben. "Erstarrte Symbole und unmenschliche Fratzen" sind die ihr, da wendet sie sich mit Grausen: "Für uns habe ich dieses Buch geschrieben." Auf das Alter ihres Zielpublikums will sie sich nicht festlegen, doch sieht sie eine Hauptgruppe bei den Mittdreißigern; hier, glaubt sie, kommen die ehelichen Frustrationen erst so recht zum Durchbruch. Hier gipfelt der Passionsweg von Erziehung zum Heimchen am Herd, früher Heirat, ausschließlicher Partnerbindung und häuslicher Resignation.*
>
> *Ihr eigener Lebenslauf folgt diesem Paradigma nicht. Die kleine Alice darf ein Mädchen sein ohne Zwang zur Weibchenrolle, sie, ein uneheliches Kind, das seinen Vater nie kennen lernt, wird vom Großvater erzogen, einem sanften und sensiblen Mann. Kein männliches Über-Ich also, das sie terrorisiert.*
>
> *Sie sei eine schlechte, faule Schülerin gewesen, sagt sie, aber "atypisch interessiert". Begann eine Bürolehre (Wuppertal), wechselte in eine Werbeagentur (Düsseldorf) und dann in einen Verlag (München); "Ich hab' was Typisches gemacht, immer die Branche gewechselt und gemeint, ich würde damit die Situation wechseln." Mit 19 hatte sie ihren ersten Freund, auch sie "musste es mal bringen". Einmal lernt sie einen Journalisten kennen: "Da hab' ich mich nachts aufrecht im Bett hingesetzt und habe gesagt: Also was der kann, das kann ich auch."*

Damit war der Kardinalfehler der weiblichen Emanzipationsbewegung bereits festgeschrieben: Die *wirkliche* Welt[110] öffnet sich für Frauen dann, wenn sie es den Männern gleichtun oder sie gar in deren Domäne übertreffen. Der nur Frauen vorbehaltene Beruf der Mutter war dagegen wertlos und

---

[109] Bachmann, Dieter: Wer hat Angst vor Alice S.? Begegnung mit dem "Schreckgespenst" Alice Schwarzer, Weltwoche, 8.10.1975,
http://www.aliceschwarzer.de/632092572792423.html

[110] Schirrmacher, Frank: Minimum – Vom Vergehen und Neuentstehen unserer Gemeinschaft, 2006, Seite 81

uninteressant, denn die Frauen degenerierten dabei regelrecht zum „Heimchen am Herd" oder versanken in „häuslicher Resignation".

In der Folge formte sich das Bild der unabhängigen und starken Frau: Leistungsorientiert, beruflich erfolgreich, promiskuitiv und auf sexuelle Erfüllung pochend. Optisch noch wie eine Frau, doch von den Bedürfnissen und Ansprüchen her fast wie ein Mann.

Der Soziologe Heinz Meyer schreibt dazu in seinem Buch "Emanzipation von der Männlichkeit"[111]:

> *Häufig übernehmen die erfolgreichen und die den beruflichen Erfolg anstrebenden Frauen hier den Verhaltensstil der erfolgreichen Männer, und zwar bis hin zum demonstrativen, Selbstbewusstsein bekundenden oder vorgebenden Auftreten, zur akzentuierten Sprache, zur „klassisch-modernen" Kleidung, zum prestigeträchtigen Auto und zu weiteren ein bestimmtes Image fördernden Symbolen (Aktenkoffer, Füllfederhalter). Die Werbung in den Massenmedien spiegelt die Angleichung der Erfolgreichen und zugleich liefert sie Modelle für den Prozess der Angleichung.*

Die weibliche Emanzipationsbewegung fiel zusammen mit der Verbreitung der „Pille", die eine sichere Trennung von Sexualität und Empfängnis ermöglichte, und zwar durch die Frauen.

Beides hat zu einer deutlichen Verschiebung der Machtverhältnisse zwischen den Geschlechtern und zu zahlreichen neuen privaten Lebensformen geführt, in denen Kinder erst noch ihren Platz finden mussten.

Ich möchte hier nicht den Eindruck aufkommen lassen, dass ich die Frauenemanzipation – die sich weniger in der zunehmenden weiblichen Erwerbstätigkeit, sondern in erster Linie im Zugewinn an persönlicher Freiheit und Autonomie ausdrückt – für eine Fehlentwicklung halte. Im Gegenteil. Aber sie ist nach meinem Dafürhalten ein entscheidender, wenn nicht gar der alles entscheidende Grund für die Kinderlosigkeit in unserer Gesellschaft.

Denn wie in den nächsten Abschnitten erläutert wird, hat der Zugewinn an persönlicher Autonomie den Frauen ein Universum an biographischen Optionen eröffnet, die alle in Konkurrenz zur vormals präferierten bzw. gesellschaftlich vorgegebenen Mutterrolle stehen. Letztere ist unter den heutigen Bedingungen aber in der Regel mit einem erneuten Verlust der gerade erst gewonnenen Autonomie verbunden und scheidet deshalb als

---

[111]   Meyer, Heinz: Emanzipation von der Männlichkeit – Genetische Dispositionen und gesellschaftliche Stilisierungen der Geschlechtsstereotype, 1993, Seite 162 f.

Lebensoption vor allem bei emanzipierten Frauen häufig von vornherein aus.

Mit der Emanzipation wurden die Frauen zwar „in die Eigenständigkeit entlassen"[112], in der Mutterrolle aber in Abhängigkeit belassen, was sich allein schon darin äußert, dass zwei Drittel aller alleinerziehenden Frauen mit zwei und mehr Kindern in unserer Gesellschaft als arm gelten.

Man hat also einen ersten Schritt getan, und den notwendig darauf aufbauenden zweiten unterlassen. Ich bin davon überzeugt, dass die niedrigen Fertilitätsraten in Deutschland und in einigen anderen modernen Gesellschaften weniger ein Ausdruck von fehlenden Maßnahmen zur besseren Vereinbarung von Familie und Beruf sind, sondern in erster Linie für den Grad der erreichten weiblichen Autonomie und ihres Bildungsniveaus. Dies deuten unter anderem auch die viel höheren Fertilitätsraten der Zuwanderer in Deutschland und die sehr niedrigen Fertilitätsraten in Osteuropa an.

Wie in der Einleitung des Kapitels *Rentenversicherung* auf Seite 37 dargestellt wurde, existiert bereits aus biologischen Gründen eine natürliche Arbeitsteilung zwischen Frauen und Männern, die den Frauen überwiegend die reproduktiven und Männern die eher produktiven Aufgaben zuweist[113].

Diese Aufteilung und das darauf aufbauende Ungleichgewicht zwischen den Geschlechtern wurden im Rahmen der weiblichen Emanzipationsbewegung aufgekündigt, was den Verlust der gesellschaftlichen Reproduktionsfähigkeit mit den bisherigen Mitteln zur Folge hatte.

Mögliche langfristige Konsequenzen daraus sind:

- Die Gesellschaft reproduziert sich nicht mehr ausreichend, überaltert und vergeht schließlich.

- Die Reproduktion erfolgt in Zukunft mit technischen Mitteln und außerhalb des Mutterleibs.

- Die fehlenden Mitglieder der Gesellschaft werden durch eine ausreichende Anzahl an Zuwanderern ersetzt.

- Das Aufziehen von Kindern wird zu einer weiteren kommerzialisierbaren Spezialaufgabe, in deren Rahmen ein kleiner Teil der Frauen den größten Teil des Nachwuchses gebärt und aufzieht. Hierauf wird im Kapitel *Die Familienmanagerin* auf Seite 99 näher eingegangen und gezeigt, dass diese Option auf natürliche Weise mit unserer aktuellen Gesellschaftsstruktur vereinbar ist.

---

[112] Wikipedia: Emanzipation, http://de.wikipedia.org/wiki/Emanzipation

[113] Wikipedia: Frau, http://de.wikipedia.org/wiki/Frau

Belastung des Arbeitsmarktes durch Frauen

In Diskussionen um die Vereinbarkeit von Familie und Beruf werden häufig akademische Berufe hervorgehoben, die Frauen sehr erfolgreich ausüben.

Das Leben der meisten berufstätigen Frauen – und bei Männern ist das nicht viel anders – sieht dagegen viel bescheidener aus. Hier geht es eher um Berufe wie Verkäuferin, Friseurin, Kassiererin, Sachbearbeiterin oder Sekretärin. Häufig werden die Arbeiten dabei in Teilzeit ausgeführt, in manchen Berufen sogar von zu Hause.

In dem Maße, wie Frauen immer mehr auf finanzielle Unabhängigkeit pochten und dabei aufgrund der fehlenden Kommerzialisierbarkeit der Mutterrolle zu normaler Berufstätigkeit gezwungen waren, drängten immer mehr preiswerte Arbeitskräfte auf den Arbeitsmarkt, für die es außerhalb einer Hochkonjunktur keinen Bedarf gab.

Roland und Andrea Tichy dazu[114]:

> *Das Erwerbsverhalten ist durch eine Vielzahl von Faktoren bestimmt: Längere Ausbildungszeiten und früherer Renteneintritt, längerer Urlaub und kürzere Wochenarbeitszeit, aber auch die Zahl der Frauen, die neben der Kindererziehung noch berufstätig sind, beeinflussen das Arbeitsangebot beträchtlich.*

Es entstand die paradoxe Situation,

- eines hohen Bedarfs an Müttern, für deren Aufgaben sich dank fehlender Entlohnung keine Frauen fanden und

- einer hohen Zahl an weiblichen Arbeitskräften, der keine ausreichende Zahl an Arbeitsplätzen gegenüber stand.

Viele Frauen wurden hierdurch arbeitslos bzw. zu Hartz-IV-Empfängern oder drängten weniger qualifizierte Männer in entsprechende Positionen. Am Ende alimentiert der Sozialstaat nun häufig Frauen, die weder Arbeit noch Kinder haben.

---

[114] Tichy, Roland und Tichy, Andrea: Die Pyramide steht Kopf – Die Wirtschaft in der Altersfalle und wie sie ihr entkommt, 2003, Seite 138

Vereinbarkeit von Familie und Beruf

Bei der sogenannten Vereinbarkeit von Familie und Beruf handelt es sich um ein ähnliches Dilemma wie das der Ernährungswissenschaft: Seit Jahrzehnten wird – in völligem Widerspruch zu anthropologischen Erkenntnissen – eine zu fettreiche Ernährungsweise der Bevölkerung behauptet. Stattdessen wird empfohlen, sich fettarm und kohlenhydratreich zu ernähren, woran sich die Menschen schlussendlich auch gehalten haben. Beispielsweise war in den USA zwischen 1960 und 2000 ein Rückgang der täglich durchschnittlich aufgenommenen Fettmenge von 40 Prozent der Gesamtkalorien auf 33 Prozent zu verzeichnen[115]. Auch in Deutschland ist der Fettkonsum bei gleichzeitig prozentual angestiegenem Kohlenhydratkonsum rückläufig[116] [117]. Trotzdem sind die Menschen genau in diesem Zeitraum immer korpulenter geworden. Aber anstatt daraus Konsequenzen zu ziehen, wird seitens der Ernährungsberatung noch immer eine zu fettreiche Ernährung der Menschen behauptet, weshalb sich das bereits überall sichtbare gesundheitliche Problem auch in Zukunft weiter verfestigen wird.

Im Rahmen der Diskussion um die Vereinbarkeit von Familie und Beruf bei Frauen werden drei verschiedene Modelle unterschieden[118]:

- Kontinuitätsmodell

  Die Frau setzt ihre Berufstätigkeit neben ihren Familienaufgaben fort.

- Dreiphasenmodell

  Die Frau unterbricht ihre Berufstätigkeit zugunsten der Kindererziehung.

- Traditionales Modell

  Die Frau gibt ihre Berufstätigkeit zugunsten der Kindererziehung auf.

Allgemein wird – auch mit Blick auf die europäischen Nachbarn – angenommen, dass das Kontinuitätsmodell die Fertilitätsraten besonders günstig beeinflussen kann. Dafür müssten lediglich die erforderlichen Voraussetzun-

---

[115] Koch, Klaus: Ernährungsempfehlungen ohne Gewähr,
http://www.evibase.de/texte/rahmen_text.htm?/texte/sz/texte/
ernaehrungsempfehlungen_ohne.htm

[116] Alexy U, Sichert-Hellert W, Kersting M: Fifteen-year time trends in energy and macronutrient intake in German children and adolescents: results of the DONALD study, Br J Nutr 2002;87:595-604

[117] EUFIC: Die Basics: Hintergrundinformationen zu Fetten,
http://www.eufic.org/de/quickfacts/fats_chapter.htm

[118] Kaufmann, Franz-Xaver: Schrumpfende Gesellschaft – Vom Bevölkerungsrückgang und seinen Folgen, 2005, Seite 147

gen geschaffen werden, und die heißen zum Beispiel Ganztagskindergärten und -schulen. Wir haben es also hier, wie bei der Fetthypothese der Ernährungswissenschaft, mit dem Problem des Verfolgens einer untauglichen Hypothese zu tun. Und diese Hypothese lautet konkret: „Familie und Beruf lassen sich auch für größere Familien perfekt miteinander vereinbaren, wenn für optimale Ganztagesbetreuungen gesorgt wird und neben der Frau auch der Mann stärker bereit ist, Familienarbeit zu leisten."

Diese Hypothese hört sich ähnlich wie die Fetthypothese der Ernährungswissenschaft zunächst plausibel an, wurde aber in den letzten 30 Jahren genau wie diese in der Praxis eindrucksvoll widerlegt.

Von der Theorie her mag die Vorstellung einer Frau, die in Singapur einen wichtigen Management-Termin wahrnimmt, während ihre fünf Kinder tagsüber in Berlin in einen Ganztags-Kindergarten oder in eine entsprechende Schule gehen und sich am Abend der liebevolle Vater um sie kümmert, stimmig sein, leider handelt es sich hierbei um eine blauäugige Phantasie. Denn was wird denn aus dem Management-Termin, wenn eines der Kinder die Windpocken bekommt, unter einer chronischen Erkrankung oder Behinderung leidet oder andere große Sorgen hat?

Sicherlich gibt es Menschen, die so etwas bewältigen. Aber es gibt auch andere, die den Mount Everest ohne Sauerstoff bezwingen. Können solche Beispiele Maßstab für den Rest der Bevölkerung sein?

Es stellt sich unmittelbar die Frage, was von Menschen denn alles erwartet wird? Wer fünf Kinder in die Welt setzt und großzieht, leistet einen unschätzbaren Dienst an der Gesellschaft, der signifikant größer ist, als die Arbeit irgendeines austauschbaren Finanzbeamten. Warum wird erwartet, dass eine solche Person sich gleichzeitig auch noch im normalen Berufsalltag bewähren sollte? Warum muss eine Frau Schweine erziehen, damit sie Kinder erziehen kann?[119]

Es ist dieser grundsätzliche Fehlgedanke, der die hochentwickelten Staaten immer tiefer in die demographische Krise zieht, und der die Frauen nicht emanzipiert, sondern im Gegenteil, den Gedanken weiter zementiert, dass es sich bei der weiblichen Reproduktionsleistung per se um keine Arbeit handelt.

---

[119] Borchert, Jürgen: Wie Juristen Flüsse bergauf fließen lassen – Zur Semantik in der Sozial- und Familienpolitik und ihre Folgen für das Recht; in: Birg, Herwig (Hrsg.): Auswirkungen der demographischen Alterung und der Bevölkerungsschrumpfung auf Wirtschaft, Staat und Gesellschaft, 2005, Seite 44

Iris Lederer schreibt dazu in ihrem erfrischend geschriebenen Erfahrungsbericht „Mama ist im Meeting"[120]:

> *Direkt peinlich, ja fast schon abstoßend fand ich die Situation in vielen Familien: Papa arbeitet, Mama ist daheim. Er geht morgens aus dem Haus, kommt abends zurück. Die Erziehung liegt zum allergrößten Teil in den Händen der Mütter. Gerade mal beim Frühstück und manchmal beim Abendessen nehmen die Kinder ein anderes Leitbild wahr als die immer verfügbare, sich aufopfernde Mutter. Das Kind ist total auf eine Person fixiert. Auf eine Person, die lediglich Kaffeeklatsch hält, Geld ausgibt und „Eia Popeia" mit dem Baby macht.*
>
> *Nein danke! Meinem Kind würde das erspart bleiben. Es wird stolz auf seine berufstätige Mutter sein, die ab und zu auch mal wegfliegt und aus fernen Ländern anruft. Glücklich wird es mit Oma und Papa eigene, vor mir geheim gehaltene Erlebnisse machen, unabhängige Erfahrungen sammeln. Es wird beim Spielen von klein auf hören, dass ich auch in anderen Sprachen kommuniziere und so ganz nebenbei Englisch nachplappern. Ganz zu schweigen von dem Aufwachsen hautnah am PC. Er wird ein natürlicher Bestandteil in der Entwicklung und Welt meines Babys sein.*
>
> *Wie gesagt, alles wird „ganz easy", kinderleicht funktionieren. Ich werde eine zufriedene und nicht vom „Nur-Hausfrauensein" frustrierte Mutter. Wir werden keine Geldsorgen haben und unsere Partnerschaft bleibt lebendig und interessant.*
>
> *„...und wenn sie nicht gestorben sind, dann leben sie noch heute", ist mein jetziger Kommentar auf dieses nette Märchen!*

Und Meinhard Miegel ergänzt[121]:

> *Der westliche Lebensstil hat die Menschen in einen ungelösten und möglicherweise unlösbaren Konflikt gestürzt. Vor allem Frauen haben ihn, wenn schon nicht auszutragen, so doch auszuhalten. Einerseits wird ihnen unablässig das Zuckerbrot materiellen Wohlstands unter die Nase gehalten. ... Andererseits wird ein Sozialverhalten eingefordert, das mit der propagierten Wohlstandsmehrung samt postulierter Erwerbstätigkeit frontal zusammenstößt. Dieses Einerseits und Andererseits bringen viele nicht unter einen Hut. Sie sind frustriert, verärgert und nicht selten überfordert. Eine Gesellschaft, die einen solchen Lebensstil kreiert, hat Schwächen, an denen sie eines Tages zugrunde geht.*

---

[120] Lederer, Iris: Mama ist im Meeting, 2005, Seite 4

[121] Miegel, Meinhard: Epochenwende – Gewinnt der Westen die Zukunft? 5. Auflage, 2006, Seite 178

Viele Familien haben deshalb längst reagiert und beschränken ihren Nachwuchs auf maximal 2 Kinder, um den Kindern wenigstens noch teilweise die notwendige Aufmerksamkeit schenken zu können:

Gary S. Becker dazu[122]:

> *Familien halten es für besser, weniger Kinder zu haben und viel Zeit und Geld in deren Erziehung und Ausbildung zu investieren, als viele schlecht erzogene und ausgebildete Kinder zu haben. Diese Abkehr von einer großen Zahl von Kindern hin zu weniger Kindern mit stärkerer qualitativer Förderung, die also besser erzogen sind und damit ein größeres Humankapital verkörpern, hatte einen großen Einfluss auf die Entwicklung hin zu niedrigen Geburtenraten.*

Einige Studien wollen beim Vergleich europäischer Statistiken ausgemacht haben, dass die Geburtenraten in den Ländern besonders hoch sind, in denen die Frauen besonders häufig berufstätig und damit angeblich emanzipiert sind[123]. Leider kann man aus den präsentierten Daten in der Regel nur den Schluss ziehen, dass die behaupteten Zusammenhänge konstruiert sind, zumal es pro Kriterium in der Regel zu viele Ausreißer gibt.

Roland und Andrea Tichy dazu[124]:

> *Analysiert man die europäische Politik und ihre Auswirkungen auf das Bevölkerungswachstum zeigen sich unterschiedliche Muster: Die höchste Geburtenrate hat Irland mit seiner Laissez-faire-Haltung, gefolgt vom traditionell orientierten Luxemburg. Das familienpolitisch aktive und sozialdemokratisch-fortschrittliche Schweden ist ähnlich geburtenarm wie das in der Familienpolitik konservativer geprägte Deutschland; als großes Flächenland hat allein Frankreich derzeit mit seiner Politik der Nichteinmischung in die innerfamiliäre Ordnung, verbunden mit einem breiten Betreuungsangebot, eine vergleichsweise hohe Geburtenzahl.*

Auch werden meist viel zu wenig die kulturellen Unterschiede zwischen den einzelnen Ländern gewürdigt, die ja bei den Geburtenraten eine entschei-

---

[122]　Becker, Gary S.: Die Bedeutung der Humanvermögensbildung in der Familie für die Zukunft von Wirtschaft und Gesellschaft; in: Leipert, Christian (Hrsg.): Demographie und Wohlstand – Neuer Stellenwert für Familie in Wirtschaft und Gesellschaft, 2003, Seite 94 f.

[123]　Kröhnert Steffen und Klingholz, Reiner: Emanzipation oder Kindergeld? Der europäische Vergleich lehrt, was man für höhere Geburtenraten tun kann, http://www.berlin-institut.org/pdfs/Emanzipation%20oder%20Kindergeld_1512.pdf

[124]　Tichy, Roland und Tichy, Andrea: Die Pyramide steht Kopf – Die Wirtschaft in der Altersfalle und wie sie ihr entkommt, 2003, Seite 233

dende Rolle spielen können, wie allein schon die höheren Geburtenraten der Zuwanderer in Deutschland zeigen. Ferner sind Frauen in den ehemaligen kommunistischen Staaten keineswegs unselbständiger als in anderen europäischen Ländern, dies gilt auch für das Gebiet der ehemaligen DDR. Trotzdem sind gerade in diesen Ländern die Geburtenraten zum Teil sehr niedrig.

Ralph E. Ulrich dazu[125]:

> *Zumindest in Frankreich tragen Migrantinnen wesentlich zur Fertilität bei. Ihr Anteil ist jedoch aus der amtlichen Statistik nicht mehr erkennbar. Der DDR wird rückblickend bescheinigt, dass dort die Vereinbarkeit von weiblicher Berufstätigkeit und Mutterschaft gut gegeben war. Trotzdem ging die Fertilität auch dort in den 1980er Jahren zurück.*

---

[125] wdr.de: Faktencheck: Kinder – nein danke! Aussagen auf dem Prüfstand, 23.03.2006, http://www.wdr.de/themen/politik/1/hart_aber_fair/faktencheck_060322/index.jhtml

In Deutschland sind die Geburtenraten viel früher eingebrochen als in den meisten anderen europäischen Staaten. Betrachtet man die Zahl der Geburten pro 1.000 Einwohner, dann lässt sich ein klarer Einbruch bereits Ende der 60er Jahre feststellen:

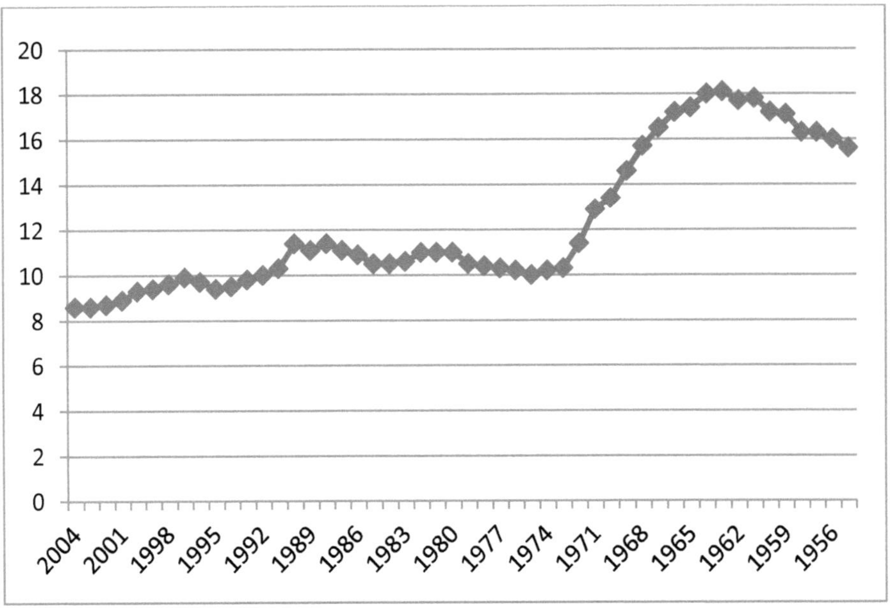

Abbildung 5: Anzahl der Geburten pro 1.000 Einwohner (alte BRD)[126]

Als Erklärung kommt hier zunächst der „Pillenknick" in Frage: In den 60er Jahren wurde die Pille als sicheres Verhütungsmittel in Deutschland einge-führt.

---

[126]   Quelle: Statistisches Bundesamt

Parallel zum Absinken der Geburtenzahlen lässt sich aber auch ein Ende der Vollbeschäftigung erkennen:

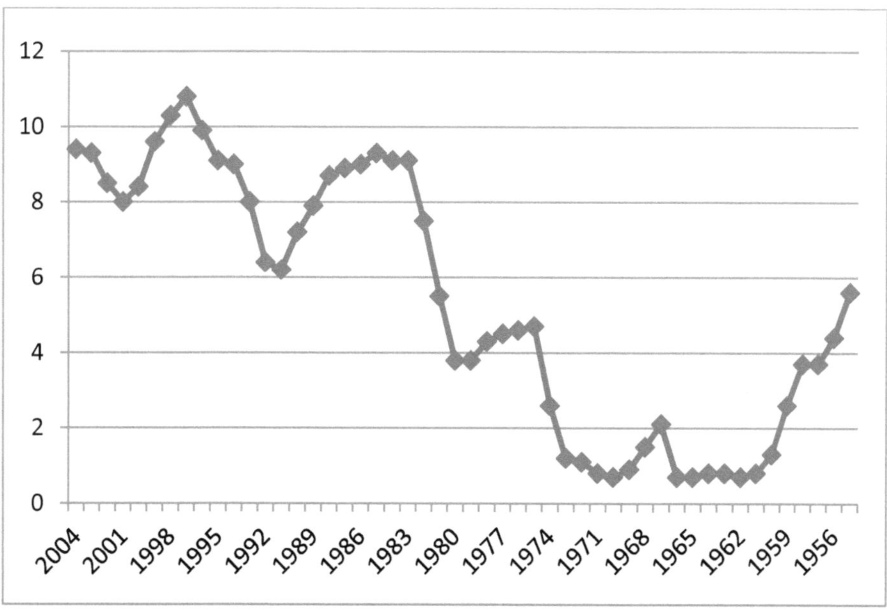

Abbildung 6: Arbeitslosenquoten in Deutschland[127]

Auch dieser Umstand bietet Raum für unterschiedliche Interpretationen und Spekulationen:

- Einerseits könnte das Ende der Vollbeschäftigung viele Paare verunsichert haben, so dass sie ihre Kinderwünsche zurückstellten.

- Andererseits könnten die Pille und die gewonnene Selbstbestimmung Frauen dazu veranlasst haben, sich zunächst mehr für einen Beruf als für eigene Kinder zu interessieren. In diesem Fall wären das Ende der Vollbeschäftigung und die gesunkenen Fertilitätsraten mögliche Folgen und nicht Ursachen der Entwicklung.

Deutschland ist in vielen Belangen moderner und aufgeschlossener als seine europäischen Nachbarländer.

Dies zeigt sich zum Beispiel allein schon in der Nutzung hormoneller Kontrazeptiva: In den 90er Jahren hatte die Pille unter den Empfängnisverhü-

---

[127]   Quelle: Statistisches Bundesamt

tungsmethoden bei deutschen Frauen einen Anteil von 84 Prozent. Im Vergleich dazu: Belgien: 64 Prozent, Österreich: 59 Prozent, Frankreich: 54 Prozent, Ungarn: 53 Prozent[128].

Die bereits sehr frühzeitig abfallenden Geburtenraten in Deutschland könnten deshalb auch Ausdruck einer deutschen Vorwegnahme einer generellen Entwicklung sein, schließlich sind die Geburtenraten – wenn auch mit einiger Verzögerung und manchmal auch weniger stark – in allen europäischen Ländern eingebrochen.

Gerade Frankreich ist hier ein gutes Beispiel: Frankreich hat in sehr vielen Bereichen auf eigene Werte und Traditionen beharrt und sich zum Beispiel viel stärker als Deutschland von einem Amerikanismus abgegrenzt. Dies zeigt sich unter anderem in den unterschiedlichen Esskulturen beider Länder. Es ist deshalb denkbar, dass auch die französische Einstellung zu Kindern noch traditioneller als die deutsche ist.

Hinzu kommt, dass in Frankreich, aber auch in dem ebenfalls geburtenstärkeren Schweden, die Geburtenraten unter Personen mit niedriger Bildung deutlich höher sind als unter Personen mit hoher Bildung. Französische Frauen des Geburtsjahrs 1950 mit hoher Bildung haben zum Beispiel nur eine Kohortenfertilität[129] von ca. 1,75, gleichaltrige Frauen mit niedriger Bildung dagegen von ca. 2,7. Bei gleichaltrigen deutschen Frauen mit hoher Bildung liegt der Wert bei 1,6. Beschränkt man sich auf Personen mit hoher Bildung, dann sind die Unterschiede in den Fertilitätsraten zwischen den verschiedenen Ländern geringer, als es die Gesamtwerte erwarten lassen würden[130]. Das lässt vermuten, dass in europäischen Staaten höhere Fertilitätsraten häufig zulasten der Qualität gehen (= schlechtere Ausbildung), was bereits in den Unruhen unter französischen Jugendlichen zum Ausdruck kommen könnte.

In Deutschland bleiben mehr als 30 Prozent aller Frauen kinderlos. Steffen Kröhnert und Reiner Klingholz sehen darin einen deutlichen Hinweis auf die

---

[128] Ulrich, Ralph E.: Kontrazeption in Europa,
       http://www.berlin-institut.org/pages/buehne/buehne_beventw_ulrich_kontrazeption.html

[129] Die Kohortenfertilität misst im Gegensatz zur Periodenfertilität die Anzahl der tatsächlich geborenen Kinder pro Frau eines Geburtsjahrgangs (= Kohorte). Dieses Maß ist weniger großen Schwankungen unterworfen als die Periodenfertilität, kann jedoch erst rückwirkend bestimmt werden, wenn die reproduktive Phase eines Jahrgangs abgeschlossen ist.
       Die Periodenfertilität (Fertilitätsrate, Total Fertility Rate: TFR) bezeichnet die durchschnittliche Kinderzahl, die eine Frau im Laufe ihres Lebens bekommen würde, wenn für sie genau die altersspezifischen Geburtenraten zwischen ihrem 15. und 49. Lebensjahr gelten würden, die in dem betreffenden, aktuellen Kalenderjahr beobachtet werden.

[130] Hoem, Jan M.: Warum bekommen die Schweden mehr Kinder als die Deutschen?
       http://www.zdwa.de/zdwa/debatten/20060127_23051974_debatte.php

besonders starke Einschränkung deutscher Frauen durch Kinder[131]. Diese Folgerung geht aber von der möglicherweise unzutreffenden Hypothese aus, dass sich kinderlose Frauen eigentlich Kinder wünschen und nur durch ihren Beruf daran gehindert werden. Offenbar haben sich aber viele berufstätige Frauen ganz bewusst für einen anderen Lebensplan entschieden, und wie Männer haben sie auch das Recht dazu. Beispielsweise ergab eine Studie, dass der durchschnittliche Kinderwunsch von Frauen in Deutschland mittlerweile nur noch bei 1,75, der von Männern sogar nur noch bei 1,59 liegt[132].

Besonders besorgniserregende Daten aus Deutschland können deshalb je nach Standpunkt als Beweis für die Rückständigkeit Deutschlands oder für dessen Fortschrittlichkeit gewertet werden. Ich bin der Auffassung, dass die Fertilitätsraten in Deutschland deshalb so niedrig sind, weil das Bildungsniveau deutscher Frauen besonders hoch ist.

Vereinbarkeit von Familie und Freizeit

Stellen Sie sich einmal die folgende ideale, aber fiktive Welt vor:

- Alle Schulen unterrichten ganztägig. Zusätzliche Betreuer sorgen für die Beschäftigung der Kinder, wenn die Eltern dringende berufliche Termine haben oder sich einmal verspäten.

- Auch besteht kein Mangel an Kindergärten und -krippen, die Kinder jeden Alters ganztägig betreuen.

- Die deutsche Wirtschaft hat längst die Bedeutung der Familie erkannt und Familienfreundlichkeit zu ihrem Markenzeichen gemacht. Beispielsweise betreiben einige besonders familienfreundliche Unternehmen betriebseigene und unternehmensnahe Kindergärten, die die Kinder so lange betreuen, wie es für die Eltern beruflich erforderlich ist. Gleichzeitig achten sie darauf, dass Eltern nicht unnötig in Schichtarbeit eingesetzt werden oder am Wochenende arbeiten müssen. Und wann immer es mit den Arbeitsabläufen vereinbar ist, werden alternativ Heimarbeitsplätze angeboten. In vielen Unternehmen kann frei zwischen Vollzeit- und Teilzeitbeschäftigung gewählt werden.

---

[131] Kröhnert Steffen und Klingholz, Reiner: Emanzipation oder Kindergeld? Der europäische Vergleich lehrt, was man für höhere Geburtenraten tun kann, http://www.berlin-institut.org/pdfs/Emanzipation%20oder%20Kindergeld_1512.pdf

[132] BiB: The Demographic Future of Europe – Facts, Figures, Policies: Ergebnisse der Population Policy Acceptance Study (PPAS), http://www.bib-demographie.de/dialog_ppas_d.pdf, Seite 10

- Selbstverständlich kann eine Mutter (oder alternativ der Vater) einen längeren Mutterschaftsurlaubs antreten, ohne berufliche Nachteile befürchten zu müssen. Hat die Mutter etwa eine leitende Position inne, wird ihre Stelle nur temporär neu besetzt. An diese Maxime halten sich nicht nur mittelständige Unternehmen und Großkonzerne, sondern auch der Copy-Shop gleich nebenan.

Würden solche Bedingungen zu mehr Geburten führen?

Wohl kaum. Denn selbst wenn Familie und Beruf dank großer gesellschaftlicher Anstrengungen weitestgehend vereinbar wären (was immer noch bezweifelt werden darf, schließlich gibt es nicht nur gesunde und glückliche Kinder), die Freizeit wäre es noch lange nicht.

Familien mit Kindern müssten weiterhin wie selbstverständlich auf einen großen Teil ihrer Freizeit verzichten oder ihre Freizeit völlig neu bewerten.

Während Singles abends ins Kino, ins Theater, in die Oper, in ein Konzert gehen, sich im Restaurant treffen, in einer Diskothek abtanzen, sich durch das Angebot einer Cocktail-Bar trinken, im kalten Februar mal in den sonnigen Süden fliegen oder im Frühjahr die USA mit dem Mountainbike durchqueren – bzw. dies tun könnten, wenn sie nur wollten –, sind Eltern mit dem Wechseln von Windeln, den ersten Versuchen der Tochter auf dem Dreirad und den Schulproblemen des Sohnes beschäftigt. Während Singles nur für sich und niemand anderen verantwortlich sind und sich auch so verhalten, tragen Eltern Verantwortung für andere Menschen, und das 24 Stunden am Tag, 7 Tage die Woche.

In unserer individualistischen Kultur wiegt ein durch Kinder bedingter möglicher Verlust an persönlicher Freiheit ähnlich schwer, wie eventuelle berufliche oder monetäre Nachteile.

Gerade Menschen mit hohen Ansprüchen an persönliche Autonomie und Emanzipation entscheiden sich heute nicht selten für eine lebenslängliche Kinderlosigkeit. Die sichere Empfängnisverhütung war die technische Voraussetzung dafür.

Das Argument, die weitverbreitete Kinderlosigkeit wäre die Folge einer unzureichenden Vereinbarkeit von Familie und Beruf, könnte sich bei näherer Betrachtung als ein weiterer Versuch einer Transferausbeutung von Familien und Menschen mit emotional-expressiven Elternschaftsmotiven herauskristallisieren: Die anderen sollen die Kinder in die Welt setzen und dafür sollten geeignete Bedingungen geschaffen werden. Man selbst hat sich aber aus ganz anderen Gründen längst gegen Kinder entschieden und genießt die Freiheit.

Die Opportunitätskosten der Kindererziehung

Die meisten Menschen lassen sich bei wichtigen Entscheidungen von ökonomischen Gesichtspunkten leiten. Wünscht sich eine Familie beispielsweise Kinder, dann sind die möglichen Glücksgefühle der Elternschaft Kosten wie Einkommensverlusten (siehe Abschnitt *Vereinbarkeit von Familie und Beruf* auf Seite 53) oder einem Verlust an persönlichen Freiheiten (siehe Abschnitt *Vereinbarkeit von Familie und Freizeit* auf Seite 61) gegenüberzustellen. Die Wirtschaftswissenschaften fassen solche Kosten unter dem Begriff der Opportunitätskosten zusammen[133].

Peter Schimany dazu[134]:

> *Auf der Grundlage der Verfügbarkeit moderner Kontrazeptiva und vor dem Hintergrund von postmodernem Wertewandel und Herausbildung der Dienstleistungsgesellschaft bewirken Bildungsexpansion und Erwerbstätigkeit steigende Opportunitätskosten für Frauen. Indem Betreuung und Erziehung von Kindern mit einem Verzicht auf materielle Güter, persönliche Aktivitäten, Einkommen und Karrierechancen „erkauft" werden, erweisen sich „Opportunitätskosten" offensichtlich als Schlüsselbegriff für das Verständnis der gegenwärtigen Fertilitätsabnahme.*

Und Roland und Andrea Tichy[135]:

> *Denn der größte Kostenblock sind die sogenannten Opportunitätskosten, also die Einkommensverluste, die durch die Nichterwerbstätigkeit (in der Regel) der Mutter entstehen. „Und das sind die relevanteren", so Bert Rürup, Mitglied des Sachverständigenrats „Fünf Weise".*

Und dies gilt umso mehr, je gebildeter und damit potenziell beruflich erfolgreicher die Frau ist. Denn[136]:

> *Vor allem das deutlich gestiegene Bildungs- und Qualifikationsniveau der Frauen hat zum Niedergang der Familie geführt, so Hilke Brockmann vom Rostocker Max-Plank-Institut für demographische Forschung.*

---

[133] Wikipedia: Opportunitätskosten, http://de.wikipedia.org/wiki/Opportunit%C3%A4tskosten

[134] Schimany, Peter: Die Alterung der Gesellschaft – Ursachen und Folgen des demographischen Umbruchs, 2004, Seite 222

[135] Tichy, Roland und Tichy, Andrea: Die Pyramide steht Kopf – Die Wirtschaft in der Altersfalle und wie sie ihr entkommt, 2003, Seite 207

[136] ebenda, Seite 209

> *Die Anzahl der qualifizierten Bildungsabschlüsse steigt weiter rapide an. Von 1960 bis 1991 hat sich der Anteil der Mädchen, die die Fachhochschulreife oder das Abitur erreichen, verdreifacht – bei den Jungen hat er sich lediglich verdoppelt. Heute haben von den 30- bis 35jährigen Frauen 57 Prozent mittlere Reife oder Abitur; bei den Männern beträgt dieser Prozentsatz nur 49 Prozent. Damit öffnet sich die Schere zwischen staatlichen Unterstützungsleistungen und dem wegen der Kinder verschenkten Einkommen immer weiter. Die Statistik bestätigt diese Überlegung: Kinderlosigkeit ist besonders häufig bei hochqualifizierten und vollerwerbstätigen Frauen anzutreffen – also bei jenen Frauen, die sich eigentlich teure Kinder leisten könnten.*

Ein zusätzliches Problem dabei: Ein sehr starker Kinderwunsch lässt sich auch schon mit einer kleinen Anzahl an Kindern befriedigen. Dabei können gleichzeitig die Opportunitätskosten in sinnvollen Grenzen gehalten werden.

Peter Schimany erläutert dies wie folgt[137]:

> *Emotional-expressive Elternschaftsmotive, die den Kinderwunsch stimulieren, sind gleichzeitig aber jene Werte, die eine Beschränkung auf wenige Kinder erlauben: Persönliche Glückserfüllungen einer Mutterschaft und/oder Familiengründung lassen sich auch mit einem oder zwei Kindern befriedigen. Befragungsergebnisse in den Mitgliedstaaten der Europäischen Union zeigen, dass Familien nach „ausgewogenem Glück" streben. Als ideal wird demzufolge eine Kinderzahl angesehen, die mit der Realisierung anderer Güter und Interessen beider Lebenspartner vereinbar ist. Nahezu alle von den Befragten anvisierten Ziele scheinen – wenn überhaupt – noch mit zwei, nicht aber mit drei Kindern erreichbar zu sein. Die Geburt eines dritten Kindes würde für Frauen vielfach den Verzicht auf ihre Erwerbstätigkeit bedeuten und die finanzielle Belastung der Familie übermäßig erhöhen.*

Allerdings spielen die Opportunitätskosten nur dann eine wesentliche Rolle, wenn zwischen verschiedenen alternativen und kostenseitig bewertbaren Lebensmodellen gewählt werden kann.

Vor Einführung der Rentenversicherung war das Aufziehen von Kindern allein schon zur Sicherung des Lebensabends erforderlich. Das deutsche Modell der Rentenversicherung hat die Verhältnisse in das genaue Gegen-

---

[137] Schimany, Peter: Die Alterung der Gesellschaft – Ursachen und Folgen des demographischen Umbruchs, 2004, Seite 224

teil verkehrt: Heute verringern Kinder in der Regel die Rentenansprüche und erhöhen damit die Opportunitätskosten.

Durch die sichere Empfängnisverhütung, die Verbesserung der Ausbildung und die sich hieraus ergebenden beruflichen und persönlichen Optionen, haben sich vielen Frauen neue Lebensperspektiven eröffnet, die für sich allein oder in Verbindung mit einem oder mehreren Kindern in Erwägung gezogen werden können. Zu den Opportunitätskosten zählen dabei stets auch die durch das Aufziehen von Kindern entstehenden möglichen Verluste an Freizeit, Freiheit und persönlicher Autonomie. Diese Faktoren werden von einigen Autoren unterschätzt.

Eine frühzeitige Entscheidung für Familie und Kind hat – wie Herwig Birg zeigen konnte – üblicherweise eine erhebliche Einschränkung der biographischen Vielfalt zur Folge. Aus diesem Grund verschieben zahlreiche Paare eine solche Festlegung immer weiter in die Zukunft und entscheiden sich stattdessen zunächst für eine berufliche Karriere. Das hat häufig eine späte und nicht selten auch zu späte Entscheidung für Kinder zur Folge.

Man könnte es auch so ausdrücken: Je größer die Vielfalt der biographischen Optionen ist und je mehr diese durch eine langfristige Festlegung eingeschränkt wird, desto geringer ist die Wahrscheinlichkeit, dass eine solche Festlegung erfolgt.

Herwig Birg präzisiert[138]:

Von der Größe und Art des biographischen Universums werden die biographischen Handlungsalternativen und -optionen des Individuums entscheidend beeinflusst. Dabei hat die empirische Lebenslaufforschung gezeigt, dass die Wahrscheinlichkeit einer langfristigen Festlegung im Lebenslauf durch eine Kindgeburt umso geringer ist, je größer die Zahl der Lebenslaufoptionen ist, die aufgrund dieser Festlegung aus dem biographischen Universum ausscheiden würden. Die ausgeschiedenen Lebenslaufoptionen werden als biographische Opportunitätskosten von Kindern bezeichnet.

---

[138] Birg, Herwig: Strategische Optionen der Familien- und Migrationspolitik in Deutschland und Europa; in: Leipert, Christian (Hrsg.): Demographie und Wohlstand – Neuer Stellenwert für Familie in Wirtschaft und Gesellschaft, 2003, Seite 30

Und weiter[139]:

> *Mit der biographischen Theorie der Fertilität lässt sich das als „demographisch-ökonomisches Paradoxon" bezeichnete Phänomen erklären, dass die Zahl der Kinder pro Frau umso mehr zurückging, je stärker das Pro-Kopf-Einkommen zunahm.*

Und auch andere Autoren sehen die Vielfalt der biographischen Optionen und den zunehmenden Individualismus als entscheidende Ursache für den Geburtenrückgang[140]:

> *Diese individualistische Kultur ist nach Auffassung der Verfasser Miegel und Wahl die einzige und alles erklärende Ursache für die Geburtenarmut dieser Länder, einschließlich Deutschlands. Deshalb sind individualistische Kulturen insgesamt unfruchtbar oder richtiger: Ihre Fruchtbarkeit ist janusköpfig. Ihrer großen kulturellen, insbesondere wirtschaftskulturellen Stärke steht eine nicht minder große biologische Schwäche gegenüber. Ohne grundlegenden Wandel, so die düstere Prognose, geht die uns bekannte europäische Kultur unausweichlich zugrunde: Wenn Deutschland weiter an den Maxminen individualistischer Kultur festhalte und Versuche unterlasse, aktive Bevölkerungspolitik zu betreiben, „dann dürften voraussichtlich rasch wachsende Bevölkerungsverluste durch ebenso rasch wachsende Zuwandererzahlen quantitativ ausgeglichen, ihre ethnische und kulturelle Identität jedoch früher oder später marginalisiert werden und erlöschen."*

Eine Entscheidung für ein Kind ist irreversibel und zwar für mindestens die nächsten 18 Jahre. Ein Kind kann nicht bei der nächsten Gelegenheit wieder zurückgegeben oder eingetauscht werden. Dies hat zwangsläufig zur Folge, dass in Sozialstaaten und unter den heutigen beruflichen Anforderungen an persönlicher Flexibilität und Mobilität Kinder in erster Linie mit Umgebungen größter sozialer Sicherheit und Stabilität (zum Beispiel einer Verbeamtung) oder größter Armut vereinbar sind. Auf die sich daraus unmittelbar ergebenden Konsequenzen werde ich im Kapitel *Die Familienmanagerin* auf Seite 99 näher eingehen. Michael Opielka fasst diese in knappen Worten so zusammen[141]:

---

[139]   ebenda

[140]   Tichy, Roland und Tichy, Andrea: Die Pyramide steht Kopf – Die Wirtschaft in der Altersfalle und wie sie ihr entkommt, 2003, Seite 217

[141]   Opielka, Michael: Familienpolitik und Lebenslauf; in: Rehberg, Karl-Siegbert (Hrsg.): Differenz und Integration: Die Zukunft moderner Gesellschaften, 1997, Seite 552

> *Wenn in der deutschen wie in anderen modernen Gesellschaften der säkulare Trend der Familienentwicklung wie der Entwicklung von Lebenslaufmustern in Richtung auf Pluralisierung weitergeht, dürfte an garantistischen Politikmodellen kein Weg vorbei führen.*

Peter Schimany ergänzt[142]:

> *Im Zuge der gesellschaftlichen Entwicklung wuchs das Ausmaß des biographischen Universums von Individuen als Folge einer zunehmenden Pluralität von Lebensformen bzw. biographischen Elementen vor dem Hintergrund institutioneller Enttraditionalisierung und der Erosion normativer Restriktionen beständig an. Gleichzeitig wurde ein Wechsel zwischen beruflichen Werdegängen durch die wachsende Bedeutung frühzeitig zu treffender Ausbildungswege und die Zunahme beruflicher Differenzierung und Spezialisierung bei gegebener Wissensexplosion erschwert, während parallel dazu die Notwendigkeit zu beruflicher Mobilität zugenommen hat. Beide Effekte haben zu einer Verringerung der Wahrscheinlichkeit langfristiger Festlegungen und zu einer zeitlichen Verschiebung familienbiographischer Entscheidungen geführt.*

Und weiter[143]:

> *Der gesellschaftliche Verlauf sei den 1980er Jahren spricht dafür, dass der generelle Zuwachs an persönlicher Autonomie und Emanzipation sowie der private und berufliche Statusgewinn von Frauen selbst durch ökonomische Krisen nicht rückgängig zu machen ist. Marktwirtschaftliche und sozialstaatliche Entwicklungen der Entstandardisierung, Deregulierung und Privatisierung bei gleichzeitiger Schwächung intermediärer Strukturen erhöhen vielmehr die Bedeutung individueller Ansprüche und tragen zu einer weiteren Individualisierung, Pluralisierung und Polarisierung der Lebenslaufmuster bei. Da alle Kausalfaktoren, die den jahrzehntelangen Abnahmetrend der Kohortenfertilität hervorgerufen haben, weiterhin wirksam sind, ist davon auszugehen, „dass sich das niedrige Niveau der Trendkomponente der jahrgangsspezifischen Fertilität mittelfristig nicht erhöht, ja eher weiter sinkt" (Birg/Flöthmann).*

Mit anderen Worten: Alle Faktoren, die bislang für eine Senkung der Fertilitätsraten gesorgt haben, sind weiterhin aktiv und werden auch nicht durch ökonomische Krisen beeinflusst.

---

[142] Schimany, Peter: Die Alterung der Gesellschaft – Ursachen und Folgen des demographischen Umbruchs, 2004, Seite 226

[143] ebenda

Dabei ist insbesondere von einem auch zukünftig ansteigenden Anteil der kinderlosen Frauen auszugehen. Dies wird zwangsläufig zu einer stärkeren Polarisierung zwischen lebenslang Kinderlosen und Paaren bzw. Einzelpersonen mit Kindern führen.

Peter Schimany stellt die weitere Entwicklung sehr präzise dar[144]:

Anzunehmen ist daher folgendes Szenario: Der stetig steigende Anteil von kinderlosen Frauen bewirkt eine zunehmende Polarisierung der Bevölkerung in eine Gruppe mit Kindern und eine Gruppe mit lebenslanger Kinderlosigkeit. Insgesamt wird es weniger Frauen mit Kindern geben, aber diese Frauen werden durchschnittlich mehr Kinder haben. Für das Szenario des Voranschreitens der Polarisierung (und Individualisierung) der Lebensformen sprechen neben der wachsenden Kinderlosigkeit, die auf über 30% in den jüngeren Geburtskohorten ansteigen könnte, aus demographischer Perspektive folgende Indikatoren: ein Aufschieben der Familiengründung, die soziale Verfestigung des Verhaltensmusters niedriger Kinderzahlen („Zwei-Kind-Familie"), eine rückläufige Heirats- und Wiederverheiratungsneigung sowie eine hohe und steigende Scheidungsbereitschaft. Tritt eine Ausweitung des Nichtfamiliensektors mit einer weiteren Verbreitung von Kinderlosigkeit ein, dürfte ein Rückgang der Geburtenentwicklung (aufgrund fehlender Kompensation durch dritte und folgende Kinder) die unvermeidbare Folge sein. Ein Absinken und anschließendes Einpendeln der zusammengefassten Geburtenziffer auf einen Wert von 1,2 wäre nicht auszuschließen.

Weniger Frauen mit Kindern, diese aber mit durchschnittlich mehr Kindern, hat unter anderem zur Folge, dass das Aufziehen von Kindern in unserer Gesellschaft mehr und mehr zu einem Akt der Spezialisierung wird, eine Tatsache, aus der lediglich die notwendigen ökonomischen Konsequenzen gezogen werden müssen (siehe dazu die Ausführungen in Kapitel *Die Familienmanagerin* auf Seite 99).

Von Kindergärtnerinnen und Lehrerinnen

Wenn in einem Beruf durchschnittlich mehr als 70 Prozent der Ausübenden weiblich sind, spricht man von einem Frauenberuf.

Frauen tendieren allgemein sehr stark zu modischen, pflegenden, helfenden und kommunikativen Berufen. Typische Frauenberufe sind zum Beispiel Friseurin, Physiotherapeutin, medizinisch-technische Assistentin, Krankenschwester oder Sekretärin.

---

[144]   ebenda, Seite 227

Ganz ausgeprägt ist das weibliche Interesse für den beruflichen Umgang mit Kindern, und zwar umso mehr, je kleiner die Kinder sind. Bei der Betreuung von Kindern in Kindergärten sind fast alle Stellen mit Frauen (Kindergärtnerinnen) besetzt.

Eine Statistik des Landes Nordrhein-Westfalen belegt, dass der Frauenanteil bei

- Grundschullehrern 88 Prozent,

- Realschullehrern 65 Prozent und

- Gymnasiallehrern 45 Prozent

beträgt[145].

Daraus kann unmittelbar geschlossen werden: Frauen mögen kindererziehende Berufe, und zwar insbesondere dann, wenn sie im Umgang mit den Kindern von ihren mütterlichen Fähigkeiten Gebrauch machen können. Wenn es eine Möglichkeit gibt, ihre mütterlichen, helfenden und erzieherischen Kompetenzen zu kommerzialisieren, dann wird ein großer Teil der Frauen davon Gebrauch machen.

Von Hostessen und Prostituierten

Wenn Sie eine bestimmte Eigenschaft haben oder über eine besondere Fähigkeit verfügen, dann können Sie selbstverständlich versuchen, damit Geld zu verdienen.

Wenn ein Mann zum Beispiel besonders kräftig ist, ohne gleichzeitig über ausgeprägte geistige Fähigkeiten zu verfügen, könnte er einen Beruf anstreben, bei dem physische Kraft das ausschlaggebende Kriterium ist.

Wenn Sie als Mann sexuell besonders gut bestückt und ausdauernd sind, könnten Sie versuchen, Ihr Geld in der Erotikbranche zu verdienen.

Dies gilt in ähnlicher Weise für Frauen.

Die Sexualität hat in unserer Gesellschaft parallel zur Zunahme der weiblichen Autonomie und Emanzipation und zum Rückgang der Geburten eine

---

[145] Landesamt für Datenverarbeitung und Statistik Nordrhein-Westfalen: NRW – Der Lehrerberuf wird weiblicher,
http://www.lds.nrw.de/presse/pressemitteilungen/2003/pres_129_03.html

immer größere öffentliche Bedeutung erhalten[146]. Sex ist praktisch überall präsent, an jeder Litfasssäule, in jeder Zeitschrift, in jedem Fernsehkanal. Frauen besitzen in der Erotikbranche zum Teil erhebliche Verdienstmöglichkeiten. Unsere Gesellschaft setzt sich offenkundig umso mehr und öffentlicher mit Sexualität auseinander, je weniger diese zum eigentlichen Ziel, dem Zeugen eines Kindes, führt.

Es scheint fast so, als müsse man es immer öfter tun, weil das Tun selbst so erfolglos ist.

Eine Frau kann aufgrund der gestiegenen Bedeutung der Sexualität und der Vereinzelung in unserer Gesellschaft versuchen, aus ihrer Weiblichkeit Kapital zu schlagen. So etwas galt vor noch nicht allzu langer Zeit als unmoralisch. Eine Frau, die ihr Geld als Hostesse, als Striptease-Tänzerin, beim Telefonsex, in Pornofilmen oder als Prostituierte verdiente, arbeitete entweder illegal oder war zumindest gut beraten, ihre Tätigkeit geheim zu halten, was bedauerlicherweise zu einer verstärkten Abhängigkeit vieler Frauen von Männern führte, die für sie das „Management" übernahmen und dabei ausbeuteten.

Dies hat sich in weiten Teilen geändert. Heute ist Prostituierte ein legaler Beruf, und eine arbeitslose Frau, die ein geeignetes wirtschaftliches Konzept vorlegt, kann sogar mit einer Förderung des Arbeitsamtes rechnen.

In zahlreichen Talk-Shows sind erfolgreiche Prostituierte und Pornodarstellerinnen gerngesehene Gäste und es gibt kaum eine Frau, die bei solchen Gesprächen nicht angeregt und aufmerksam zuhört.

Die genannten Berufe sind zwar noch lange nicht so enttabuisiert, dass etwa eine Frau eine ehemalige Tätigkeit als Prostituierte wie selbstverständlich in einen Lebenslauf bei einer Bewerbung in einer Bank angeben oder sich als Pornodarstellerin auf einem Elternabend der eigenen Tochter erklären könnte, aber wir sind auf dem Wege dahin.

Eine Frau kann also mittlerweile ganz legal und durchaus gesellschaftlich anerkannt mit ihrer Vagina und dem Zeugungsakt Geld verdienen – so lange dieser nur simuliert wird; das heißt, so lange sie mit Männern Sex gegen Geld hat, ohne dabei ein Kind zeugen zu wollen.

Dies ändert sich unmittelbar, wenn sie den Zeugungsakt nicht nur simuliert, sondern ernst macht. Ab diesem Zeitpunkt handelt es sich um Liebe und nicht um ein Geschäft, und folglich sind alle ihre weiteren Handlungen

---

[146] Dies steht in völligem Gegensatz zur 1987 von Alice Schwarzer gemachten Äußerung: „Wenn wir den Kampf gegen die Pornografie nicht gewinnen, verlieren wir den Kampf um unsere Emanzipation. So einfach ist das."

inklusive der 20-jährigen Erziehung der daraus entstehenden Kinder eine kostenfreie Dienstleistung und nicht kommerzialisierbar. Denn die Kinder sind ja ihre Kinder, und weil sie ihr gehören, kann sie daraus kein Geschäft machen, auch wenn diese Kinder lebensnotwendig für den Fortbestand der Gesellschaft sind und damit indirekt allen „gehören". Im Gegenteil: Nun wird von ihr verlangt, dass sie die nächsten 20 Jahre erhebliche finanzielle und zeitliche Opfer für das Kind erbringt, und das alles ohne jegliche Gegenleistung.

Gesucht werden: Mütter

Die spezifische Fähigkeit der Frau zur Reproduktion ist so ziemlich die einzige menschliche Kompetenz, mit der man in unserer arbeitsteiligen Welt kein Geld verdienen kann, selbst wenn eine entsprechende Nachfrage dies ermöglichen würde. Und kein Zweifel: Diese Nachfrage besteht, wie man täglich in neuen Horrormeldungen der Presse über die demographische Entwicklung Deutschlands lesen kann.

Und so lange dies so ist, sind Frauen nicht wirklich gleichberechtigt und emanzipiert.

Heinz Meyer dazu[147]:

> *Insofern kommt es darauf an, nicht die prinzipiell wertindifferenten geschlechtstypischen Funktionen, sondern deren unterschiedliche Bewertung aufzuheben. Letztere besteht vor allem in einer höheren Bewertung der Männlichkeit, und zwar nicht nur im Vergleich zur Weiblichkeit, sondern auf deren Kosten.*

Man könnte geradezu den Eindruck gewinnen, dass die Frauen dies unbewusst spüren und folglich in einen kollektiven Gebärstreik getreten sind: Solange ihre spezifische Reproduktions- und Aufziehleistung nicht messbar den Stellenwert erhält, der ihr zusteht, scheinen die Frauen keine Kinder mehr gebären und aufziehen zu wollen, sondern entscheiden sich lieber für andere Berufe, für die sie dann schließlich bezahlt werden. Und in der Folge haben es die Frauen in vielen Berufen den Männern längst gleich getan, in anderen sind sie geradezu unverzichtbar bis unersetzbar geworden.

Dies hat auf der anderen Seite zu einem riesigen Bedarf an Müttern geführt, dem keine ausreichende Anzahl an Frauen gegenübersteht, die diesen Job

---

[147]   Meyer, Heinz: Emanzipation von der Männlichkeit – Genetische Dispositionen und gesellschaftliche Stilisierungen der Geschlechtsstereotype, 1993, Seite 3

zu den aktuellen Bedingungen ausfüllen wollen: Eine klassische Marktsituation, bei der Angebot und Nachfrage deshalb nicht zusammenkommen, weil der Preis nicht stimmt.

Voraussetzung für diese Entwicklung war letztendlich die sichere und durch die Frauen kontrollierbare Empfängnisverhütung. Damit die mit einer persönlichen Fähigkeit verbundene biographische Festlegung (Mutterschaft) mit nüchternen Opportunitätskosten belegt werden kann, muss die Entscheidung zur Festlegung sicher kontrollierbar sein. Das Instrument dazu lieferte die Pille.

Nun gibt es kein Zurück mehr. Nun werden die Geburtenraten erst dann wieder signifikant ansteigen, wenn die Opportunitätskosten für die Erziehung von Kindern ausreichend gering sind. In einer arbeitsteiligen Welt mit einer Vielfalt an biographischen Optionen wird das erst dann der Fall sein, wenn das Aufziehen von Kindern mit berufstypischen Vorteilen verbunden ist.

Wenn eine biographische Festlegung nicht länger der Willkür unterliegt (Konrad Adenauer: „Kinder kriegen die Leute immer!“), sondern nur mehr eine von vielen anderen frei selektierbaren biographischen Alternativen ist, erfolgt eine Entscheidung für sie in der Regel nach den allgemeinen Gesetzen unserer Gesellschaft, und diese unterliegen nun mal der Ökonomie. Die Ausdrücke „die Opportunitätskosten für die Kindererziehung sind zu hoch“ und „die Kindererziehung muss kommerzialisierbar sein“ sind folglich Synonyme der gleichen Aussage.

4 Ehe-Risiken

Fragwürdiges Ehe- und Familienrecht

Artikel 6, Absatz 1 des deutschen Grundgesetzes legt fest:

> *Ehe und Familie stehen unter dem besonderen Schutze der staatlichen Ordnung.*

Doch wie sieht die Wirklichkeit aus?

- Von 1992 bis 2004 stieg die Zahl der jährlichen Ehescheidungen von ca. 140.000 auf 213.691. Dies entspricht einem Anstieg um mehr als 50 Prozent in 12 Jahren.

- In 2004 standen 395.992 Eheschließungen 213.691 Ehescheidungen gegenüber, was einem Anteil von 54 Prozent entspricht. In zahlreichen Großstädten wie Berlin beträgt der Anteil der Zahl der Ehescheidungen an der Zahl der Eheschließungen bereits mehr als 65 Prozent.

- Von 1955 bis 1965 kamen auf 1.000 Einwohner stets ungefähr 9 Eheschließungen, aber nur 1,0 Ehescheidungen. In 2004 wurden auf 1.000 Einwohner 4,8 Ehen geschlossen und 2,6 Ehen geschieden.

- Von 1955 bis 1965 kamen auf 1.000 Einwohner stets ungefähr 17 Geburten. In 2004 wurden pro 1.000 Einwohner 8,6 Kinder geboren.

- 1961 bestanden 14,3 Prozent aller Haushalte aus fünf und mehr Personen, während es in 2004 nur noch 4,1 Prozent waren. Im gleichen Zeitraum stieg der Anteil der Einpersonenhaushalte von 20,6 Prozent auf 37,2 Prozent.

- In den letzten Jahren wurden 75 Prozent aller Ehescheidungen von der Ehefrau eingereicht[148].

---

[148] Wippermann, Peter: Weniger Kinder – andere Welt: das Vordringen der "Ich-AG"; in: Leipert, Christian (Hrsg.): Demographie und Wohlstand – Neuer Stellenwert für Familie in Wirtschaft und Gesellschaft, 2003, Seite 192

Franz-Xaver Kaufmann führt in „Schrumpfende Gesellschaft" aus[149]:

> *Um 1970 waren in der Bundesrepublik rund 90% aller Männer und 85% aller Frauen zwischen 35 und 45 Jahren verheiratet, und die Zahl der lebenslang unverheiratet Bleibenden lag unter 10% für beide Geschlechter. Zu heiraten gehörte damals zum selbstverständlichen Lebensentwurf jedes gesunden erwachsenen Menschen. Die Heiratswahrscheinlichkeit ging nach 1970 rasant zurück und erreichte um 1997 lediglich noch Werte um 70% für die 49-Jährigen beiderlei Geschlechts.*
>
> *Eine starke Zunahme war auch bei den Scheidungen zu beobachten: Die Wahrscheinlichkeit, dass eine Ehe wieder geschieden wird, hat sich zwischen 1970 (15,9%) und 1985 (30,2%) nahezu verdoppelt und ist bis 2000 weiter auf 38,5% gestiegen. Gleichzeitig sank der Anteil wieder heiratender Geschiedener von 80% (Männer) bzw. 75% (Frauen) auf ca. 67% in 1989; seither ist ein moderater weiterer Rückgang zu verzeichnen. Parallel dazu nahmen nichteheliche Lebensgemeinschaften erheblich zu: von ca. 137.000 (1972) auf 963.000 (1990) und 1.727.000 (2002, nur alte Bundesländer).*

Die Wirklichkeit sieht also so aus, dass Ehe und Familie vom Aussterben bedroht sind. Ein durch die Verfassung garantierter Schutz ist folglich nicht gegeben, was nahelegt, dass das dazugehörige Ehe- und Familienrecht nicht dem verfassungsgemäßen Auftrag entspricht.

In den folgenden Abschnitten werde ich näher erläutern, welche speziellen Formulierungen und Auswirkungen des Ehe- und Familienrechts für diese Entwicklung mitverantwortlich sind.

Vom Schuldprinzip zum Schuldenprinzip

Nehmen wir einmal den folgenden fiktiven Fall an:

Sie sind Angestellte(r) in einem deutschen Großunternehmen. Bei der letzten Gehaltserhöhung hat man Sie übergangen, angeblich wegen der zurzeit undurchsichtigen wirtschaftlichen Lage. Ferner schaut Ihr Chef häufig etwas missmutig drein. Das stört Sie gewaltig.

Sie entschließen sich zu kündigen. Anschließend schicken Sie Ihrem Arbeitgeber per Rechtsanwalt ein Schreiben mit dem Inhalt zu, dass es aufgrund der momentanen Arbeitsmarktlage in naher Zukunft nicht zu

---

[149] Kaufmann, Franz-Xaver: Schrumpfende Gesellschaft – Vom Bevölkerungsrückgang und seinen Folgen, 2005, Seite 124 ff.

erwarten sei, dass Sie einen vergleichbaren Job mit einer Ihrem gewohnten Lebensstandard entsprechenden Bezahlung finden werden. Deshalb erwarten Sie eine Fortführung der Gehaltszahlung von etwa 80% des bisherigen Gehalts. Grundlage des Schreibens ist eine neuerliche Gesetzesänderung im Arbeitsrecht, die das Verursacher- und Schuldprinzip bei Kündigungen aus der Rechtsprechung getilgt hat und Arbeitnehmern nach Einstellung eine Lebensstandardgarantie zuerkennt. Nun muss Ihr Arbeitgeber weiter für Sie aufkommen, auch wenn die Kündigung von Ihnen ausging. Dabei müssen Sie auch keine weiteren Gründe angeben, die Trennung allein genügt, und der Arbeitgeber muss sich nichts zu Schulden haben kommen lassen.

Da der Gesetzgeber kein weiteres Unrecht schaffen und Berufstätige genau so absichern wollte wie berufslose Ehepartner, hat man im Rahmen der Gesetzesänderung die Dauer der Gehaltsweiterführung an die gesetzlichen Unterhaltsregelungen bei Ehescheidungen angepasst. Waren Sie also zum Beispiel 10 Jahre bei einem Unternehmen beschäftigt, dann haben Sie einen gleich langen Anspruch auf Fortführung der Gehaltszahlung, wie eine berufslose Ehefrau Anspruch auf Unterhalt nach 10-jähriger Ehezeit hat, das heißt lebenslänglich.

Wie würde sich eine solche Regelung in Deutschland auf den Arbeitsmarkt auswirken?

Ganz einfach: Es würde kaum noch Angestellte geben. Die Unternehmen würden stattdessen „lockere" Beziehungen zu jungen dynamischen und vor allem externen Dienstleistern vorziehen.

Genau diese Entwicklung hat aber bei Ehe und Familie stattgefunden.

Heute ziehen es viele junge Frauen und Männer vor, zunächst einmal eine solide Berufsausbildung abzuschließen. Dies hat zur Konsequenz, dass das Heiratsalter für ledige Personen deutlich angestiegen ist. In 2004 war das durchschnittliche Heiratsalter lediger Männer 32,4 und lediger Frauen 29,4 Jahre. Ein deutlich höheres Alter und eine bessere Ausbildung schützen aber direkt vor manch unüberlegter Torheit. Wer erst mit 30 Jahren heiratet, wird sich viel eher Gedanken über die Konsequenzen seines Handelns machen als etwa eine 18-jährige Person. Und in diesem Alter werden sehr viele Menschen schon Erfahrungen mit Scheidungen im Familien- und Freundeskreis und den daraus geradezu fatalen und absurden Folgerungen gesammelt haben. Wer ein klein wenig sachlich an das Thema Ehe herangeht und nicht völlig durch Verliebtheit geblendet ist, wird unmittelbar zu dem Schluss kommen müssen, dass eine Ehe ein zu hohes und vor allem unkalkulierbares und durch einen selbst nur wenig beeinflussbares Risiko darstellt. Gerade bezüglich langfristigen Verpflichtungen – bei gleichzeitig fehlendem Nutzen – weicht die Ehe so weit von anderen Vertragsarten (zum Beispiel Arbeits- und Mietrecht) ab, dass jedem jungen Paar heute nur dringend geraten werden kann, nicht zu heiraten.

Dies gilt umso mehr, wenn Kinder ein Ziel der Ehe sind. Denn dies führt meist dazu, dass die Frau entweder gar kein Einkommen hat oder nur geringfügig dazu verdienen kann. Ein Mann, der in einer solchen Situation und unter den heutigen Arbeitsmarktbedingungen beruflich zu Kompromissen bereit ist, häufiger länger und manchmal auch an fernen Orten arbeiten muss, um seiner Familie ein angenehmes Leben zu finanzieren, vielleicht sogar ein Eigenheim erwirbt und abbezahlt, läuft Gefahr, von seiner Frau und damit auch von seiner Familie ungewollt und unverschuldet verlassen zu werden („arbeitet zu viel, kümmert sich zu wenig um die Familie, wirkt häufig sehr angespannt"). Die Konsequenz ist dann nicht selten seine wirtschaftliche Vernichtung, von der er sich für den Rest seines Lebens nicht mehr erholen kann.

Ursache des Dilemmas ist die Aufhebung des Schuldprinzips bei der Ehescheidung. Denn eine Ehe ist mehr als nur ein Arbeits- oder Mietvertrag. Eine Ehe ist unter anderem ein gemeinsames Versprechen, in guten wie in schlechten Zeiten zueinander zu stehen. Dies hat beispielsweise zur Konsequenz, dass ein Ehepartner bei Krankheit oder Invalidität vom anderen Ehepartner nicht verlassen werden sollte.

Von solchen altmodischen und altruistischen Vorstellungen ist die heutige Ehewelt weit entfernt. Eine Ehe lässt sich leichter auflösen als ein Wohnungsdarlehen bei einer Bank: es genügt der einfache Auszug. Ist etwa der Mann der Alleinverdiener der Familie und geht die Trennung von der Ehefrau aus (wie in der Mehrzahl der Fälle), dann darf sie bei entsprechendem Einkommen sogar damit rechnen, dass alles von ihrem Ehemann finanziert wird, selbst dann, wenn er im Sinne des Eheversprechens keine Schuld auf sich geladen hat. Ein Heer geschäftstüchtiger Juristen wird sie dabei gerne beraten.

Verfügt der Ehemann über kein entsprechendes Einkommen, um seine Ehefrau und seine Kinder auf diese Weise zu unterstützen, dann wird aus einer vormals halbwegs wohlhabenden Familie mit hoher Wahrscheinlichkeit eine Gruppe neuer Sozialhilfeempfänger. Dabei leistet auch die nun ungünstigere höhere Besteuerung des Ehemanns einen weiteren Beitrag.

Meinhard Miegel dazu[150]:

---

[150] Miegel, Meinhard: Epochenwende – Gewinnt der Westen die Zukunft? 5. Auflage, 2006, Seite 190

Neben Arbeitslosigkeit ist das Zerbrechen einer Partnerschaft der wichtigste Grund für Armut in einem frühindustrialisierten Land. Was zwei gemeinsam gut stemmen konnten, schaffen sie getrennt nicht mehr. In Deutschland gehören rund 40 Prozent der Alleinerziehenden zu den Armen, 25 Prozent erhalten Sozialhilfe. Von den knapp drei Millionen Sozialhilfeempfängern ist mehr als eine Million minderjährig. Die deutliche Mehrheit von ihnen sind Trennungsopfer.

Wünscht einer der beiden Partner die Scheidung, dann muss er hierfür einen Rechtsanwalt beauftragen, dessen Rechnungen ebenso zu begleichen sind. Aber nicht nur das: Im Rahmen der Scheidung muss er seinem Anwalt „des Vertrauens" detailliert Einblick in sein Privatleben und seine finanziellen Verhältnisse geben, obwohl er dies einem Fremden gegenüber vielleicht gar nicht tun möchte.

Wurde im Rahmen der Ehe noch eine Immobilie erworben, dann ist es gut möglich, dass diese nun veräußert werden muss, was in der heutigen Zeit nicht selten einer Versteigerung gleichkommt. Am Ende ist die Ehe dann geschieden und einer oder beide Ehepartner sind mit hohen Schulden belastet (ein Zugewinn wird geteilt, ein Zuverlust dagegen nicht) und das alles nur, weil normale Menschen den normalen Wunsch nach Kindern hatten.

Wo Menschen zusammenkommen und sich streiten, wird es immer Parteien geben, die eine Auseinandersetzung mehr als andere verursacht haben. Die Verleugnung dieser Tatsache führt automatisch zu langfristigen Verhaltensänderungen.

Ich möchte hier nicht missverstanden werden: Mir geht es nicht um die Beschreibung plakativer Fälle voll schreiender Ungerechtigkeit. Das Leben ist ungerecht. Wenn Sie als Paris Hilton geboren werden, führen Sie ein anderes Leben, als wenn Sie in einer indischen Hütte aufwachsen, so ist das Leben.

Mir geht es in erster Linie um Verhaltensänderungen aufgrund von veränderten Rahmenbedingungen, und zwar weniger bei der einzelnen Person – es wird auch in Zukunft Frauen und Männer geben, die heiraten und Kinder in die Welt setzen – sondern vor allem um solche, die sich in Prozentsätzen allgemeiner Statistiken bemerkbar machen.

Frauen, Männer und Unternehmen sind bereit, auch schon einmal ein Risiko einzugehen. Allerdings sollte das Risiko kalkulierbar und durch eigene Leistung beeinflussbar sein. Eine Großbank wird ein größeres Aktienpaket nur dann erwerben, wenn sie aufgrund zahlreicher Analysen den Eindruck gewonnen hat, dass sich diese Investition lohnen könnte. Natürlich kann diese Einschätzung falsch sein. Dennoch unterscheidet sich diese Vorgehensweise fundamental von dem Auswählen einer Aktie durch ein Zufallsverfahren. Und ein Arbeitgeber wird einen Arbeitnehmer nur dann einstellen, wenn er weiß, dass er langfristige Folgeverpflichtungen durch eigenes Wohlverhalten minimieren kann.

Die Aufhebung des Schuldprinzips bei Ehescheidungen hat die Ehe zu einem unkalkulierbaren Risiko gemacht. Denn ein Ehemann könnte ja seine Ehefrau und Kinder über alles lieben, alles Erdenkliche für sie tun, nie an etwas wie Trennung denken, und trotzdem lernt sie plötzlich jemanden kennen, mit dem sie auf Dauer lieber zusammen sein möchte, worauf sie sich von ihm trennt. Scheidung, Rechtsanwaltskosten, Vermögensaufteilungen, Düsseldorfer Tabellen können ihn in der Folge ruinieren – und dies alles gerichtlich abgesegnet – obwohl ihn absolut keine Schuld trifft.

Werden die Kinder bei der Scheidung dann auch noch der Mutter zugesprochen – was wahrscheinlich ist – so dass der Vater nurmehr ein Umgangsrecht erhält, und zieht die Frau schließlich auch noch in eine andere Stadt um, so dass der Vater bei Fortbestand der Unterhaltspflicht so gut wie nichts mehr von seinen Kindern hat, dann können hier menschliche Tragödien entstehen, an die der Gesetzgeber offenkundig zu keiner Sekunde gedacht hat.

Es sind diese Fälle, bei der Menschen ohne Schuld und ohne Trennungswunsch in hoffnungsloser Verschuldung oder doch zumindest bei einer deutlichen Reduzierung des eigenen Lebensstandards bei gleichzeitiger Vereinsamung enden, die Signalwirkung haben, und die langfristig zu Ehemüdigkeit und statistisch signifikanten Geburtenrückgängen führen.

Frank Schirrmacher stellt eine wesentliche Handlungsmaxime von Menschen heraus, die auch in diesem Fall greift[151]:

> *Es geht – moralisch gesprochen – gar nicht um die Maximierung des eigenen Vorteils, sondern darum, nicht selbst in eine schlechte Position zu geraten.*

Mit Aufhebung des Schuldprinzips bei Rechtsstreitigkeiten mit erheblicher Konsequenz können Menschen unverschuldet in eine schlechte Position geraten Dies gilt umso mehr, je mehr bei Verträgen starke Emotionen beteiligt sind, es also wirklich um etwas geht.

---

[151] Schirrmacher, Frank: Minimum – Vom Vergehen und Neuentstehen unserer Gemeinschaft. 2006. Seite 67

Eine Ehe ist ja zunächst einmal eine Vereinbarung zwischen zwei Menschen, die für die Ewigkeit geschlossen wird. Eine von vornherein befristete Ehe gibt es nicht. Im Rahmen der Ehe werden meist weitere gemeinsame Verträge geschlossen, zum Beispiel ein Mietvertrag oder ein Kaufvertrag über eine Eigentumswohnung. Ferner werden in der Regel gemeinsame Kinder großgezogen, zu denen eine beiderseitige enge Bindung entsteht. Und schließlich haben Eheleute häufig einen gemeinsamen Freundeskreis.

Eine dermaßen starke gegenseitige Bindung setzt ein ungemein hohes gegenseitiges Vertrauen voraus. Umso größer dürfte der emotionale und finanzielle Schaden sein, wenn eine solch innige Bindung auseinander bricht.

Nicht selten geht große Liebe nach ihrem Ende in Abneigung oder gar Hass über. Eigene Verletzungen sind dann der Motor dafür, dem anderen gleichfalls Verletzungen zuzufügen. Im Prinzip kann dies in der Weltliteratur tausendfach nachgelesen oder in der Musik nachgehört werden. Es darf deshalb verwundern, dass vom Gesetzgeber ausgerechnet in einem Bereich auf das Schuldprinzip verzichtet wurde, wo der größtmögliche Schaden denkbar und zu erwarten ist.

Eine Ehe ist unter anderem ein Versprechen, zu einer anderen Person „in guten wie in schlechten Zeiten" zu stehen. Eine Trennung und damit faktische Beendigung einer Ehe ohne schwerwiegende Gründe stellt deshalb zunächst einen fundamentalen Vertragsbruch dar, der aber gemäß heutiger Rechtsprechung ohne Belang ist, da es bei Ehescheidungen kein Schuldprinzip mehr gibt. Und obwohl eine der beiden Personen die Ehe durch schlichten Auszug faktisch beenden kann, bleiben die Verpflichtungen der Gegenseite gegebenenfalls lebenslänglich bestehen. Oder anders ausgedrückt: Eine der beiden beteiligten Personen begeht einen schweren Vertragsbruch, der aber nicht geahndet wird und nicht zwangsläufig dazu führt, dass die andere Person aus dem Vertrag entlassen wird.

Die Ehe hat als Institution im Laufe der Geschichte erhebliche Transformationen durchgemacht:

- Im Christentum ist die Ehe ein Sakrament: Der absolut verlässliche Gott verbindet die beiden Menschen, die vor Ihm stehen und sich die Ehe gegenseitig versprechen. „Was Gott verbunden hat, das darf der Mensch nicht trennen!" (Mt 19,6)

  Eine Ehescheidung sieht die christliche Kirche deshalb nicht vor: Eine Ehe gilt ewig, „bis dass der Tod Euch scheidet".

Die gesellschaftlichen Normen entsprachen bis ins 19. Jahrhundert diesem Denken. Ein Mann von Ehre war jemand, der zu seinem Wort stand, auch wenn dies für ihn von Nachteil war[152].

- Eine vor einem Standesamt geschlossene weltliche Ehe sah zwar zunächst die Möglichkeit einer Scheidung vor, allerdings galt dabei das Schuldprinzip. Da eine festgestellte Schuld in der Regel mit ungünstigen Konsequenzen verbunden war, sorgte die Regelung automatisch für einen natürlichen – verfassungskonformen – Schutz der Ehe.

- Mittlerweile ist das „Schuldprinzip" abgeschafft und mit ihm sind alle früheren Scheidungsgründe, wie „böswilliges Verlassen", „seelische Grausamkeit" oder ähnliches mehr, weggefallen. Stattdessen gilt ausschließlich das „Zerrüttungsprinzip".

  Danach gilt eine Ehe als gescheitert und kann geschieden werden, wenn die Lebensgemeinschaft der Eheleute nicht mehr besteht und nicht erwartet werden kann, dass die Ehegatten sie wieder herstellen.

  Ob die Ehe gescheitert ist und wer das Scheitern zu verantworten hat, wer „schuld" am Scheitern der Ehe ist, ist für die Scheidung selber ohne Bedeutung. Keine der beteiligten Parteien wird mehr „schuldig" oder „unschuldig" geschieden.

  Für die Frage, ob eine Ehe gescheitert ist, ist entscheidend, ob die Eheleute getrennt leben und wie lange die Trennung andauert. Die Eheleute leben getrennt, wenn zwischen ihnen keine häusliche Gemeinschaft besteht und ein Ehegatte sie erkennbar nicht herstellen will, weil er die eheliche Lebensgemeinschaft ablehnt. Zieht also einer der beiden Eheleute aus der bisherigen Ehewohnung aus und hat er die Absicht, nicht mehr zurückzukehren, so beginnt an diesem Tag das Getrenntleben.

Seit der Einführung des Zerrüttungsprinzips hat die Ehe nichts mehr mit dem ursprünglichen christlichen Bund zu tun. Im Fokus steht nun die lockere Beziehung zwischen 2 unabhängigen Menschen, die sich im Rahmen eines Lebensabschnitts zu einer Gemeinschaft aus steuerlichen Gründen zusammengeschlossen haben, die kein besonderes Interesse an dem gemeinsamen Aufziehen von Kindern haben, die beide berufstätig sind, und die die bei einer Scheidung entstehenden Rechtsanwaltskosten gegenüber dem bereits entstandenen steuerlichen Gewinn verrechnen werden.

Mit der Einführung des Zerrüttungsprinzips hat die Ehe nur noch ihren Namen behalten. Als das, was sie einmal gedacht war, nämlich einem

---

[152]   Austen, Jane: Verstand und Gefühl (Sinn und Sinnlichkeit), 2000

Zusammenschluss zweier Menschen im Sinne der Familiengründung, existiert sie nicht mehr. Sie ist nun ein Konstrukt, welches erfolgreichen Doppelverdienern (Dinks: Double Income, no Kids) die Möglichkeit eröffnet, zu heiraten und steuerliche Vorteile zu genießen. Eine Scheidung aufgrund einer angeblichen ehelichen Zerrüttung, die nicht wenigstens über eine gescheiterte gemeinsame Eheberatung nachgewiesen werden kann, kann nicht im Sinne des Artikels 6 des Grundgesetzes und auch nicht im Sinne der zu betreuenden Kinder sein. Die Rechtsprechung hat sich mit Einführung des Zerrüttungsprinzips dem allgemeinen gesellschaftlichen Wandel angepasst, bei dem die Pflichterfüllung aufgegeben und der Konsum zum beherrschenden Lebensziel wurde[153].

Die Aufhebung des Schuldprinzips beim Scheidungsrecht hat entscheidend dazu beigetragen, dass weniger Ehen geschlossen und Kinder geboren werden.

In vielen demographischen Untersuchungen wird Frankreich als Beispiel für eine gelungene Familienpolitik aufgeführt, da Frankreich zu den Ländern mit den höchsten Fertilitätsraten in ganz Europa zählt. Dabei sollte dann allerdings auch erwähnt werden, dass im französischen Scheidungsrecht das Schuld- und nicht das Zerrüttungsprinzip gilt.

Der Kinderwunsch von Männern

Bislang stehen bei den meisten Untersuchungen zur Kinderlosigkeit in unserer Gesellschaft die Frauen im Mittelpunkt. Untersuchungen zur Haltung von Männern zu eigenen Kindern und ihren Motiven für oder dagegen gibt es so gut wie nicht.

Einige wenige Erkenntnisse vermitteln eine Umfrage der Familienwissenschaftlerin Prof. Uta Meier unter Männern und Frauen aus 2004, und eine Untersuchung des Instituts der Deutschen Wirtschaft über kinderlose Männer aus 2001.

Dabei kristallisierten sich die folgenden typischen Männerängste heraus[154]:

- Jahrelange Unterhaltspflichten und -kosten für Kinder, bei Trennung gegebenenfalls auch für die Frau, dabei aber rechtliche Nachteile als Vater.

---

[153] Tichy, Roland und Tichy, Andrea: Die Pyramide steht Kopf – Die Wirtschaft in der Altersfalle und wie sie ihr entkommt, 2003, Seite 217

[154] Jung, Irene: Wo bleiben die Kinder? Hamburger Abendblatt, 19.02.2005, http://www.abendblatt.de/daten/2005/02/19/400565.html

- Das im Job verlangte Männlichkeitsbild (Power, Verfügbarkeit, Mobilität) kann mit privaten Fürsorgeaufgaben kollidieren.

Ferner:

- Erfahrungen aus der eigenen Familie wiegen bei Männern psychologisch wesentlich schwerer als bei Frauen. Eine schwierige Vaterbeziehung, Scheidung der Eltern oder ähnliches können bewirken, dass der Sohn nie eine Familie haben möchte (oder seine Partnerin nie mit einem Kind teilen will). Frauen aus einer Problemfamilie hingegen wollen es in der Regel "selbst besser machen".

Eine internationale Studie ergab, dass sich Männer in Deutschland durchschnittlich nur noch 1,59 Kinder wünschen (Frauen 1,75).[155] Das ist europaweit ein Negativrekord.

Fazit:

Die heute sehr realistische Möglichkeit einer Scheidung hat bei Männern, speziell dann, wenn sie über entsprechende Erfahrungen im eigenen Umfeld verfügen, einen negativen Einfluss auf den eigenen Kinderwunsch. Da ohne Männer keine Kinder gezeugt werden können, haben die aktuellen, nicht verfassungskonformen Scheidungsgesetze einen erheblichen negativen Einfluss auf die Geburtenrate.

---

[155]   BiB: The Demographic Future of Europe – Facts, Figures, Policies: Ergebnisse der Population Policy Acceptance Study (PPAS), http://www.bib-demographie.de/dialog_ppas_d.pdf, Seite 10

5 Was nicht funktioniert

Herwig Birg schreibt zur demographischen Entwicklung in Deutschland[156]:

> *Der wichtigste und schwerwiegendste Irrtum über die Natur der demographischen Veränderungen ist der Glaube, dass uns ein rascher Wiederanstieg der Geburtenrate auf 1,6, 1,8 oder zwei Kinder pro Frau vor dem Schlimmsten bewahren könnte. Aber es ist dreißig Jahre nach zwölf, heute kann selbst ein Anstieg der Geburtenrate auf die ideale Zahl von zwei Kindern je Frau die Alterung für Jahrzehnte nicht mehr abwenden. Der Anteil der über 60jährigen an den 20 – 60jährigen würde sich bei der deutschen Bevölkerung selbst dann verdoppeln, wenn die Lebenserwartung nicht mehr zunähme. Dass es ein demographisches Momentum mit irreversiblen Folgen gibt, ist vielleicht die wichtigste Erkenntnis der Demographie. Wenn ein demographischer Prozess ein Vierteljahrhundert in die falsche Richtung läuft, dauert es ein Dreivierteljahrhundert, um ihn zu stoppen. So viel Zeit hat unsere schnelllebige Gesellschaft nicht, ihr scheint jetzt schon die Geduld auszugehen. Deshalb ist es konsequent, dass sich die Gesellschaft Politiker wählte, die ihre existentiellen Probleme ignorierten und sich nach der Logik verhielten: Wo keine Lösung ist, ist auch kein Problem (Paul Demeny).*

Und an anderer Stelle[157]:

> *Eine Politik, die das Ziel verfolgt, die demographische Entwicklung unter ihre Kontrolle zu bringen und ihre Auswirkungen in der Zukunft zu gestalten, ist realistisch betrachtet nicht viel mehr als eine Art von Vergangenheitsbewältigung.*

In den folgenden fünf Kapiteln sollen Maßnahmen vorgestellt und diskutiert werden, die den aktuellen demographischen Prozess abbremsen, stoppen bzw. langfristig sogar umkehren oder dessen Folgerungen abschwächen können.

Begonnen werden soll dabei mit Maßnahmen, die seit langem einen Schwerpunkt in der Diskussion bilden, die aber nach meinem Dafürhalten zu

---

[156] Birg, Herwig: Die ausgefallene Generation – Was die Demographie über unsere Zukunft sagt, 2005, Seite 150

[157] ebenda, Seite 63

schwach sind, um etwas bei einem Problem dieser Größenordnung ausrichten zu können. In erster Linie geht es dabei um Maßnahmen zur Verbesserung der Vereinbarkeit von Familie und Beruf, speziell bei den Frauen.

Martine und Jürgen Liminski[158]:

> *In allen Parteien wird heute das Hohelied der Vereinbarkeit von Familie und Beruf für die Frau gesungen…*

Ich möchte nicht den Eindruck aufkommen lassen, dass ich solche Maßnahmen für unwichtig halte: Natürlich sollte man alles dafür tun, damit Frauen einen Beruf ihrer Wahl ausüben und gleichzeitig Kinder großziehen können. Allerdings befürchte ich, dass man damit im günstigsten Fall die Geburtenraten binnen 10 Jahren von 1,3 auf 1,6 erhöhen kann. Und das ist leider nicht ausreichend.

Diese Ansicht wird von Demographie-Experten geteilt. Juliane Roloff formuliert sogar noch skeptischer[159]:

> *Es ist ein Irrglaube vieler Politiker, mit einer geeigneten Familienpolitik die Geburtenzahlen erhöhen zu wollen. Abgesehen von der zukünftigen Geburtenentwicklung belegen viele empirische Untersuchungen, dass verbesserte familienpolitische Leistungen zu keinen gravierenden Veränderungen im Kinderwunsch führen. Der Wunsch nach durchschnittlich zwei Kindern ist seit Jahrzehnten bei Frauen und auch Männern stabil. Eine Familienpolitik kann allerdings dazu beitragen, es den Frauen und auch Männern zu ermöglichen, ihren Kinderwunsch voll und vor allem rechtzeitig zu erfüllen. Sie kann zudem das Leben mit Kindern erleichtern. Da Menschen noch nie einem Staat zuliebe Kinder gehabt haben, sondern ausschließlich im ureigensten persönlichen Interesse, können wir davon ausgehen, dass selbst bei sehr günstigen familienpolitischen Bedingungen sich daran nichts ändern wird.*
>
> *Der demographische Alterungsprozess ist unausweichlich. Die vorgeschlagenen Strategien seiner Korrektur, namentlich ein signifikanter Zuwachs an Einwanderern und eine Familienpolitik, die eine höhere Kinderzahl erstrebenswert macht, haben nur eine aufschiebende Wirkung.*

Im Anschluss (Kapitel 6) wird eine Maßnahme vorgestellt, für die diese Einschätzung nicht gilt, da sie das Problem von einem ganz anderen Blickwinkel aus betrachtet und dadurch in der Lage ist, relativ schnell

---

[158] Liminski, Martine und Liminski, Jürgen: Abenteuer Familie - Erfolgreich erziehen: Liebe und was sonst noch nötig ist, 2002, Seite 178

[159] Roloff, Juliane: Demographischer Faktor, 2003, Seite 87

substanzielle Veränderungen zu bewirken. Außerdem adressiert sie das vorhandene Nachwuchs-Qualitätsproblem viel stärker als die Maßnahmen aus Kapitel 5, ja man kann sogar behaupten, dass Qualitätsverbesserung ihre herausragende Eigenschaft ist.

Die aktuelle Diskussion zur demographischen Situation in Deutschland wird von zwei Denkschulen beherrscht[160]:

- Die erste Schule (Kapitel 5) konzentriert sich auf Maßnahmen zur Verbesserung der Vereinbarkeit von Familie und Beruf. Fast alle Politiker gehören dieser Denkschule an.

- Die zweite Schule (Kapitel 6) möchte dagegen elterliche Erziehungsarbeit anderen beruflichen Arbeiten gleichsetzen.

Beide Denkschulen bedienen völlig unterschiedliche Interessengruppen:

- Die Maßnahmen aus Kapitel 5 richten sich in erster Linie an Frauen, die sich für eine nichtfamiliale berufliche Karriere entschieden haben und daneben noch ein oder zwei Kinder aufziehen möchten.

- Die Maßnahme aus Kapitel 6 wendet sich dagegen an Frauen, für die die familiale Arbeit im Vordergrund steht, und die eine größere Zahl an Kindern (zum Beispiel drei bis sieben) großziehen möchten. Eine parallele außerfamiliale Berufstätigkeit dient in erster Linie der Versorgung ihrer Familie und nicht der beruflichen Selbstverwirklichung.

Beide Interessengruppen sind für unsere Gesellschaft lebensnotwendig, allerdings bedürfen beide völlig unterschiedlicher Vorgehensweisen, dies wurde leider bislang zu wenig beachtet. Eine Beschränkung von pronatalistischen Programmen auf die erste Interessengruppe wird zwangsläufig zu suboptimalen Ergebnissen führen.

In den Kapiteln 8 und 9 werden darüber hinaus Maßnahmen diskutiert, die die Auswirkungen der demographischen Krise in den nächsten Jahrzehnten zum Teil mildern könnten. Verhindert oder repariert werden kann die Entwicklung in diesem Zeitraum leider nicht mehr, dies drückt Herwig Birg, wie zitiert, mit beispielloser Klarheit aus.

---

[160] Liminski, Martine und Liminski, Jürgen: Abenteuer Familie - Erfolgreich erziehen: Liebe und was sonst noch nötig ist, 2002, Seite 190

Kindergärten und Ganztagsschulen

Maßnahmen wie Ganztagskindergärten und Ganztagsschulen gehen von der Idee aus, dass viele Frauen nur deshalb keine Kinder in die Welt setzen, weil sie Familie und Beruf schlecht unter einen Hut bekommen. Wenn es für berufstätige Frauen eine Möglichkeit geben würde, ihre Kinder den ganzen Tag betreut zurückzulassen, dann würden sich viele dafür entscheiden, ein Kind in die Welt zu setzen.

Leider ist es mit einem Kind nicht getan. Damit die Bevölkerungszahl stabil bleibt und eine angemessene Zahl an Kindern aufwächst, die die Zukunft des Landes sichern können, müsste jede Frau im Durchschnitt etwas mehr als zwei Kinder in die Welt setzen. Zurzeit liegt dieser Wert bei 1,36.

Und andere Zahlen besagen – bezogen auf die alte Bundesrepublik – das Folgende:

- Von 1970 bis 2004 erhöhte sich die Zahl der Ein-Personen-Haushalte von ca. 5,5 Millionen auf ca. 11,5 Millionen.

- Von 1970 bis 2004 erhöhte sich gleichzeitig die Zahl der Zwei-Personen-Haushalte von ca. 6 Millionen auf ca. 10,5 Millionen.

- Von 1970 bis 2004 blieb die Zahl der Drei- bzw. Vier-Personen-Haushalte weitestgehend konstant bei 4,3 bzw. 3,3 Millionen.

- Von 1970 bis 2004 verringerte sich die Zahl der Haushalte mit fünf und mehr Personen von etwas mehr als 2,8 Millionen auf etwas weniger als 1,3 Millionen.

Mit anderen Worten:

- Die Zahl der Ein- und Zwei-Personen-Haushalte ist im genannten Zeitraum drastisch gestiegen. Hierbei handelt es sich in der Regel um Einzelpersonen oder um kinderlose Paare.

- Die Zahl der Drei- und Vier-Personen-Haushalte ist dagegen weitestgehend konstant geblieben. Hierbei handelt es sich meist um Familien mit maximal zwei Kindern. Eine solche Konstellation scheint also durchaus noch mit der Arbeitswelt vereinbar zu sein.

- Der große Einbruch fand bei Familien mit drei und mehr Kindern statt.

Franz-Xaver Kaufmann fasst zusammen[161]:

> *Betrachtet man die Entwicklung des generativen Verhaltens in Deutschland seit 1965, so fällt zunächst der Rückzug der kinderreichen Familien ins Gewicht.*

Und weiter[162]:

> *Während vom Jahrgang 1940 nur jede zehnte Frau kinderlos blieb, ist es beim Jahrgang 1970 voraussichtlich jede dritte. Diese Verbreitung der Kinderlosigkeit ist die wichtigste Ursache für den Nachwuchsmangel in Deutschland.*

Betrachtet man zusätzlich die Armutsquoten in den verschiedenen Haushaltsgruppen, dann schärft sich das Bild:

- In 2002 waren 58,5 Prozent aller Alleinerziehenden mit zwei und mehr Kindern arm.

- Im gleichen Jahr lagen 29,3 Prozent aller Paarhaushalte mit drei und mehr Kindern unterhalb der Armutsgrenze.

- Zum Vergleich: Nur sieben Prozent aller Paarhaushalte ohne Kind wurden im gleichen Zeitraum als arm eingestuft.

Frank Schirrmacher präzisiert dazu[163]:

> *Sobald Alleinerziehende zwei und mehr Kinder haben oder Paare drei und mehr Kinder, erhöht sich das Armutsrisiko beträchtlich. Auffallend ist, dass Paarhaushalte ohne Kind ein minimales Risiko haben zu verarmen, aber gleichzeitig über die größten Chancen verfügen, als Doppelverdiener die höchsten Rentenansprüche zu erwerben.*

---

161   Kaufmann, Franz-Xaver: Schrumpfende Gesellschaft – Vom Bevölkerungsrückgang und seinen Folgen, 2005, Seite 123

162   ebenda

163   Schirrmacher, Frank: Minimum – Vom Vergehen und Neuentstehen unserer Gemeinschaft, 2006, Seite 71

Und Franz-Xaver Kaufmann[164]:

> *Betrachtet man die Kinderhäufigkeit verheirateter Paare in Deutschland unter dem Gesichtspunkt ihrer Bildungs- und Einkommensverhältnisse, so fällt auf, dass Familien mit drei oder mehr Kindern vor allem bei Paaren häufig sind, bei denen beide Partner keinen Ausbildungsabschluss besitzen; das dürfte für Zugewanderte besonders charakteristisch sein. Zum zweiten finden sich kinderreiche Familien häufig bei Paaren, wo der Mann einen Hochschulabschluss besitzt, die Frau aber einen anderen oder keinen Abschluss besitzt; hier dürften traditionale Rollenverhältnisse recht verbreitet sein.*

In Frankfurt am Main wurden die Anteile der Haushalte ermittelt, deren Haushaltäquivalenzeinkommen[165] weniger als die Hälfte des durchschnittlichen Haushaltäquivalenzeinkommens der Frankfurter Bevölkerung beträgt[166]:

> *Es sind dies 9,9% bei kinderlosen Haushalten, 24,7% bei Einkinderhaushalten, 39,4% bei Zwei-Kinder-Haushalten, 73,3% bei Drei-Kinder-Haushalten und 76,9% bei Haushalten mit vier Kindern.*

Generell ist hier ein sich weiter polarisierender Trend festzustellen. Zwischen 1973 und 1998 sind die Armutsquoten von Jugendlichen und Kindern deutlich stärker gestiegen als für die Gesamtbevölkerung. Je nach Alter haben sich die Armutsquoten verdoppelt oder gar verdreifacht[167].

Es ist in unserer modernen arbeitsteiligen und spaßbetonten Welt davon auszugehen, dass sich auch in Zukunft viele Frauen für einen Beruf und gegen Kinder entscheiden und folglich ihr Leben lang kinderlos bleiben werden. Viele andere Frauen werden auch bei optimaler Kindergarten- und Schulbetreuung nicht mehr als ein oder zwei Kinder in die Welt setzen. Um auf eine bevölkerungsstabilisierende Fertilitätsrate von mehr als zwei zu kommen, muss es also einen nennenswerten Anteil an Frauen geben, die

---

[164] Kaufmann, Franz-Xaver: Schrumpfende Gesellschaft – Vom Bevölkerungsrückgang und seinen Folgen, 2005, Seite 141

[165] Bei der Berechnung des Haushaltäquivalenzeinkommens wird die Summe der Haushaltseinkünfte durch einen von der Personenzahl und ihrer Stellung im Haushalt abhängigen Quotienten geteilt. Für die erste Person des Haushalts beträgt der Quotient 1, für jede weitere Person über 14 Jahren 0,7 und für Kinder bis 14 Jahren 0,5.

[166] Kaufmann, Franz-Xaver: Schrumpfende Gesellschaft – Vom Bevölkerungsrückgang und seinen Folgen, 2005, Seite 191

[167] ebenda, Seite 190

drei und mehr Kinder in die Welt setzen. Familien dieser Art – und Alleinerziehende noch viel mehr – sind aber einem erhöhten Armutsrisiko ausgesetzt.

Martine und Jürgen Liminski dazu[168]:

> *Kinder sind in Deutschland heute das Armutsrisiko Nummer eins.*

Es ist sogar anzunehmen, dass sich unter diesen armen Familien mit zwei und mehr Kindern eine ganze Reihe an Familien befindet, für die jedes weitere Kind zunächst ein Kindergeldempfänger ist und sich damit wirtschaftlich rechnet. Die Situation bei den Großfamilien ist folglich aller Wahrscheinlichkeit nach noch problematischer, als es die Statistiken in Zahlen ausdrücken.

Maßnahmen mit nennenswerter demographischer Wirkung sollten sich in erster Linie auf die Anforderungen von Familien mit drei und mehr Kindern ausrichten: Hier sind langfristig die stärksten Effekte erzielbar.

Doch wie sehen diese Anforderungen aus?

Betrachten wir einmal ein ganz normales Ehepaar mit vier Kindern im Alter von 1, 3, 5 und 7 Jahren. Wenn die Mutter versucht, ihre Kinder optimal aufzuziehen, dann heißt das konkret: Seit acht Jahren ist sie entweder schwanger oder sie stillt. Eine ernsthafte berufliche Tätigkeit, die über ein gelegentliches Aushelfen im eigenen Laden der Familie hinausgeht, ist unter diesen Umständen kaum vorstellbar. Die meisten heutigen Berufe (zum Beispiel Angestellte in einer Lebensversicherung oder Verkäuferin in einem Supermarkt) kommen unter diesen Umständen allein schon aus organisatorischen Gründen kaum in Frage. Auch besteht leicht die Gefahr eines verfrühten Abstillens der Kinder und einer Umstellung auf Kinder-Fastfood, wodurch gesundheitliche Probleme bei den Kindern entstehen können, auf die bereits im Abschnitt *Verschlechterung der Volksgesundheit* auf Seite 31 näher eingegangen wurde.

Für solche Mütter ist aber auch eine Ganztagsbetreuung in einem Kindergarten oder Hort weniger interessant. Da sie sich um das zu stillende Kind ohnehin den ganzen Tag kümmern muss, bringt es ihr zeitlich sehr wenig, wenn sie morgens ihre schon größeren Kinder in einem Kindergarten abgibt. Dies mag eine angenehme Unterstützung für sie sein und auch hilfreich für die soziale Entwicklung der Kinder, allein, dies wird nicht dazu führen, dass

---

[168] Liminski, Martine und Liminski, Jürgen: Abenteuer Familie - Erfolgreich erziehen: Liebe und was sonst noch nötig ist, 2002, Seite 185

die Mutter wieder schneller in ihren Beruf zurückkehrt. Man kann deshalb getrost davon ausgehen, dass solche Mütter für mindestens zehn Jahre beruflich ausfallen und auch danach aufgrund der weiterhin bestehenden hohen erzieherischen Anforderungen und Koordinationsaufwände bei der täglichen Unterbringung der Kinder nur bedingt arbeitsfähig sind.

Zusammenfassend:

- Ganztags-Kindergärten und -schulen sind in erster Linie etwas für allein stehende oder in einer Partnerschaft lebende berufstätige Frauen mit ein bis maximal zwei Kindern. Für diesen Personenkreis stellen sie wichtige Maßnahmen im Sinne einer besseren Vereinbarkeit von Familie und Beruf dar.

- Für größere Familien sind solche Maßnahmen zwar auch nicht uninteressant, sie sind aber nicht entscheidungsrelevant, da dann eine Berufstätigkeit der Frau ohnehin nur noch sehr eingeschränkt möglich ist.

Gerade Vertreter von großen Familien fordern deshalb eine Wahlmöglichkeit zwischen Kindergarten und Eigenerziehung[169]:

> *Wer es ehrlich meint, der schafft Wahlfreiheit. Das ist auch zu finanzieren. Statt jährlich 9 Milliarden Euro für Kindergärten, -krippen, und -horte aufzuwenden und demnächst noch mehr Geld in diese Orte der Betreuung zu investieren, sollte man es den Eltern freistellen, ob sie selber erziehen oder fremdbetreuen lassen wollen.*

Hier soll keineswegs der Eindruck vermittelt werden, als handele es sich bei Ganztags-Kindergärten und -schulen um eine sinnlose Maßnahme. Im Gegenteil: Die PISA-Studien deuten an, dass in Ländern mit Ganztagsschulen als Regelschultyp im Allgemeinen ein höheres Bildungsniveau erzielt wird. In einer Zeit, in der aufgrund der elterlichen Belastung im Beruf mehr und mehr ein erzieherisches Vakuum in der Familie entsteht, bekommen ganztägige Erziehungseinrichtungen eine immer stärkere Bedeutung.

In diesem Buch geht es aber primär um das Thema, wie die Fertilitätsrate in Deutschland ohne zu lange Vorlaufzeiten signifikant gesteigert und die Qualität der kindlichen Erziehung verbessert werden kann. Und diesbezüglich wird das Thema Ganztagsbetreuung in Schule und Kindergarten nach meiner Auffassung in seiner Bedeutung maßlos überschätzt.

Häufig wird Frankreich als positives Beispiel für die Versorgung mit ganztägigen Kinderbetreuungseinrichtungen aufgeführt.

---

[169] Liminski, Martine und Liminski, Jürgen: Abenteuer Familie - Erfolgreich erziehen: Liebe und was sonst noch nötig ist, 2002, Seite 179

Hans-Werner Sinn führt dazu aus[170]:

> *Frankreich steht unter andrem wegen seiner „école maternelle", einer praktisch von allen Kindern besuchten Vorschule, ganz oben auf der Rangskala. Deutschland, das den Kindergarten erfunden und als eine Institution mitsamt ihrem Namen in alle Welt exportiert hat, liegt im Mittelfeld, zwischen Japan und Schweden.*
>
> *Ähnlich ist die Situation bei den Ganztagsschulen. Es gibt kaum noch Länder mit Halbtagsschulen, wie sie in Deutschland üblich sind. Die Ganztagsschule ist in den meisten OECD-Ländern die Regel. Wegen der fehlenden Ganztagsschulen werden in Deutschland junge Frauen vor die schwierige Entscheidung gestellt, entweder ihren Beruf auszuüben oder Kinder großzuziehen. Der Übergang zu Ganztagsschulen würde diesen Konflikt deutlich entschärfen, den Einkommensverzicht, der mit der Kindererziehung verbunden ist, verringern und die Geburtenraten erhöhen.*

Das mag sein. In 10 Jahren vielleicht und dann von einer Geburtenrate von 1,3 auf eine von 1,5. Wenn die Ganztagsschule das entscheidende Problem wäre, dann müsste die Fertilitätsrate in allen Ländern mit Ganztagsschulen deutlich über dem deutschen Niveau liegen. Das ist aber nicht der Fall. Und auch in Frankreich, wo insbesondere noch weitere pronatalistische Maßnahmen getroffen wurden, die kinderreiche Familien finanziell weniger stark benachteiligen als in Deutschland, ist die Fertilitätsrate keineswegs ausreichend hoch, um einen Bevölkerungsschwund zu verhindern.

Auch weisen andere Daten darauf hin, dass die Situation in Frankreich keineswegs so optimal ist, wie es zunächst den Anschein hat:

- Zwar sind 81% aller französischen Frauen im gebärfähigen Alter berufstätig, bei Frauen mit 3 Kindern beträgt die Erwerbsquote aber nur noch 41 Prozent[171].

- In Frankreich ist die Geburtenrate – ähnlich wie in Deutschland – in sozial schwachen Schichten deutlich höher als in einkommensstarken Bevölkerungsschichten[172].

---

[170] Sinn, Hans-Werner: Das demographische Defizit – die Fakten, die Folgen, die Ursachen und die Politikimplikationen; in: Birg, Herwig (Hrsg.): Auswirkungen der demographischen Alterung und der Bevölkerungsschrumpfung auf Wirtschaft, Staat und Gesellschaft, 2005, Seite 71 f.

[171] Bruneau, Christine: Für einen neuen Feminismus; in: Leipert, Christian (Hrsg.): Demographie und Wohlstand – Neuer Stellenwert für Familie in Wirtschaft und Gesellschaft, 2003, Seite 175

- Zwar gibt es in Frankreich Kinderkrippen für Kleinkinder, deren Kosten haben aber zum Teil astronomische Ausmaße angenommen (in der Pariser Region 68,60 EUR pro Tag), so dass sich nur ein kleiner Teil der Bevölkerung diese Einrichtungen leisten kann[173].

Und Gary S. Becker ergänzt[174]:

> *In den Vereinigten Staaten gibt es überhaupt kein öffentliches Angebot für Kinderbetreuung. Und wir haben eine viel höhere Geburtenrate als Deutschland.*

Ganztagskindergärten und -schulen benötigen bezüglich einer Wirkung auf die Geburtenraten einen solch langen Vorlauf, dass sie zur Lösung des demographischen Problems in Deutschland zurzeit nur als unterstützende Maßnahmen in Frage kommen.

Eine mögliche recht elegante Alternative zu Ganztagskrippen und -kindergärten wird im Kapitel *Die Familienmanagerin* auf Seite 99 vorgestellt: die Familienmanagerin als Tagesbetreuerin.

Andere Autoren sehen neben staatlichen Maßnahmen auch einen Handlungsbedarf bei den Unternehmen[175]:

> *Dieser notwendige Einstellungswandel macht auch vor der Wirtschaftswelt nicht Halt. Inzwischen setzt sich dort zunehmend der Gedanke durch, dass familienfreundliche Arbeitsbedingungen – von flexiblen Arbeitszeiten über die betriebliche Kinderbetreuung bis hin zum Heimarbeitsplatz, um einige Beispiele zu nennen – für ein Unternehmen nicht nur werbewirksam, sondern auch intern, etwa über die Motivation der Mitarbeiter, ein Gewinn sind.*

---

[172] Hoem, Jan M.: Warum bekommen die Schweden mehr Kinder als die Deutschen? http://www.zdwa.de/zdwa/debatten/20060127_23051974_debatte.php

[173] Bruneau, Christine: Für einen neuen Feminismus; in: Leipert, Christian (Hrsg.): Demographie und Wohlstand – Neuer Stellenwert für Familie in Wirtschaft und Gesellschaft, 2003, Seite 177

[174] Becker, Gary S.: Die Bedeutung der Humanvermögensbildung in der Familie für die Zukunft von Wirtschaft und Gesellschaft; in: Leipert, Christian (Hrsg.): Demographie und Wohlstand – Neuer Stellenwert für Familie in Wirtschaft und Gesellschaft, 2003, Seite 101

[175] Opdenhövel, Patrick: Die demografische Herausforderung für Politik und Wirtschaft in Hessen – Daten, Fakten, Handlungsoptionen; in: Vereinigung der hessischen Unternehmerverbände e.V. (Hrsg.): Zukunft Hessen, Zukunft Deutschland – Chancen der demografischen Herausforderung, 2005, Seite 23

Maßnahmen, die einerseits nur auf bestimmte Unternehmen anwendbar sind und andererseits auf einen „Einstellungswandel" setzen, werden die Fertilitätsraten in absehbarer Zeit nicht messbar anheben können.

Franz-Xaver Kaufmann nennt im Rahmen seiner Diskussion über die langfristigen Auswirkungen niedriger Geburtenraten einen anderen interessanten Aspekt[176]:

> *Eine Stagnation und erst recht ein langfristiges Schrumpfen der Bevölkerung beeinträchtigt die Produktivitätsentwicklung jedoch zusätzlich auf mittelbare Weise. Erklärt wird dies einmal durch das sogenannte Verdoorn-Theorem, dem zufolge Produktivitätsfortschritte umso größer ausfallen, je stärker ein Wirtschaftsbereich wächst. Dies wird durch die These von Arrow unterstützt, dass technischer Fortschritt im Wesentlichen aus „Learning by Doing" resultiere, also vom Umfang der entsprechenden Tätigkeit abhängig sei.*

Einige Länder wie Frankreich und Schweden haben in den letzten Jahrzehnten sehr viel getan, um die Vereinbarkeit von Familie und Beruf für die Frauen und generell die Familien zu verbessern. Diese Maßnahmen waren mittelmäßig erfolgreich, und deshalb haben diese Länder einen geringeren Handlungsbedarf als etwa Deutschland, wo die Situation – milde ausgedrückt – nur noch als katastrophal bezeichnet werden kann. Deutschland muss sich deshalb in viel größerem Umfang mit dem demographischen Problem beschäftigen als diese Länder. Dies ist vielleicht seine Chance, zu durchbrechenden „Produktivitätsfortschritten" bei den Fertilitätsraten zu kommen, indem nämlich frühzeitig auf Lösungen gesetzt wird, die langfristig viel stärker mit einer arbeitsteiligen und durch und durch kommerzialisierten Informations- und Wissensgesellschaft vereinbar sind.

Mehr Rente für Eltern

Es ist sicherlich sinnvoll und erforderlich, für eine gerechtere Anrechnung von erzieherischen Leistungen bei späteren Rentenansprüchen zu sorgen. In unserer Analyse geht es aber zunächst einmal um die Frage, ob solche Ansprüche Menschen dazu bewegen werden, mehr Kinder in die Welt zu setzen.

Dies erscheint wenig wahrscheinlich. Denn wie wir im letzten Abschnitt gesehen haben, erhöhen zusätzliche Kinder das Armutsrisiko erheblich.

---

[176] Kaufmann, Franz-Xaver: Schrumpfende Gesellschaft – Vom Bevölkerungsrückgang und seinen Folgen, 2005, Seite 89

Eltern werden sich aber normalerweise mehr für das augenblickliche Wohl ihrer Kinder und ihren aktuellen Lebensstandard interessieren, als für eine vage Option in der Zukunft, die durch die aktuellen Diskussionen um die Rentenversicherung von vielen Menschen als zu unsicher bewertet wird.

Peter Schimany kommt zu ganz ähnlichen Schlussfolgerungen[177]:

Unterstellt wird, dass die Elternrente als finanzieller Anreiz zur Erhöhung der Geburtenrate wirkt. Allen familienpolitischen Erfahrungen (und sozialpsychologischen Erkenntnissen) nach ist es jedoch fraglich, ob Leistungen, die aus der Perspektive zukünftiger Eltern erst nach Jahrzehnten greifen, einen positiv nachhaltigen Einfluss auf die Familiengründung haben.

Es ist deshalb davon auszugehen, dass eine Anrechung von Erziehungsleistungen bei der Rentenversorgung zu keiner signifikanten Erhöhung der Geburtenraten führen wird. Sie sorgt für mehr Gerechtigkeit, aber nicht unmittelbar für Geburten.

Eine andere Möglichkeit wäre es, Familien geringere Rentenbeitragszahlungen abzuverlangen. Franz-Xaver Kaufmann äußert sich dazu wie folgt[178]:

Die gelegentlich von Familienpolitikern erhobene Forderung, den Eltern geringere Beiträge als den Kinderlosen abzufordern, würde die ökonomischen Zusammenhänge zusätzlich vernebeln. Für den distributiven Familienlastenausgleich, also die Kompensation der Aufbringungskosten von Kindern, kann sinnvollerweise kein kollektives Alterssicherungssystem zuständig gemacht werden.

Mehr Kindergeld

Unter dieser Maßnahme sollen einfachheitshalber sowohl direkte Vergütungen als auch steuerliche Vorteile pro Kind verstanden werden.

Eine Entscheidung für das erste Kind ist eine Entscheidung für eine Familie. Wer eine solche Entscheidung bislang für sich negativ beantwortet hat, wird diese aufgrund eines erhöhten Kindergeldes oder steuerlicher Erleichterungen nun kaum positiv beantworten.

---

[177] Schimany, Peter: Die Alterung der Gesellschaft – Ursachen und Folgen des demographischen Umbruchs, 2004, Seite 404 f.

[178] Kaufmann, Franz-Xaver: Schrumpfende Gesellschaft – Vom Bevölkerungsrückgang und seinen Folgen, 2005, Seite 225

Untersuchungen zeigen dagegen, dass Familien häufig zwei Kinder in die Welt setzen, dann aber den Schritt zum dritten Kind scheuen. Andere Zahlen machen deutlich, dass das Risiko zu verarmen für Alleinerziehende ab dem zweiten Kind, für Paare ab dem dritten Kind signifikant steigt.

Es könnte deshalb von Vorteil sein, speziell eine Entscheidung für ein drittes Kind zu fördern. Dies hat auch Frankreich recht erfolgreich vorgemacht.

Hans-Werner Sinn führt dazu aus[179]:

> *Berechnungen des ifo Instituts zeigen, dass das erste Kind in Deutschland stärker als in Frankreich gefördert wird, dass aber in Frankreich das zweite und dritte Kind stärker gefördert werden. Die staatliche Entlastung durch das Kindergeld und durch Steuerersparnisse beim zweiten und dritten Kind ist prozentual gesehen deutlich größer als in Deutschland. ... Gerade auch dann, wenn die Ehefrauen berufstätig sind, werden die Familien in Frankreich viel stärker entlastet, wenn sie sich für das dritte Kind entscheiden, als das in Deutschland der Fall ist. Noch deutlich größer sind die Förderunterschiede bei Familien, die über überdurchschnittliche Einkommen verfügen.*

Auch wird in Frankreich eine Familie mit Kindern steuerlich begünstigt, während dies in Deutschland eher für Ehepaare ohne Kinder gilt.

Hans-Werner Sinn dazu[180]:

> *Dieses Grundverständnis hat zum Beispiel dazu geführt, dass die Kinder einer Familie in das Splitting-System der Einkommensteuer (quotient familial) einbezogen werden, ähnlich wie es in Deutschland bei Ehepartnern der Fall ist. Die in der deutschen Politik vorherrschende Vorstellung ist, dass die steuerliche Leistungsfähigkeit von der Kinderzahl unabhängig sei und dass der Staat die Kindererziehung mit festen, für alle gleichen Geldbeträgen bezuschussen solle. In Frankreich herrscht stattdessen die Meinung vor, dass Kinder die steuerliche Leistungsfähigkeit einer Familie reduzieren und deshalb durch einen Abzug von Freibeträgen und Absenkung der Progression des Einkommensteuertarifs Berücksichtigung finden sollten.*

---

[179] Sinn, Hans-Werner: Das demographische Defizit – die Fakten, die Folgen, die Ursachen und die Politikimplikationen; in: Birg, Herwig (Hrsg.): Auswirkungen der demographischen Alterung und der Bevölkerungsschrumpfung auf Wirtschaft, Staat und Gesellschaft, 2005, Seite 71

[180] ebenda, Seite 70

Ich bin der Überzeugung, dass es sich hierbei um einen wesentlichen Vorteil des französischen Systems handelt. Die meisten Menschen orientieren sich zunächst an wirtschaftlichen Gesichtspunkten. Gerade Ehepartner mit hohen Einkommen werden sich viel leichter für Kinder entscheiden, wenn dabei für sie ein messbarer Steuervorteil entsteht.

Allerdings kann die französische Mentalität nicht so ohne weiteres auf Deutschland übertragen werden. Die höhere Geburtenrate in Frankreich im Vergleich zu Deutschland hat vermutlich noch andere Gründe als rein sachlich ausmachbare Fakten. Hinzu kommt: Frankreich bemüht sich zwar schon sehr lange und auch erfolgreich um pronatalistische Maßnahmen, trotzdem haben auch diese bislang nicht zu ausreichend hohen Geburtenraten geführt.

Mit einer intelligenten Erhöhung des Kindergeldes lässt sich möglicherweise die Geburtenrate erhöhen, vermutlich aber nicht ausreichend und auch viel zu langsam.

Meinhard Miegel bestätigt diese Auffassung[181]:

> *In zahlreichen Ländern ist der Anteil Kinderloser hoch, und weithin sinkt die Geburtenrate weiter. Warum?*
>
> *Die Gesellschaft gibt auf diese Frage wohlfeile Antworten. Besonders rasch ist sie ... mit wirtschaftlichen Gründen bei der Hand. Kinder, so lautet ihr gängigstes Argument, sind teuer, und wer sie hat, dem droht Verarmung. Daraus wird gefolgert: Gebt potenziellen Eltern mehr Geld, und sie werden mehr Kinder haben! Ob diese Gleichung aufgeht, ist allerdings fraglich. Nicht fraglich ist lediglich, dass starke finanzielle Anreize dazu beitragen können, vermutlich ohnehin bestehende Kinderwünsche schneller zu verwirklichen. Auf die Gesamtzahl der Neugeborenen hat das keinen Einfluss.*
>
> *In Deutschland beispielsweise wurde von 1974 bis 2004 das sogenannte Kindergeld real, das heißt unter Berücksichtigung der Geldentwertung, stufenweise verzehnfacht. Das Geburtenverhalten hat sich dadurch nicht verändert. Dann hätte das Kindergeld eben verzwanzig- oder verdreißigfacht werden müssen, meinen manche. Vielleicht hätte sich dadurch die Geburtenrate tatsächlich erhöht. Sicher ist das jedoch nicht.*

---

[181] Miegel, Meinhard: Epochenwende – Gewinnt der Westen die Zukunft? 5. Auflage, 2006, Seite 175 f.

Überhaupt nicht sicher ist, ob eine weitere Erhöhung des Kindergeldes auch zu mehr elterlicher Zuwendung und Bildung bei den Kindern führt. Hier sind sogar ausgesprochen gegenläufige Entwicklungen vorstellbar.

Ein vergleichsweise radikaler Vorschlag kommt von Phillip Longman[182]:

> *My proposal is to offer substantial relief from these taxes to married parents with children under age 18, and to offer higher Social Security benefits to lower- and middle-income parents whose children complete high school. Have one child, and the payroll taxes you pay (and that your employer nominally pays) would drop by one-third. A second child would be worth a two-thirds reduction in payroll taxes. Have three or more children, and never pay payroll taxes until your youngest child turns 18.*

Mit anderen Worten: Eltern mit einem Kind zahlen nur noch zwei Drittel der Lohn/Einkommensteuer, Eltern mit zwei Kindern ein Drittel und Eltern mit drei und mehr Kindern gar keine mehr.

Ein solcher Vorschlag wäre vermutlich tatsächlich in der Lage, die Geburtenziffer anzuheben, allerdings benachteiligt er beruflich erfolgreiche Frauen. Denn noch immer sind es ja die Frauen, die die Kinder in die Welt setzen. Wollte eine Frau in vollem Umfang von der steuerlichen Regelung profitieren, müsste sie ihre berufliche Tätigkeit zwangsläufig für mehrere Jahre einschränken.

Elterngeld

Die Bundesregierung will für Eltern von nach dem 1. Januar 2007 geborenen Kindern ein neues Elterngeld einführen, das als einkommensabhängige Leistung ausgestaltet werden und das bisherige Erziehungsgeld ablösen soll[183]. Im ersten Lebensjahr des Kindes soll der auf die Erwerbstätigkeit verzichtende Elternteil 67 Prozent seines letzten Nettoeinkommens – bis zu 1.800 Euro monatlich – erhalten. Das Elterngeld soll um ein Leistungselement für Eltern mit geringem Einkommen ergänzt werden (zum Beispiel ein vom Familieneinkommen abhängiger Sockelbeitrag), alle Erziehenden sollen eine Mindestleistung (etwa 300 EUR) erhalten.

---

[182] Longman, Phillip: The Empty Cradle - How Falling Birthrates Threaten World Prosperity and What to Do about It, 2004, Seite 173

[183] Elterngeld.net: Alle Infos zum Elterngeld 2007, http://www.elterngeld.net/

Ziel der Maßnahme ist die bessere Vereinbarkeit von Familie und Beruf. Da damit nicht das wirkliche Problem der Kinderlosigkeit unserer Gesellschaft adressiert wird, ist davon auszugehen, dass die Maßnahme nur zu ganz geringen Steigerungen der Geburtenraten führen wird.

6 Die Familienmanagerin

Sie kennen sicherlich auch die bekannte Vorwerk-Reklame, in der eine Hausfrau („Familien-Managerin") die Kreditabteilung einer Bank aufsucht[184]:

> **Bankmitarbeiter:**
>
> *„Ihr Beruf? Oder sind Sie nur...?"*
>
> **Familien-Managerin:**
>
> *„Ich arbeite in der Kommunikationsbranche. Und im Organisationsmanagement.*
>
> *Außerdem gehören Qualitätssicherung, Nachwuchsförderung, Forschung, Mitarbeitermotivation und Rechtsprechung zu meinen Aufgaben. Und nebenbei arbeite ich noch als Ärztin und als Innenarchitektin.*
>
> *Oder kurz: Ich führe ein sehr erfolgreiches kleines Familienunternehmen."*

Die Werbung bringt es tatsächlich auf den Punkt: Eine anspruchs- und verantwortungsvolle Aufgabe, die Organisationstalent und Hingabe erfordert. Diese Frau hat offenbar überhaupt kein Interesse an einer Vereinbarkeit von Familie und Beruf, denn ihre Familie ist ihr Beruf.

Doch gleichzeitig regt die Werbung zum Schmunzeln an, ein Effekt der beabsichtigt ist, denn die dargestellte Situation ist grotesk. Die Dame hat einen anspruchsvollen Job, sie führt gar ein „kleines Familienunternehmen", und dennoch fehlt ihr etwas, was sie kreditwürdig machen könnte: Einnahmen bzw. die Aussicht auf Einnahmen.

Kein Wunder also, dass die Werbung – obwohl sie erkennbar in die richtige Richtung provoziert und auf ein gesellschaftliches Problem hinweist – den Widerspruch emanzipierter Frauen hervorrufen musste[185]. Diese nahmen nun die Groteskheit der Situation ernst und bezeichneten den Spot als „schlechten Witz". Der Vorwurf gipfelte in der Aussage, dass der Spot verschweige, dass „diesen Job der Familien-Managerin jede ohne jegliche Qualifikation übernehmen kann", etwas, was der Spot aber ganz offenkundig

---

[184] Vorwerk: Familien-Managerin, http://www.vorwerk.com/de/html/familien-managerin.html

[185] Querdenken: Vorwerk macht wütend – Familienmanagerin voll daneben, 10.03.2006, http://querdenken.twoday.net/stories/1678580/

problematisiert: Mütter sind nicht per se unmündig und dumm, sie werden lediglich so gehalten.

Ökonomie statt Familie

Wie im Laufe des Buches dargestellt wurde, besteht in Hinblick auf die Reproduktion des Humanvermögens unserer Gesellschaft das folgende Dilemma:

- Damit eine stabile oder nicht zu stark fallende Bevölkerungszahl erhalten werden kann und genügend junge Menschen heranwachsen, die die älteren Menschen in ihren Funktionen ersetzen können, muss jede Frau im Schnitt etwas mehr als zwei Kinder in die Welt setzen.

- Da sich sehr viele Frauen heute für einen Beruf und gegen Kinder entscheiden oder aus anderen Gründen kinderlos bleiben (zurzeit ca. 30 Prozent aller Frauen und über 40 Prozent aller Akademikerinnen), hat dies zur Konsequenz, dass es eine nennenswerte Anzahl an Frauen geben muss, die drei und mehr Kinder in die Welt setzen.

- Drei und mehr eigene Kinder erhöhen signifikant das Risiko, zu verarmen.

Oder mit den Worten von Heide Simonis[186]:

> *Mehr als zwei Kinder können Eltern arm machen.*

Neben diesen Gründen, die einen direkten negativen Einfluss auf die Geburtenrate haben, gibt es auch Gründe, die sich negativ auf die Qualität des Nachwuchses auswirken:

- Eine zunehmende Anzahl an Kindern entstammt zugewanderten Familien oder Familien, die unterhalb der Armutsgrenze leben. Beides kann sich negativ auf die Bildung und/oder Gesundheit der Kinder auswirken.

- Durch die Doppelbelastung vieler Eltern hinsichtlich Familie und Beruf erhalten viele Kinder nicht die Aufmerksamkeit, die sie benötigen. Dies wirkt sich zum Beispiel negativ auf ihr Ernährungsverhalten aus, aber auch auf ihre frühkindliche Entwicklung.

---

[186] Simonis, Heide: Was Familien und der "Dritte Sektor" für die Zukunft des Sozialstaats tun; in: Leipert, Christian (Hrsg.): Aufwertung der Erziehungsarbeit – Europäische Perspektiven einer Strukturreform der Familien- und Gesellschaftspolitik, 1999, Seite 304

Die Folge: Viele Kinder leiden heute bereits frühzeitig unter gesundheitlichen Beeinträchtigungen oder verfügen über keine ausreichende Schulbildung.

Mit anderen Worten:

Mit unserer modernen Arbeitswelt sind im Wesentlichen nur Kleinfamilien mit maximal zwei Kindern vereinbar, für eine gesunde Reproduktion werden aber mehr Kinder benötigt. Die Doppelbelastung zwischen Familie und Beruf scheint zulasten des Nachwuchses zu gehen, und zwar sowohl quantitativ als auch qualitativ.

Bislang gehen die meisten Vorschläge zur Erhöhung der Fertilitätsrate in unserer Gesellschaft dahin, die Rahmenbedingungen für berufstätige Mütter zu verbessern. Wie im Kapitel *Was nicht funktioniert* auf Seite 83 ausgeführt wurde, sind solche Maßnahmen wenig Erfolg versprechend.

Aus diesem Grund wird zunehmend an das Verantwortungsbewusstsein des Einzelnen appelliert.

Susanne Gaschke dazu in DIE ZEIT[187]:

> *Solange es sich karriere-, renten- und urlaubstechnisch eher lohnt, die Familien-*
> *gründung anderen zu überlassen, so lange bewirken Appelle an die demographi-*
> *sche Vernunft das glatte Gegenteil: besser keine Kinder. Die Hoffnung auf den*
> *familienpolitischen Gemeinsinn des Einzelnen läuft so lange ins Leere, wie das*
> *Gemeinwohl auch in allen anderen Fragen des Zusammenlebens kein Maßstab*
> *ist.*

Frank Schirrmacher betont dagegen die Bedeutung der Familie und beklagt den mit den Familien schwindenden Altruismus in unserer Gesellschaft[188].

> *Wir müssen also mit Kindern konfrontiert werden, um selbst Kinder bekommen zu*
> *wollen. Das typische Großstadtkind der unmittelbaren Zukunft wird beides immer*
> *weniger erleben: Gleichaltrige nicht und die traditionelle Familie auch nicht. Je*
> *seltener wir Kinder sehen, desto deutlicher sinkt der Wunsch nach ihnen. Und je*
> *weniger Kinder wir haben, desto geringer wird der Anteil altruistischer oder morali-*
> *scher Ökonomie in unserer Gesellschaft.*

---

[187] Gaschke, Susanne: Wenn Männer dröhnen – Die Propaganda für Fortpflanzung könnte die letzten Reste von Familienbegeisterung zerstören, DIE ZEIT, 47, Nr. 13, 23. März 2006, Seite 1

[188] Schirrmacher, Frank: Minimum – Vom Vergehen und Neuentstehen unserer Gemeinschaft, 2006, Seite 75

Die Familie war einmal eine tragende Säule unserer Gesellschaft. Ihr besonderer Schutz wird in Artikel 6 des Grundgesetzes der Bundesrepublik Deutschland festgeschrieben. Veränderte gesellschaftliche Rahmenbedingungen haben aber dafür gesorgt, dass sie zunehmend an Bedeutung verloren hat, wobei sie phasenweise regelrecht als Keimzelle des konservativen Denkens bekämpft wurde.

Kurz: Die Familie in ihrer ursprünglichen Form stirbt aus und muss durch eine andere Form oder etwas anderes ersetzt werden, da sich unser Land sonst nicht mehr erneuern kann.

Doch durch was?

Frank Schirrmacher bringt es auf die knappe, aber prägnante Formel[189]:

> *Ökonomie ist unser Familienersatz…*

Und auch Franz-Xaver Kaufmann formuliert mit bemerkenswerter Klarheit[190]:

> *Das Aufziehen von Kindern gilt als ökonomisch irrelevant, als konsumtive Tätigkeit, als „Privatvergnügen". Die marktwirtschaftliche Ökonomie verhält sich parasitär mit Bezug auf die Erziehungsleistungen der Eltern.*
>
> *Dieses „Privatvergnügen" ist jedoch von größter öffentlicher Bedeutung, und wenn es allzu sehr durch andere Vergnügungen verdrängt wird, wozu die mit der Wohlstandssteigerung einhergehende Optionserweiterung reiche Angebote erhält, so gefährdet sich dieser Wohlstand selbst. Auf andere Weise als Karl Marx vermutet hat, könnte der Kapitalismus an seinen Erfolgen zugrunde gehen, wenn ihm der Nachwuchs ausgeht. Im Sinne der ökonomischen Theorie sind Kinder zu einem „öffentlichen Gut" geworden, an dessen Produktion alle ein Interesse haben, die einzelnen jedoch keine oder ungenügende Anreize erhalten, sich an der Produktion zu beteiligen.*

---

[189] Schirrmacher, Frank: Minimum – Vom Vergehen und Neuentstehen unserer Gemeinschaft, 2006, Seite 112

[190] Kaufmann, Franz-Xaver: Schrumpfende Gesellschaft – Vom Bevölkerungsrückgang und seinen Folgen, 2005, Seite 157 f.

Und an anderer Stelle[191]:

> *Auch in ökonomischer Hinsicht sind Familien „unmodern", denn in ihnen gelten nach wie vor naturalwirtschaftliche Prinzipien der Sorge und Reziprozität unter Angehörigen. Sieht man vom Taschengeld ab, endet der Geldverkehr an der Haustüre. Allerdings ist Familien heute im Regelfall die Selbstversorgung unmöglich geworden; sie sind für nahezu alle Güter auf Marktversorgung und damit auch auf Gelderwerb angewiesen. Dafür sind heute allein die Eltern da, und sie müssen auf dem Arbeitsmarkt mit den disponibleren Kinderlosen konkurrieren.*

Möchte man, dass auch in Zukunft Frauen drei und mehr Kinder zur Welt bringen und erziehen, um dabei auf etliche berufliche Optionen zu verzichten, dann wird man ihnen einen ökonomischen Anreiz geben müssen, dies zu tun. Im Klartext: Man wird sie für ihre erzieherische Arbeit bezahlen müssen.

Kurt H. Biedenkopf dazu[192]:

> *Wir müssen diesen Weg einer materiellen Anerkennung von Familienarbeit gehen, solange sich die Menschen in unserem Land vorrangig an materiellen Anerkennungen orientieren.*

Benötigt wird also der Beruf der Familienmanagerin.

In einer Informations- und Wissensgesellschaft mit ihren zahlreichen alternativen Lebensmodellen, bei gleichzeitigem Zuwachs an persönlicher Autonomie und Emanzipation, wird das Aufziehen einer größeren Zahl von Kindern zwangsläufig zu einer weiteren arbeitsteiligen Spezialaufgabe, die ähnlichen ökonomischen Gesetzen unterliegen muss, wie alle anderen Berufsbilder auch.

Unsere Gesellschaft basiert auf ökonomischen Prinzipien. Meinhard Miegel meint gar[193]:

> *Die Grundierung unserer Phase ist das Ökonomische.*

---

[191]   ebenda, Seite 153

[192]   Biedenkopf, Kurt H.: Arbeit ist mehr als Erwerbsarbeit; in: Leipert, Christian (Hrsg.): Aufwertung der Erziehungsarbeit – Europäische Perspektiven einer Strukturreform der Familien- und Gesellschaftspolitik, 1999, Seite 314

[193]   Miegel, Meinhard: Epochenwende – Gewinnt der Westen die Zukunft? 5. Auflage, 2006, Seite 193

Und Kurt Biedenkopf ergänzt[194]:

> *Die Ökonomie ist das alles beherrschende Maß unseres Lebens: Sie bestimmt unser Wirtschaften und Arbeiten, unsere sozialen Einrichtungen, unsere Schulen und Hochschulen, unsere Theater und Museen, unser Verständnis von Wissenschaft und Kultur, Freizeit und Sport. Selbst die Familie und die kleinen Lebenskreise werden von der ökonomischen Rationalität überwältigt – und damit letztlich auch unsere Vorstellungen von Freiheit, Gerechtigkeit und Solidarität. Jede materielle Expansion erleben wir als Fortschritt. Besinnlichkeit, Ruhe und Einkehr misstrauen wir, weil wir dahinter Stagnation oder Leere vermuten. Die Gesetze der Produktion bestimmen unseren Lebensrhythmus.*

Auch wenn diese letzte Stellungnahme eher kritisch formuliert ist: Es nützt ja nichts: die Ökonomie ist das bestimmende Prinzip unserer Gesellschaft und wir werden in dem von Kurt Biedenkopf genannten, für grundsätzliche politische Entscheidungen noch zur Verfügung stehenden engen Zeitfenster bis 2015 oder maximal 2020[195] an diesen Grundfesten nicht rütteln können. Dafür fehlt einfach die Zeit.

Es liegt deshalb nahe, das Problem „Kinderlosigkeit" auf die gleiche Weise – nämlich ökonomisch – anzugehen, mit der auch sonst Probleme in unserer Gesellschaft gelöst werden. Alles andere – zum Beispiel Appelle an die Bevölkerung –, lässt sich nicht mit der grundsätzlichen Funktionsweise unserer Gesellschaft vereinbaren. Wenn die primäre Ursache der Kinderlosigkeit in unserer Gesellschaft – nämlich die hohen Opportunitätskosten für das Aufziehen von Kindern – ökonomischer Art ist, dann sollten die Maßnahmen es auch sein.

Ich kann mir durchaus Alternativen zur vorgeschlagenen Maßnahme vorstellen. Ich bezweifele aber, dass diese in absehbarer Zeit die gewünschten Effekte liefern werden. Denn die Maßnahmen müssen schnell und effektiv greifen, sonst rennen wir unweigerlich auf eine demographische Katastrophe zu, bei der die dann noch aufwachsenden jungen Menschen ihre Chancen in anderen Ländern der Erde suchen werden, weil sie keinen Sinn darin sehen, nur zu arbeiten, um alternden Menschen den Lebensabend zu finanzieren.

---

[194]   Biedenkopf, Kurt H.: Die Ausbeutung der Enkel – Plädoyer für die Rückkehr zur Vernunft, 2006, Seite 36

[195]   ebenda, Seite 44

Familienmanagerin als Beruf

Martine und Jürgen Liminski definieren den Beruf der Familienmanagerin wie folgt[196]:

> *Familienmanagement ist die Fähigkeit, verschiedenste Forderungen und Ansprüche aus Haus und Umwelt zielgerichtet und personenbezogen zu bündeln, gedanklich zu verarbeiten, in Handlungsweisen zur Pflege von Beziehungen umzusetzen und dadurch Humanvermögen zu vermitteln und zu bilden.*

Und weiter[197]:

> *Die Forderungen und Ansprüche an die Familienmanager bewegen sich auf drei Ebenen. Einer emotionalen, einer handwerklichen und einer kognitiven. ... Am wichtigsten sind ... die emotionale und die kognitive Ebene. Sie sind personengebunden und können kaum delegiert werden. Die handwerkliche Ebene kann dagegen delegiert werden. Sie kann aber auch, und das wäre die Optimierung des Managements, als Instrument zur besseren Handhabung der beiden anderen Ebenen dienen. Kleine handwerkliche Dienste im Haus, Jobs oder Aufträge, sind Mittel der Erziehung.*

Und schließlich[198]:

> *Das Managen von emotionalen, kognitiven und handwerklichen Aufgaben ist weit mehr als eine Beschäftigung. Es ist ein Beruf. Das bedeutet auch, dass der Manager ein Bewusstsein für seine eigene Funktion entwickelt und das heißt, dass er weiterlernt, sich weiterbildet, sich weiter entfaltet. Er kann nicht nur aus dem Bauch heraus entscheiden. Dafür sind die Verhältnisse heute zu komplex. Er muss mehr wissen. Er muss seinen eigenen Fundus an Humanvermögen vermehren, er muss aufstocken, seinen Börsenwert permanent steigern, indem er an sich selbst arbeitet und sich bewusst ist, dass er nicht nur eine Lebensphase mehr oder weniger gut hinter sich bringt, sondern dass er eine Aufgabe hat, eine Berufung zu diesem Beruf.*
>
> *Das scheint ... ein zentraler Punkt zu sein. Denn die Selbsteinschätzung des Familienmanagers macht ihn immun gegenüber der ungerechten Bewertung*

---

[196] Liminski, Martine und Liminski, Jürgen: Abenteuer Familie - Erfolgreich erziehen: Liebe und was sonst noch nötig ist, 2002, Seite 28

[197] ebenda, Seite 29

[198] ebenda, Seite 30 f.

> *seines Berufs durch Politik und Öffentlichkeit. Es ist evident, dass die Haus- und Familienarbeit gegenüber der Erwerbsarbeit außer Haus als geringer eingestuft wird. Das hat sicher auch damit zu tun, dass die eine Arbeit bezahlt wird, die andere nicht. Das liegt aber auch daran, dass die eine Arbeit in messbaren Funktionen und Produktionen abläuft, die andere jedoch nicht, obwohl man auch hier in Funktion und Produktion denken will, also nur Putzen, Kochen, Windeln, Wäsche, Bügeln etc. vor Augen hat. Das jedoch betrifft nur die zweite, die handwerkliche Ebene. Die wirklich substanzielle und unersetzliche Arbeit zu Hause aber ist die Gestaltung der zwischenmenschlichen Beziehungen, die Beschenkung mit Menschlichkeit. Sie erst macht die Erziehung aus, ihr „Produkt" sind erwachsene, verantwortungsbewusste und nicht nur satte und beschäftigte Menschen. Daran denkt man in Politik und Medien ebenso wenig wie an die Weiter- und Fortbildung der Familienmanager selbst.*

Wir halten also fest: Beim Job der Familienmanagerin handelt es sich um einen Beruf, für den es eine Berufsbeschreibung[199] gibt und der eine Ausbildung und ständige Fort- und Weiterbildungen erfordert. *Das Produkt der Familienmanagerin ist Humanvermögen.* Es werden deshalb alle Merkmale eines Berufes erfüllt. Die von Martine und Jürgen Liminski erwähnte Messbarkeit der Leistung ist auch bei vielen anderen Berufen nicht gegeben.

Wikipedia definiert den Begriff „Beruf" wie folgt[200]:

> *Unter dem Beruf versteht man diejenige institutionalisierte Tätigkeit, die ein Mensch für (a) finanzielle oder (b) herkömmliche Gegenleistungen oder (c) im Dienste Dritter regelmäßig erbringt, bzw. für die er ausgebildet, erzogen oder berufen ist. ... Darüber hinaus üben viele Menschen berufsähnliche Tätigkeiten, die nicht oder nur indirekt entlohnt werden (durch soziale Anerkennung oder persönliche Befriedigung). Ehrenämter, amateurhaft ausgeübte Tätigkeiten (z.B. Kunst oder Sport) und intensiv betriebene Hobbys bilden daher Schnittmengen zum „Beruf".*

In den nächsten Abschnitten soll das Berufsbild der Familienmanagerin näher präzisiert werden. Dabei wird auch eine Abgrenzung gegenüber dem sogenannten Erziehungsgehalt vorgenommen und gezeigt, dass dieses allein schon deshalb schwer zu rechtfertigen ist, weil es professionelle und „amateurhaft ausgeübte Tätigkeiten" auf gleiche Weise be- und entlohnt und damit kompetente elterliche Erziehungsarbeit entwertet.

---

[199] Wikipedia: Berufsbeschreibung, http://de.wikipedia.org/wiki/Berufsbeschreibung
[200] Wikipedia: Beruf, http://de.wikipedia.org/wiki/Beruf

Auswahl und Qualifikation

Um es gleich vorweg zu sagen: Hier wird nicht vorgeschlagen, dass der Staat nun das Kinderkriegen reglementieren oder prämieren sollte. Nein, es sollte weiterhin jedem Paar (oder auch jeder Einzelperson) selbst überlassen bleiben, ob es (sie) ein, zwei oder mehr Kinder gebären bzw. aufziehen möchte. Und dafür sollte es die gleichen Zuwendungen in Form von Kindergeld oder anderen Steuererleichterungen geben wie bereits heute. Daneben sind weitere Unterstützungen in Form von Ganztagesbetreuungen und Rentenversicherungsansprüchen denkbar.

Beim Beruf der Familienmanagerin handelt es sich normalerweise um einen Vollzeit-Job. Daneben sind auch Teilzeit-Beschäftigungen denkbar. Nebentätigkeiten bedürfen der Zustimmung der zuständigen Behörde und sollten nach Möglichkeit mit der Tätigkeit als Familienmanagerin vereinbar sein. Beispielsweise sind zusätzliche Aufgaben im Rahmen der Migrantenintegration denkbar. Auch ist vorstellbar, dass Familienmanagerinnen – gegen Vergütung – in ihrer Familie tagsüber einzelne Kinder berufstätiger Eltern aufnehmen und so auch deren Situation verbessern.

Die Auswahl der Familienmanagerinnen erfolgt wie in ähnlichen Berufen auch:

- Der Staat (bzw. das zuständige Bundesland) stellt den Bedarf fest und schreibt eine entsprechende Anzahl an Stellen aus.

- Der Bedarf wird jedes Jahr neu ermittelt und die Anzahl der freien Stellen entsprechend angepasst. Auf diese Weise entsteht ein natürliches Mittel der Bevölkerungsplanung.

- Die konkrete Besetzung der Stelle einer Familienmanagerin erfolgt nach diversen Auswahlkriterien, unter anderem Qualifikation, Alter, Familienstand. Beispielsweise könnten Frauen mit noch festzulegenden Ausbildungsnachweisen und/oder Praxiserfahrungen (Grundschullehrerin, Kindergärtnerin, Aupair, Erzieherin usw.) bevorzugt eingestellt werden. Sinnvollerweise wird auf Dauer der Nachweis einer Ausbildung zur Familienmanagerin gefordert, diese könnte in vielen Punkten einer Ausbildung zur Kindergärtnerin/Erzieherin oder gar Grundschullehrerin entsprechen.

  Das Leben in einer ehelichen Gemeinschaft sollte die Auswahlchancen erhöhen. Allerdings sind grundsätzlich unterschiedliche Lebensformen mit dem Beruf vereinbar. Auch das Leben in einer homosexuellen Gemeinschaft sollte kein Ausschlusskriterium sein.

Familienmanagerinnen müssen im Besitz der deutschen Staatsbürgerschaft sein.

Die Angehörigkeit zu einer sozial niedrigen Schicht oder gar Armut verschlechtern die Auswahlchancen nicht, da die Familienmanagerin ab einer gewissen Zahl von betreuten Kindern nicht mehr arm ist. Hier bieten sich also für grundsätzlich qualifizierte Frauen Aufstiegschancen an.

Männer können sich ebenfalls für den Job der Familienmanagerin bewerben (und heißen dann Familienmanager), insbesondere dann, wenn sie Kinder adoptieren oder ihnen nach der Scheidung oder dem Tod einer Familienmanagerin die Kinder zugesprochen werden. Auch kann ein Wechsel auf Antrag der Ehepartner erfolgen, in diesem Fall sollten aber beide Ehepartner über eine entsprechende Ausbildung verfügen. Da aber das Aufziehen von Kindern üblicherweise mit einer Stillphase beginnt, handelt es sich bei dem Beruf der Familienmanagerin um einen Frauenberuf (das heißt mit einem überragenden Frauenanteil).

Bezahlung

Die Bezahlung der Familienmanagerin hängt im Wesentlichen von der Zahl der von ihr großgezogenen Kinder ab (die auch adoptiert sein können), wobei es eventuell eine zu definierende Obergrenze an gewerteten Kindern gibt (zum Beispiel 7). Für jedes Kind (innerhalb der zu definierenden Obergrenze) wird ein Leistungsbetrag bezahlt, allerdings nur dann, wenn das Kind vor Leistungsaufnahme noch nicht das erste Lebensjahr vollendet hat. Ein Anspruch auf den Leistungsbetrag besteht also nur dann, wenn das Kind praktisch von Geburt an unter den vorgegebenen Rahmenbedingungen erzogen wird und die Erziehung die so wichtige frühkindliche Phase umfasst.

Zusätzlich hat die Familienmanagerin für jedes Kind Anspruch auf Kindergeld. Unabhängig davon wird ein Sockelbetrag bezahlt. Nach dem Tod eines Kindes entfällt zwar das Kindergeld, der Leistungsbetrag für das Kind aber nur teilweise. Die Bezahlung sollte so gewählt sein, dass die Familienmanagerin notfalls auf sich allein gestellt zusammen mit ihren Kindern ein angenehmes Leben führen kann. Ohne weitere Vorkommnisse (zum Beispiel Verwahrlosung) garantiert der Staat die Bezahlung für einen festen Zeitraum pro Kind, zum Beispiel 20 Jahre. Allerdings bleibt die Familienmanagerin auch nach dieser Zeit sozial sehr stark abgesichert. Vorschläge dazu werden im Abschnitt *Einstieg in andere Berufe* auf Seite 110 diskutiert.

Die Bezahlung wird unter anderem auch dann fortgesetzt, wenn die Familienmanagerin ihrem Ehemann für einen begrenzten Zeitraum ins Ausland folgt, nicht aber bei einer Auswanderung.

Der hohe Grad der sozialen Absicherung ist erforderlich, um diesen Frauen die Ruhe und Achtung zu geben, die für das Aufziehen von Kindern benötigt wird[201]. Eigene Kinder kann man bei Nichtgefallen genauso wenig vor die Tür setzen, wie das ein Staat gegenüber seinen Angehörigen tun kann. Die Familienmanagerin gibt ihren Kindern eine Versorgungszusage bis zum Erwachsenenalter bzw. bis zum Ausbildungsende und folglich ist sie entsprechend abzusichern. Eine staatliche Versorgungszusage ihr gegenüber lässt sich plausibler begründen als gegenüber den meisten Beamtentätigkeiten.

Mütter geben Kindern ein Urgefühl an Sicherheit. Damit das möglich wird, müssen sie sich selbst sicher fühlen.

Der Job der Familienmanagerin kann erheblich zur Entspannung zwischen den Geschlechtern und auch zur Stabilisierung von Ehen beitragen. Denn eine Familienmanagerin ist finanziell selbständig und somit keine „Angestellte" ihres Ehemannes mehr. Auch stellt die Zeugung eines Kindes nicht länger eine finanzielle Bedrohung dar, sondern wird im Gegenteil wieder zu dem, was es sein sollte: ein in jeder Hinsicht freudiges Ereignis.

Wie im Abschnitt *Die Opportunitätskosten der Kindererziehung* auf Seite 63 dargestellt wurde, scheitert ein Kinderwunsch häufig an zu hohen Opportunitätskosten, wobei insbesondere die biographischen Opportunitätskosten eine entscheidende Rolle zu spielen scheinen.

Herwig Birg dazu[202]:

<table><tr><td>

So ist zum Beispiel beim Frauenjahrgang 1955 für die Teilgruppe der Frauen mit drei Kindern die Wahrscheinlichkeit für die Geburt eines vierten Kindes ab dem Alter 32 höher als die Wahrscheinlichkeit für die Geburt eines ersten Kindes bei den noch kinderlosen Frauen dieses Jahrgangs und Alters, und sie ist auch höher als die Wahrscheinlichkeit für die Geburt eines zweiten Kindes bei den Frauen dieses Jahrgangs und Alters, die ein Kind hatten bzw. eines dritten Kindes bei Frauen mit zwei Kindern. Dieser empirische Befund ist aufgrund der biographischen Fertilitätstheorie zu erwarten. Denn die Theorie besagt, dass die mit einem

</td></tr></table>

---

[201]   Zurzeit kann eine Frau mit Kindern eine vergleichbare Absicherung nur durch Scheidung von einem wohlhabenden Ehemann erzielen, der in diesem Fall in die Rolle des Sozialstaates schlüpft.

[202]   Birg, Herwig: Strategische Optionen der Familien- und Migrationspolitik in Deutschland und Europa; in: Leipert, Christian (Hrsg.): Demographie und Wohlstand – Neuer Stellenwert für Familie in Wirtschaft und Gesellschaft, 2003, Seite 31

> *weiteren Kind aus dem biographischen Universum ausgeschiedenen Lebenslauf-*
> *optionen (= biographische Opportunitätskosten) mit jedem zusätzlichen Kind*
> *abnehmen.*

Die Entscheidung für den Beruf der Familienmanagerin ist mit einer sehr starken biographischen Festlegung verbunden. Die Festlegung wird allerdings durch eine Versorgungsgarantie und eine leistungsgerechte Bezahlung erleichtert, so dass die Opportunitätskosten für die Entscheidung nicht zu hoch sein sollten. Nach der Berufswahl ist eine Entscheidung für ein weiteres Kind in der Regel mit negativen Opportunitätskosten verbunden, denn jedes weitere Kind erhöht die Einnahmen und damit den persönlichen Wohlstand. Dies legt nahe, dass Familienmanagerinnen in der Regel viele Kinder aufziehen werden.

Die Familienmanagerin kann ihren Job jederzeit kündigen. Auf Antrag kann ihre Stelle auf ihren Ehemann übergehen. Dieser benötigt dann aber einen Ausbildungsnachweis. Auch ist ein Splitting zwischen beiden Ehepartnern unter bestimmten Umständen vorstellbar. Kündigt sie ihre Stelle ohne weitere Vereinbarungen, bleibt sie weiterhin die Mutter ihrer Kinder und kann als solche alle üblichen Vergünstigungen für Familien oder Einzelpersonen mit Kindern ausschöpfen. Sie kann dann einer beliebigen anderen Arbeit nachgehen.

Die Familienmanagerin kann auf Antrag ihren Beruf für eine befristete oder unbefristete Zeit ruhen lassen, um zum Beispiel einem anderen Beruf nachzugehen.

Einstieg in andere Berufe

Das Thema „Einstieg in andere Berufe" wird hier nur kurz angerissen, denn im Prinzip hat der Gesetzgeber fast 20 Jahre Zeit, eine für alle Seiten befriedigende Lösung zu finden. Eine solche könnte beispielsweise wie folgt aussehen:

Es werden Regelungen getroffen, die den Einstieg der Familienmanagerinnen nach Beendigung der Erziehungszeit in andere Berufe erleichtern. Hierfür könnte unter anderem eine rechtlich verankerte Einstiegssicherung geschaffen werden. Bei Familienmanagerinnen handelt es sich um hervorragend ausgebildete Berufstätige, die in zahlreichen Berufen Fuß fassen könnten und die in einem Alter von Mitte bis Ende 40 noch zu aktiv sind, um sich bereits aus dem Erwerbsleben zu verabschieden. Deshalb ist eine Fortführung der Bezahlung über den eigentlichen Erziehungsauftrag hinaus und ohne sonstige ausfüllende Tätigkeiten nicht sinnvoll. Dies würden vermutlich auch die meisten Familienmanagerinnen nicht wünschen.

Beispielsweise könnte der öffentliche Dienst freie Positionen bevorzugt mit Familienmanagerinnen besetzen (zum Beispiel: Grundschullehrerin, Kindergärtnerin, Erzieherin, Verwaltungsangestellte, Management von Familienmanagerinnen, Springerinnen, Expertin für schwererziehbare Kinder, Integration von Migrantenkindern usw.). Daneben könnten Kooperationen mit anderen Unternehmen geschlossen werden, die ehemalige Familienmanagerinnen bevorzugt einstellen bzw. andere Vergünstigungen wie Ganztagskindergärten und einen gleitenden Übergang in andere Berufe bieten. Die Unternehmen dürften mit diesen Sonderleistungen öffentlich werben und dabei darauf hoffen, dass ihre Produkte von den aktiven Familienmanagerinnen bevorzugt gewählt werden.

Ferner sollten Familienmanagerinnen das Recht besitzen, ab einem bestimmten Alter ihrer Kinder mit der Aufnahme von bezahlten Nebentätigkeiten zu beginnen, um so gegen Ende ihrer Erziehungstätigkeit einen leichteren gleitenden Übergang in einen anderen Beruf zu finden.

Auch ist es vorstellbar, dass Familienmanagerinnen günstige Kredite und andere Starthilfen wie Beratungen für den Einstieg in die Selbständigkeit erhalten (zum Beispiel für den Aufbau eines Hotels/einer Pension für kinderreiche Familien).

Aktuell haben Frauen mit vielen Kindern nur eine minimale Chance auf dem Arbeitsmarkt. Denn[203]:

> *Die Vollbeschäftigungsgesellschaft der 60er und 70er Jahre gehört der Vergangenheit an.*

---

[203] Simonis, Heide: Was Familien und der "Dritte Sektor" für die Zukunft des Sozialstaats tun; in: Leipert, Christian (Hrsg.): Aufwertung der Erziehungsarbeit – Europäische Perspektiven einer Strukturreform der Familien- und Gesellschaftspolitik, 1999, Seite 300

Und[204]:

> *Wenn eine Frau sich entscheidet, zu Hause zu bleiben, um ihre Kinder großzuziehen, ist dem nichts entgegenzusetzen. Wenn ihr allerdings nichts anderes übrig bleibt, weil es einfach keine Alternativen gibt, dann müssen wir darüber diskutieren. Wie schwer es mancher Frau fällt, nach einer jahrelangen Familienphase auf dem Arbeitsmarkt wieder Fuß zu fassen, ist nur allzu bekannt.*

Die Professionalisierung der Erziehungsarbeit in Verbindung mit berufstypischen Merkmalen wie Meetings, Fortbildung, Urlaub, aber auch zusätzliche Berufseinstiegsgarantien, Kooperationen mit Unternehmen und Starthilfen für die Selbständigkeit vermeiden dieses Problem. Eine Familienmanagerin ist keine ungebildete Hausfrau, sondern eine qualifizierte und dynamische Beschäftigte, die über Eigenschaften verfügt, die auch in der Wirtschaft von größtem Nutzen sein können.

Thomas Müller-Kirschbaum führt dazu aus[205]:

> *Begriffe wie Soziale Kompetenz oder Emotionale Intelligenz werden immer wieder als die eigentlichen Schlüsselqualifikationen von Führungskräften geschildert. Hieraus ergibt sich ein ökonomischer Nutzen der Familienförderung. Zunächst bedeutet die Wahrnehmung der Elternrolle eine Übernahme der Verantwortung, nicht nur für sich selbst oder einen erwachsenen Ehepartner, sondern für ein heranwachsendes Kind mit all seinen über die Jahre sich verändernden Bedürfnissen. Wer zu Hause täglich in der Rolle der Erzieherin oder des Erziehers ist, lernt Führen ständig neu. Kinder zu führen, ist eine größere Herausforderung als das Anleiten von Erwachsenen. Fehlt doch oftmals die Einsicht in ein wirtschaftliches Abhängigkeitsverhältnis oder in eine Hierarchie. Führung und Erziehung in der Familie funktionieren niemals über den ultimativen Bezug auf ein Chef-Angestellten-Verhältnis, sondern nur über innere Autorität. Familien sind somit wichtige Ausbildungsplätze für soziale Kompetenz.*
>
> *Mütter, die sich durch Wahrnehmung des Erziehungsurlaubs oder durch vorübergehenden Ausstieg aus dem Erwerbsleben vollständig ihrer Familie und der Erziehungsarbeit widmen, bezeichnen sich fast immer, wenn nach dem Beruf gefragt, als „nur Hausfrau". Aus unternehmerischer Sicht ist der Begriff „Geschäftsführer" viel angebrachter.*

---

[204]   ebenda, Seite 305

[205]   Müller-Kirschbaum, Thomas: Wirtschaftliche Zukunft braucht Familien; in: Leipert, Christian (Hrsg.): Demographie und Wohlstand – Neuer Stellenwert für Familie in Wirtschaft und Gesellschaft, 2003, Seite 276

> *Zum einen verantworten und verwalten sie den Großteil aller Ausgaben der Familie, ihres Unternehmens. Zum anderen ist das Management einer Familie in jedem Fall mit dem Management eines Kleinunternehmens vergleichbar. Unterschiedliche Interessen, Termine Bedürfnisse, Anforderungen und Pläne müssen unter einen Hut gebracht werden, damit „der Laden läuft". Die Bereitschaftszeit einer „Familien-Geschäftsführerin" ist dabei mindestens 12 bis 16 Stunden an meistens sieben Tagen in der Woche. In keinem Unternehmen wird mehr verlangt! Insbesondere solche Manager, die selbst eine Familie haben, wissen diese Zusatzqualifikation beim Wiedereintritt zu schätzen.*

Je mehr Kinder eine Familienmanagerin betreut hat, desto höher war ihr täglicher Management-Aufwand. Es ist deshalb anzunehmen, dass zahlreiche Familienmanagerinnen nach Ablauf ihrer Erziehungstätigkeit auch in der Wirtschaft leicht Fuß fassen werden.

Unternehmen legen allgemein viel Wert auf berufliche Qualifikationen und Erfahrungen. Solange die Familienarbeit nicht über berufstypische Merkmale verfügt, die eine Bewertung der geleisteten Arbeit erlauben (zum Beispiel: bisheriges Gehalt, Anzahl und Datum der durchgeführten Weiterbildungsmaßnahmen, zusätzliche Aufgaben und Qualifikationen), wird sie von Unternehmen nicht als Berufserfahrung angerechnet werden können. Der Übergang von der Familienarbeit in eine andere berufliche Tätigkeit dürfte deshalb umso leichter fallen, je berufstypischer der Charakter der Familienarbeit war.

Finanzierung

Die Finanzierung der Familienmanagerin erfolgt über Steuergelder (bzw. einen zusätzlichen Versicherungsbeitrag). Dazu werden insbesondere gutverdienende kinderlose Einzelpersonen und Doppelverdiener höher besteuert.

Paul Kirchhoff stellt zum heutigen Rentensystem fest[206]:

> *Im alltäglichen Normalfall muss das Ehepaar mit Kindern zur Erfüllung des Erziehungsauftrags auf die Erwerbstätigkeit eines Elternteils, damit auf dessen Einkommen und Rentenanspruch verzichten, hat dafür aber die Aufwendungen für*

---

[206] Schirrmacher, Frank: Minimum – Vom Vergehen und Neuentstehen unserer Gemeinschaft, 2006, Seite 70 f.

> *Kinder zu tragen, während ein Paar ohne Kinder über zwei Einkommen, zwei Rentenansprüche und deren Kumulation im Hinterbliebenenfall verfügt.*

Hier wäre also eine Möglichkeit, genau diejenigen für das Aufziehen von Kindern zu besteuern, die bislang nur Vorteile aus den Kindern anderer gezogen haben, mit anderen Worten, der „Transferausbeutung" von Familien entgegenzuwirken.

Martine und Jürgen Liminski[207]:

> *Man sucht nach Möglichkeiten zur Finanzierung des Familiengeldes, ohne auf das Naheliegende zu kommen, nämlich dass die Nutznießer des Humanvermögens, das in den Familien durch die Erziehung geschaffen wird, dieses auch bezahlen. Das sind zuallererst die Kinderlosen und die Wirtschaft.*

War die Rentenversicherung dazu gedacht, eine soziale Absicherung im Alter zu gewährleisten, führte sie indirekt zu einer Verringerung eigener Nachwuchsleistungen, da diese zur Altersversorgung nun nicht mehr unmittelbar erforderlich oder sogar eher hinderlich waren. Die Maßnahmen zur Altersversorgung müssen deshalb um weitere Maßnahmen zur Reproduktionsversorgung ergänzt werden. Eine vollständige Altersversorgung besteht immer aus der Finanzierung der nicht mehr berufstätigen alten Menschen und einer Finanzierung von noch nicht berufstätigen jungen Menschen. Letztere wurden bislang in den Kalkulationen vergessen. Dass bei der Finanzierung des „Jungen-Teils" in erster Linie die zur Kasse gebeten werden, die bislang aus dem Fehlen eigener Nachwuchsleistungen den größten Vorteil gezogen haben, liegt auf der Hand. Der Vorteil der Maßnahme der Familienmanagerin ist gleichzeitig, dass das Geld Erziehungsleistungen mit ausgewiesener Qualifikation zugeteilt wird, wodurch der Qualitätsgesichtspunkt bei der Reproduktion des Humanvermögens in den Vordergrund gerät.

Eigene Kinder verringern folglich den Beitrag zur Zusatzbesteuerung, ab 2 Kinder (bei höheren Einkommen eventuell erst ab 3 Kinder) entfällt die Zusatzsteuer vollständig. Auch dies kann dazu führen, dass bereits mehr Kinder in ganz normalen Familien gezeugt werden: Wer die Zusatzabgaben vermeiden möchte, kann dem durch eigene Leistungen entgegenwirken.

---

[207] Liminski, Martine und Liminski, Jürgen: Abenteuer Familie - Erfolgreich erziehen: Liebe und was sonst noch nötig ist, 2002^, Seite 181

Eltern übertragen üblicherweise den eigenen Lebensstandard auf ihre Kinder. Die meisten Eltern erfüllt es mit Stolz, wenn es ihren Kindern an nichts fehlt. Aus diesem Grund kostet das Aufziehen eines Kindes in wohlhabenden Schichten mehr als wenn die Familie nur über ein geringes Familieneinkommen verfügt. Es scheint deshalb sinnvoll zu sein, die Besteuerung sehr stark von dem zur Verfügung stehenden Einkommen abhängig zu machen. Spürbare Abgaben könnten dann dazu führen, dass sich auch die Wissens- und Leistungsträger unserer Gesellschaft wieder vermehrt für Kinder entscheiden, ein absolut erwünschter Effekt. Durch die zusätzlichen Abgaben senken sich die Opportunitätskosten für Kinder.

Es handelt sich dabei um eine ganz normale „Business-Entscheidung": Möchte man sich das gesellschaftlich notwendige Aufziehen von Kindern selbst nicht antun oder fühlt man sich aus organisatorischen oder sonstigen Gründen nicht dazu in der Lage, dann beauftragt man indirekt andere Fachleute, dies für einen zu tun (Outsourcing-Lösung). Da es sich hierbei um ausgewiesene Fachleute handelt, kann man sicher sein, dass das eigene Geld gut angelegt ist, zumal Familienmanagerinnen in der Regel viele Kinder in die Welt setzen werden, wodurch Skaleneffekte bei den Kosten und der Finanzierung entstehen. Möchte man solche Summen nicht regelmäßig an andere für Erziehungsleistungen abführen und traut sich eine eigene verantwortungsvolle Kindererziehung zu, dann kann man sich frei dafür entscheiden, diese Aufgabe selbst zu übernehmen (Insourcing-Lösung).

Durch die Kombination der beiden Maßnahmen

- Erziehungsgehalt für ausgewiesene Fachleute (Familienmanagerinnen) und

- vermeidbare Zusatzbesteuerung zur Finanzierung des Erziehungsgehalts

entstehen vielfältige Möglichkeiten der Lebensplanung, ohne dass die übergeordneten Interessen des Sozialstaates (Sicherstellung der Reproduktion, Erhöhung des Humanvermögens) gefährdet werden. Die beiden Maßnahmen zusammen können deshalb als „gerecht" bezeichnet werden.

Vereinfacht ausgedrückt lautet die Botschaft:

In Deutschland ist es Ihre Aufgabe, als Paar 2 Kinder aufzuziehen, als Einzelperson 1 Kind. Damit leisten Sie Ihren Beitrag zur gesellschaftlichen Reproduktion. Sie müssen das aber nicht selbst tun, sondern Sie können die Aufgabe zum Teil oder in Gänze anderen Fachleuten überlassen. Dafür müssen Sie dann aber regelmäßig einen bestimmten Betrag abführen, damit diese das auch in der entsprechenden Qualität für Sie machen können.

Die genannten Maßnahmen sind durchaus mit sonstigen Lebenserfahrungen der Bevölkerung vereinbar, so dass davon ausgegangen werden kann, dass sie grundsätzlich verstanden werden. Wenn man täglich zur Arbeit geht, kann man sich dafür entscheiden, die eigene Lebensmittelversorgung anderen zu überlassen. Folglich isst man beispielsweise mittags in der Kantine und kauft abends noch etwas beim Metzger ein. Wenn man sich um gar nichts mehr selbst kümmern will, dann geht man abends im Restaurant essen oder lässt sich eine Pizza kommen. Man kann aber auch der Auffassung sein, dass die gebotenen Speisen nicht den eigenen Anforderungen genügen und sich folglich ein paar Hühner, Lämmer und Tomatenstauden im Garten halten. Ob ein stressreicher Beruf mit einer Lebensmittelselbstversorgung, das heißt dem Betrieb einer eigenen kleinen Landwirtschaft, vereinbar ist, sei dahin gestellt. Zurzeit haben die meisten Familienexperten immer noch den Anspruch, dass Familie und Beruf vereinbar sein müssen. Ich halte dies für den zentralen Denkfehler in der Auseinandersetzung, wie man am Beispiel der Lebensmittelselbstversorgung unmittelbar erkennen kann.

Hat man die zusätzliche Erziehungssteuer bereits mehrere Jahre abgeführt und entscheidet sich dann doch noch für ein oder mehrere Kinder, dann hat man Anspruch auf eine Teil-Rückerstattung der bislang abgeführten Beträge. Diese Rückerstattung stellt gleichzeitig eine Investitions- und Starthilfe für die neu gegründete Familie dar.

Finanzierungsbeispiel

Das folgende Finanzierungsbeispiel (siehe *Abbildung 7: Finanzierungsbeispiel Familienmanagerin* auf Seite 120) geht davon aus, dass eine Familienmanagerin pro betreutes Kind eine Gehaltszahlung von 500,- EUR erhält. Denn[208]:

> *Die Kosten, die ein Kind monatlich verursacht, belaufen sich auf durchschnittlich 500 Euro.*

Daneben steht ihr noch ein Grundgehalt von 500,- EUR zu. Zusätzlich erhält sie ein 13. Monatsgehalt. Ferner steht ihr das gesetzlich verankerte Kindergeld zu.

---

[208]   Tichy, Roland und Tichy, Andrea: Die Pyramide steht Kopf – Die Wirtschaft in der Altersfalle und wie sie ihr entkommt, 2003, Seite 206

Insgesamt sind die im Finanzierungsbeispiel angenommen Zahlen weitestgehend deckungsgleich mit den beim Erziehungsgehalt 2000 (siehe dazu die Ausführungen im Abschnitt *Erziehungsgehalt 2000* auf Seite 144) genannten Zahlen[209].

Es wird davon ausgegangen, dass jede Familienmanagerin durchschnittlich fünf Kinder betreut, woraus sich der Familienmanagerinnen-Anteil errechnet.

In der Beispielrechnung wird angenommen, dass die Familienmanagerinnen zusammen durchschnittlich 500.000 Kinder pro Jahr in die Welt setzen oder adoptieren werden. Ferner wird angenommen, dass die höhere steuerliche Belastung das Reproduktionsverhalten der Deutschen nicht wesentlich beeinflussen wird, sondern dass jährlich ca. 700.000 Kinder in anderen Familien zur Welt kommen werden. In diesem Fall erhöht sich durch den Beitrag der Familienmanagerinnen die Zahl der in Deutschland geborenen Kinder von jährlich 700.000 auf durchschnittlich 1.200.000, bzw. die Fertilitätsrate von jetzt 1,36 auf dann 2,33. Die Rechnung ist bewusst grob gehalten und berücksichtigt die in den nächsten Jahrzehnten weiter absinkende Anzahl der Frauen im gebärfähigen Alter nicht.

Bei sechs betreuten Kindern hätte eine Familienmanagerin einen Anspruch auf ein Bruttogehalt von 3.500,- EUR (13-mal). Hiervon wären Rentenversicherungsbeiträge, aber keine Beiträge zur Arbeitslosenversicherung abzuführen. Zuzüglich würde ein Kindergeld von aktuell 999,- EUR ausgezahlt. Das Kindergeld kann aber nicht der Maßnahme Familienmanagerin zugerechnet werden, da das zusätzliche Kindergeld bei einem gewünschten Anstieg der Fertilitätsrate ja in jedem Falle aufzubringen wäre.

Bei sieben betreuten Kindern stände der Familienmanagerin ein Bruttogehalt von 4.000,- EUR (13-mal) zu. Zusätzlich erhielte sie ein Kindergeld in Höhe von 1.178 EUR.

In der Beispielrechnung steht jeder Familienmanagerin ihre Gehaltsleistung aufgrund ihrer Tätigkeit als Familienmanagerin für einen Zeitraum von 20 Jahren zu. Hierbei handelt es sich um eine Zeitspanne, die Spielraum für alternative Modellrechnungen lässt.

Nach dieser Zeit erfolgt schrittweise eine Rückführung in andere Tätigkeiten des öffentlichen Dienstes (zum Beispiel Lehrerin, Sozialarbeiterin, Kindergärtnerin, Management, Verwaltungsangestellte usw.) oder in Tätigkeiten bei entsprechend kooperierenden Unternehmen. Bei einer angenommenen

---

[209] Opielka, Michael: Zur Debatte um ein Erziehungsgehalt in Deutschland; in: Leipert, Christian (Hrsg.): Aufwertung der Erziehungsarbeit – Europäische Perspektiven einer Strukturreform der Familien- und Gesellschaftspolitik, 1999, Seite 150

Anzahl von durchschnittlich fünf Kindern pro Familienmanagerin wären nach 20 Jahren jährlich durchschnittlich 100.000 Familienmanagerinnen pro Jahr in andere Beschäftigungen zu überführen. Auf diese Weise entstände nach 20 Jahren ein kontinuierlicher Finanzierungsbedarf von 78 Mrd. EUR, der ausschließlich den Familienmanagerinnen zugerechnet werden kann. Allerdings sind mögliche Einsparungen bei Elterngeld, Wohngeld und Arbeitslosengeld II dagegen aufzurechnen[210].

Bei einer 15-jährigen Gehaltszahlung ausschließlich aufgrund der Tätigkeit als Familienmanagerin senkt sich der kontinuierliche Finanzierungsbedarf auf jährlich 58,5 Mrd. EUR. Eine weitere Absenkung dieser Zeitspanne scheint aber kaum sinnvoll zu sein.

Eine Halbierung der Kosten kann erzielt werden, wenn die Familienmanagerinnen nicht jährlich 500.000 sondern nur 250.000 Kinder aufziehen werden. In diesem Fall erhöht sich die Fertilitätsrate lediglich von 1,36 auf 1,84.

In der Hochlaufphase der Maßnahme werden erheblich mehr Gelder eingenommen, als ausgegeben (siehe Tabelle). Mit diesen Summen könnte ein entsprechender Kapitalstock aufgebaut werden, dessen Zinsen zu einem späteren Zeitpunkt zur Finanzierung beitragen könnten[211].

Der errechnete Finanzierungsbedarf ist zwar nicht unerheblich, er bewegt sich aber im Vergleich zu anderen Alternativen durchaus noch im Rahmen. Beispielsweise kostet eine Erhöhung des Kindergelds um monatlich 50 Euro nach derzeitigen Bedingungen jährlich 10 Milliarden Euro[212]. Insgesamt belaufen sich die jährlichen Leistungen des Staates für Familien zurzeit auf ca. 50 Milliarden Euro[213] [214]. Im Vergleich zur Alterssicherung handelt es sich hierbei aber um einen eher bescheidenen Betrag.

---

[210] Meinhardt, Volker: Finanzierungsstrategien zur strukturellen Besserstellung der Familien; in: Leipert, Christian (Hrsg.): Aufwertung der Erziehungsarbeit – Europäische Perspektiven einer Strukturreform der Familien- und Gesellschaftspolitik, 1999, Seite 283

[211] Lüth, Erik und Raffelhüschen, Bernd: Die Finanzierung des Erziehungsgehalts 2000 – eine langfristige Herausforderung; in: Leipert, Christian (Hrsg.): Aufwertung der Erziehungsarbeit – Europäische Perspektiven einer Strukturreform der Familien- und Gesellschaftspolitik, 1999, Seite 290 f.

[212] Tichy, Roland und Tichy, Andrea: Die Pyramide steht Kopf – Die Wirtschaft in der Altersfalle und wie sie ihr entkommt, 2003, Seite 213

[213] ebenda, Seite 214

[214] Leipert, Christian (Hrsg.): Demographie und Wohlstand – Neuer Stellenwert für Familie in Wirtschaft und Gesellschaft, 2003, Seite 290

Ein Teil der Finanzierung könnte über die Streichung des Ehegattensplittings von kinderlosen Ehepaaren erfolgen[215].

Im Vergleich zu anderen Alternativen mit ähnlichen Kosten hat die Maßnahme Familienmanagerin zwei entscheidende Vorteile:

- Die Kosten stehen in direkter Relation zur Anhebung der Geburtenrate.

- Die aufgezogenen Kinder erhalten eine optimale Erziehung.

Im Laufe von 20 Jahren würden durch die Familienmanagerinnen 10 Millionen zusätzliche Kinder aufgezogen und ausgebildet werden, und um diese Zahl würde sich der bis zum Jahr 2030 prognostizierte Bevölkerungsschwund für die Bundesrepublik Deutschland reduzieren.

---

[215] Lüth, Erik und Raffelhüschen, Bernd: Die Finanzierung des Erziehungsgehalts 2000 – eine langfristige Herausforderung; in: Leipert, Christian (Hrsg.): Aufwertung der Erziehungsarbeit – Europäische Perspektiven einer Strukturreform der Familien- und Gesellschaftspolitik, 1999, Seite 289

Die Familienmanagerin

Kostenrechnung Familienmanagerin			
Jahr	Kinder in Mio.	Familienmanagerinnen-Anteile in Mio.	Kosten in Mrd. EUR
1	0,5	0,1	3,9
2	1,0	0,2	7,8
3	1,5	0,3	11,7
4	2,0	0,4	15,6
5	2,5	0,5	19,5
6	3,0	0,6	23,4
7	3,5	0,7	27,3
8	4,0	0,8	31,2
9	4,5	0,9	35,1
10	5,0	1,0	39,0
11	5,5	1,1	42,9
12	6,0	1,2	46,8
13	6,5	1,3	50,7
14	7,0	1,4	54,6
15	7,5	1,5	58,5
16	8,0	1,6	62,4
17	8,5	1,7	66,3
18	9,0	1,8	70,2
19	9,5	1,9	74,1
20	10	2,0	78,0

Abbildung 7: Finanzierungsbeispiel Familienmanagerin

Rekrutierung

Ich bin mir sicher, dass sich eine ganze Reihe intelligenter Frauen für eine solche Tätigkeit interessieren würden, genau so wie es generell viele Frauen gibt, die gerne Lehrerin oder Kindergärtnerin werden möchten (siehe dazu die Ausführungen in Abschnitt *Von Kindergärtnerinnen und Lehrerinnen* auf Seite 63). Bislang ziehen viele Frauen nur deshalb andere Berufe vor, weil der Mutterberuf weder finanzielle Perspektiven noch Möglichkeiten zur Selbstverwirklichung oder Qualifizierung bietet. Als Mutter mehrerer Kindern ist eine Frau heute in der Regel vollständig vom beruflichen Erfolg ihres Ehemanns abhängig. Einen eigenständigen Anspruch auf Bezahlung, Fortbildung oder gar Urlaub hat sie nicht.

Frauen sind gerne Mütter. Allein, man lässt sie dies nicht mit dem gebotenen Respekt tun.

Gerade das Gewinnen von intelligenten und kompetenten Frauen für den Beruf der Familienmanagerin kann langfristig sehr positive Effekte haben. Denn heute wird das Gründen von großen Familien eher mit Dummheit assoziiert.

Frank Schirrmacher dazu[216]:

> *Kinderlosigkeit wirkt wie eine Methode zur Gewinnmaximierung – die lebensweltliche Variante der Ich-bin-doch-nicht-blöd-Kultur des Jahres 2005. Sie erzwingt altruistische Verhaltensweisen bei den potenziellen Eltern, denn sie müssen ... mit der Erkenntnis leben, dass von Kindern in dieser Gesellschaft materiell nur diejenigen profitieren, die keine haben.*

Und tatsächlich führt das Gründen von großen Familien leicht zu sozialem Abstieg, während umkehrt weitere Kinder für Menschen unterhalb der Armutsgrenze zu einer Verbesserung der wirtschaftlichen Situation führen können. Dies hat bereits zu der Formulierung geführt, dass in Deutschland vorwiegend die falschen Personen Kinder in die Welt setzen.

Begabte Frauen, denen sich die *wirkliche* Welt geöffnet hat[217], werden unter den heutigen Rahmenbedingungen zu kleinen Familien tendieren, selbst dann, wenn sie eigentlich an einer großen Familie interessiert wären. Deshalb muss man dafür sorgen, dass sie viele Kinder in die Welt setzen

---

[216] Schirrmacher, Frank: Minimum – Vom Vergehen und Neuentstehen unserer Gemeinschaft, 2006, Seite 70

[217] ebenda, Seite 81

können, ohne sie von der *wirklichen* Welt auszuschließen. Das Ziel ist also eine Geburtenkonzentration auf relativ wenige Frauen, und das auf eine für diese Frauen lohnende und nicht einschränkende Weise.

Frank Schirrmacher dazu[218]:

> *Man darf sich nichts vormachen: Kinder zu bekommen wird in Deutschland unweigerlich zu einem Akt von Spezialisierung in der Gesellschaft. „Um die Produktion von Kindern sicherzustellen", so Franz-Xaver Kaufmann, „muss ein schrumpfender Anteil Frauen immer mehr und mehr Geburten bewerkstelligen." Diese Perspektive mag für manchen Heutigen übertrieben wirken, angesichts der Tatsache, dass es in jeder neuen Generation immer weniger Mädchen und von denen immer weniger Mütter gibt, kann man damit rechnen, dass schon die Mädchen des Geburtsjahrgangs 2000 die Triftigkeit dieser These erleben werden.*

Und weiter[219]:

> *Festzustellen, dass Frauen eine starke emotionale Kompetenz haben und vermutlich sogar die Begründer unserer Gemeinschaft sind, heißt weder, dass das für alle weiblichen Individuen ausnahmslos gilt, noch, dass damit Frauen die Mutterrolle aufgedrängt werden soll, wie dies von vielen Feministinnen befürchtet wird. Es dient eher dazu, künftige Ressourcenverteilungen vorauszusagen und auf sie vorzubereiten.*
>
> *Wir können die Uhr nicht zurückdrehen. Es wird bis Mitte des einundzwanzigsten Jahrhunderts nach menschlichem Ermessen immer weniger Kinder und eine immer einseitigere Verteilung von klassischen Familien und modernen Nichtfamilien geben. Schon jetzt hat Deutschland unter allen Staaten Europas die höchste Geburtenkonzentration: Sechsundzwanzig Prozent der 1960 geborenen Frauen brachten die Hälfte aller von Frauen desselben Jahrgangs geborenen Kinder zur Welt.*

Familienmanagerinnen werden vermutlich das besondere Interesse des männlichen Geschlechts auf sich ziehen. Auch aus diesem Grund wird sich stets eine ausreichende Anzahl an intelligenten und qualifizierten Bewerberinnen für die Aufgaben finden lassen: Die Ausbildung zur Familienmanagerin macht attraktiv. Fast jeder Mann wünscht sich Kinder. Wenn er diese auf eine Weise bekommen kann, ohne dass dabei mit jedem Kind die Last auf seinen Schultern wächst oder er sich einem unkalkulierbaren Scheidungs-

---

[218]   ebenda, Seite 123 f.
[219]   ebenda, Seite 135 f.

folgen-Risiko aussetzen muss, dann wird dies seine Entscheidung für Kinder erheblich erleichtern.

Vorteile für kinderlose Frauen

Der Beruf der Familienmanagerin löst aber noch ein ganz anderes Problem: Er nimmt den berufstätigen Frauen den Verantwortungsdruck und das schlechte Gewissen, für die demographischen Probleme unseres Landes verantwortlich zu sein.

Susanne Gaschke schreibt dazu in DIE ZEIT[220]:

> *Die erste mögliche Nebenwirkung der Kinderoffensive ist eine Trotzreaktion. Wenn eine Botschaft von allen Seiten, von Familienpolitikern wie von Bestsellerautoren, so heftig gepredigt wird, ist es geradezu natürlich, sich dagegen aufzulehnen – besonders wenn, wie in der aktuellen Debatte, junge Akademikerinnen praktisch allein für die düstere Zukunft von Rentenversicherung und Volkswirtschaft in Haftung genommen werden.*

Durch den Beruf der Familienmanagerin kann sich eine Frau frei und ohne schlechtes Gewissen für eine berufliche Karriere und gegen eigene Kinder bzw. vielleicht nur für ein Einzelkind entscheiden, denn es gibt ja nun andere Frauen, die die Reproduktion der Gesellschaft übernehmen und diese werden dafür ausreichend bezahlt und sind besonders gut sozial abgesichert.

Aufgaben

Die primäre Aufgabe einer Familienmanagerin ist es, Kinder großzuziehen. Damit sich die Kosten im Rahmen halten und auch sonst günstige Effekte entstehen, werden Anreize geschaffen, eher größere Familien (zum Beispiel mit 5 Kindern) zu bilden. Dabei sollte darauf geachtet werden, dass die zusätzlichen Anreize nicht ungünstige Verhaltensweisen wie ein frühzeitiges Abstillen der Kinder zwecks Beschleunigung der Geburtenfolge begünstigen. In jedem Fall bestehen für eine Familienmanagerin Leistungsanreize, da sie ihr Einkommen durch eine Vergrößerung der Zahl der von ihr erzogenen Kinder verbessern kann.

---

[220] Gaschke, Susanne: Wenn Männer dröhnen – Die Propaganda für Fortpflanzung könnte die letzten Reste von Familienbegeisterung zerstören, DIE ZEIT, 47, Nr. 13, 23. März 2006, Seite 1

Eine Familienmanagerin ist verpflichtet, sich stets in ihrem Beruf fortzubilden. Beispielsweise sollte sie in der Lage sein, die Hausaufgaben ihrer Kinder kontrollieren zu können oder dies an geeignete, von ihr ausgewählte Personen zu delegieren. Dazu wird in der Zukunft ein Heer von alten Menschen zur Verfügung stehen, die als Oma und Opa mit oder ohne leibliche Enkel gerne ihr Wissen und ihre Lebenserfahrungen weiter geben möchten. Was diesen noch fehlt, sind die Kinder.

Ebenso sollte eine Familienmanagerin über ausreichende medizinische Kenntnisse verfügen und darüber im Bilde sein, wie Räumlichkeiten kindgerecht zu gestalten sind.

Die Familienmanagerin ist eine Expertin, die unter anderem das Ziel verfolgt, Fähigkeiten, Wissen, Bildung, aber auch Verhaltensregeln zu vermitteln. Zum Beispiel sollte sie ihren Kindern frühzeitig vermitteln, wie Konflikte auf friedliche Weise beigelegt werden können.

Auf diese Weise ergänzt sie die schulischen Dienstleistungen und trägt entscheidend dazu bei, das aufkommende Bildungsproblem in Deutschland zu minimieren, welches sich unter anderem darin zeigt, dass ein großer Anteil der Kinder von Zugewanderten oder sozial schwachen Familien die Schule ohne Abschluss oder bestenfalls mit Hauptschulabschluss verlässt. Aufgrund der ständigen Weiterbildung der Familienmanagerin unterliegt sie auch nicht der Gefahr, zunehmend veraltetes oder unrelevantes Wissen an ihre Kinder zu vermitteln. Denn[221]:

> *Früher waren Familien auch der Ort der Wissensvermittlung. Heute dagegen gibt es in den Familien wenig zu lernen, denn das Wissen der Väter und Mütter ist schon veraltet, wenn die Kinder sprechen lernen.*

In Schulen gehört sie zum engeren Kreis der Freiwilligen, die für zusätzliche Aufgaben wie die Organisation von Klassenfesten, Führen der Klassenkasse, Protokollführung auf Elternabenden und dergleichen zur Verfügung stehen. Auch hier entlastet sie andere berufstätige Mütter.

Die Familienmanagerin wird regelmäßig über das Internet oder auf andere Weise mit ihrem Arbeitgeber kommunizieren. Beispielsweise erhält sie auf diese Weise Veranstaltungstermine und neue Bildungsinformationen oder kann sich mit anderen Familienmanagerinnen über unterschiedliche Themen austauschen.

---

[221] Tichy, Roland und Tichy, Andrea: Die Pyramide steht Kopf – Die Wirtschaft in der Altersfalle und wie sie ihr entkommt, 2003, Seite 205

Typischerweise werden regelmäßige gemeinsame Besprechungen/Informationsveranstaltungen durchgeführt (zum Beispiel in einer benachbarten Schule), bei der sie auch ihre Kinder mitbringen kann, für die in dieser Zeit gesorgt wird. Auf diese Weise werden auch der Austausch von Familienmanagerinnen untereinander und ein verbindliches Arbeitsverhalten gefördert. An den Besprechungen/Informationsveranstaltungen können auch andere Eltern teilnehmen und so vom Wissen und der Erfahrung der Familienmanagerinnen profitieren. Die Termine und Themen werden regelmäßig im Internet veröffentlicht.

Eine Familienmanagerin nimmt großen Anteil an der frühkindlichen Intelligenzentwicklung ihrer Kinder.

Franz-Xaver Kaufmann dazu[222]:

> *Die deutsche Bildungspolitik hat auf neuere Einsichten der Hirnforschung über den Zusammenhang von Gehirnentwicklung und Intelligenzentwicklung noch kaum reagiert: Das Wichtigste passiert vor Schulbeginn.*

Und weiter[223]:

> *Insofern spielt hier die gesamte Sozialisationssituation der Kinder eine entwicklungsförderliche oder die Entwicklung beeinträchtigende Rolle. Neben den materiellen Umständen ist das Maß an persönlicher Zuwendung, in erster Linie seitens der Eltern, von ganz entscheidender Bedeutung für die Kompetenzentwicklung, ja sogar bereits für die Entwicklung des Gehirns! Ein weiterer wichtiger Gesichtspunkt ist der Anregungsgehalt der Erfahrungswelt.*

Auch sorgt die Familienmanagerin für das leibliche Wohl der Kinder. Damit geht einher, dass sie sich bemüht, gesunde und frische Speisen zuzubereiten und die Kinder von zuckerhaltigen Fertigprodukten fernzuhalten. Damit trägt sie entscheidend dazu bei, das aufkommende Gesundheitsproblem in Deutschland zu minimieren, welches sich unter anderem darin zeigt, dass ein großer Teil der heutigen Jugendlichen bereits unter Gesundheitsproblemen wie Übergewicht oder Kopfschmerzen leidet[224].

---

[222] Kaufmann, Franz-Xaver: Schrumpfende Gesellschaft – Vom Bevölkerungsrückgang und seinen Folgen, 2005, Seite 180

[223] ebenda, Seite 192

[224] Mersch, Peter: Migräne – Heilung ist möglich, 2006

Die Familienmanagerin wird ausreichend bezahlt, um zeitaufwendige Arbeiten (zum Beispiel Putzen, Waschen, Bügeln) an andere Personen delegieren zu können. Ihr Auftrag ist primär ein Erziehungs- und Bildungsauftrag (siehe dazu auch die Ausführungen im Abschnitt *Familienmanagerin als Beruf* auf Seite 105).

Für den Erwerb einer Eigentumswohnung zur Eigennutzung stehen ihr besonders günstige Kredite zur Verfügung. Auch wird sie bei der Suche nach einer passenden und preisgünstigen Mietwohnung unterstützt.

Daneben werden sich Börsen für den Tausch oder An- und Verkauf von Spielsachen, Kleidung, Kinderwagen, Kindermöbeln usw. bilden, die dazu beitragen können, die Investitionen für die Familienmanagerinnen niedrig zu halten.

Fortlaufendes Fehlverhalten (zum Beispiel Schlagen von Kindern, Vernachlässigung) kann zum Verlust der Stelle führen. Allerdings verbleiben die Kinder danach bei der Mutter, es sei denn, dass ein Gericht etwas anderes entscheidet. Hier gelten die gleichen Regelungen wie bislang.

Normalerweise lebt die Familienmanagerin in einer Ehe oder eheähnlichen Gemeinschaft. Die Kinder haben wie heute einen Vater, der üblicherweise mit ihnen zusammenlebt und der hinsichtlich der Kinder die gleichen Rechte und Pflichten hat wie heute.

Allerdings sind auf Dauer auch andere Lebensformen möglich bis wahrscheinlich. Beispielsweise ist vorstellbar, dass sehr bald Wohnbereiche (Häuser, Straßenzüge) entstehen, in denen mehrere Familienmanagerinnen mit ihren Partnern und Kindern sehr eng zusammenleben (siehe dazu auch die Ausführungen im Abschnitt *Freizeit* auf Seite 129). Hierdurch können die Betroffenen weitere finanzielle und zeitliche Einsparungen realisieren. Hat eine einzelne Familienmanagerin im Vergleich zu einer Einzelkind-Mutter bereits den Vorteil, dass etwa die Bauklötze des ersten Kindes auch vom 5. Kind noch genutzt werden können, so gelten solche Effekte in einem viel größeren Ausmaß für Gruppierungen von Familienmanagerinnen. Im Prinzip ist vorstellbar, dass sich diese eigene Kindergärten, Spiel- und Sportplätze, Küchen und Weiterbildungseinrichtungen (Tanz, Musik, Malen,...) werden leisten können und dies notfalls alles bankfinanziert. Familienmanagerinnen haben deshalb ähnlich wie andere Berufstätige die Möglichkeit, ihre Einnahmen durch Kostenoptimierungen zu vergrößern. Auch solche Fähigkeiten können sich günstig auf eine anschließende anderweitige berufliche Tätigkeit auswirken.

Eine alleinstehende Familienmanagerin hat das Recht, sich den Vater ihres Kindes auszusuchen. Allerdings darf sie damit kein Geschäft machen. Die Regelungen zur Adoption von Kindern bleiben unberührt.

Eine Familienmanagerin darf Aufgaben im Rahmen ihrer finanziellen Möglichkeiten an andere Personen delegieren (zum Beispiel Reinigungskräfte, Köche). Auch hier sind Kooperationen zwischen verschiedenen Familienmanagerinnen denkbar bis wahrscheinlich.

Weiterbildung

Eine Familienmanagerin hat einen Anspruch auf eine regelmäßige qualifizierte Weiterbildung. Ausbildungsthemen können zum Beispiel die Bereiche Säuglingspflege, Erziehung, Konfliktmanagement, Verhaltensstörungen, Bildung, Medizin, Raumgestaltung, Ernährung, Erste Hilfe, Organisation, Buchhaltung, Haushaltung abdecken. In der Regel ist aber bereits vor Beschäftigungsbeginn ein Nachweis über die Durchführung entsprechender Ausbildungen zu erbringen.

Während einer Ausbildung hat die Familienmanagerin das Recht, die Kinder bei einer anderen Familienmanagerin bzw. Springerin[225] unterzubringen.

Solide Aus- und Weiterbildungsmaßnahmen von Familienmanagerinnen haben den großen Vorteil, dass der Beruf der Mutter damit nicht länger mit dem Stigma behaftet bleibt, etwas für ungebildete Frauen zu sein. Denn[226]:

> *Auch zur Entwicklung der Elternkompetenz wird in der Bundesrepublik wenig getan. Sie erfolgt fast ausschließlich informell, nämlich durch persönliche Bezugspersonen aus Verwandtschaft und Bekanntschaft sowie durch einen florierenden Markt an Elternzeitschriften und schriftlichen Ratgebern. Das Eltern- und Erziehungsberatungswesen ist wenig ausgebaut. Die Beteiligung von Eltern am pädagogischen Geschehen des Kindergartens hängt weitgehend von örtlichen Initiativen ab. Die Beteiligung der Eltern am Schulwesen ist zum Teil auf Länderebene gesetzlich geregelt, hat aber – soweit ersichtlich – wenig praktische Wirkungen.*

---

[225] Hierbei handelt es sich um Familienmanagerinnen ohne eigene Kinder, die für andere Familienmanagerinnen bei Krankheit, Weiterbildung oder Urlaub einspringen können.

[226] Kaufmann, Franz-Xaver: Schrumpfende Gesellschaft – Vom Bevölkerungsrückgang und seinen Folgen, 2005, Seite 192

Familienmanagerinnen sind Profis und heben dadurch den Beruf der Mutter auf ein neues Niveau. Für sie ist nicht länger nur ein einfacher Beischlaf erforderlich, um Kinder großzuziehen, sondern eine solide Ausbildung und kompetentes Wissen.

Urlaub

Familienmanagerinnen haben Anspruch auf einen regelmäßigen und branchenüblichen Urlaub. Allerdings können sie sich dabei entscheiden, ob sie den Urlaub allein und fern der Familie verbringen wollen – in diesem Fall können Sie ihre Kinder auch einer anderen Familienmanagerin oder anderen geeigneten Betreuern überlassen – oder zusammen mit ihrer Familie. Für einen Urlaub zusammen mit ihrer Familie erhalten sie zusätzliche finanzielle Anreize.

Familienmanagerinnen haben das Recht, ihre Kinder auch außerhalb der Schulferienzeit in den gemeinsamen Urlaub mitzunehmen.

Grundsätzlich besteht in dieser Frage ein erheblicher Anpassungsbedarf bei den Schulen. Das heutige Wirtschaftsleben verlangt von den Menschen sehr viel Flexibilität, mal wird in Schichten gearbeitet, mal muss wegen einer wichtigen beruflichen Aufgabe ins Ausland umgezogen werden und ein anderes Mal muss bis zu einer Projektbeendigung auf den Urlaub verzichtet werden.

Einzig die Schulen beharren auf einer Ordnung, die sich nicht an die neuen Gegebenheiten anpassen will. Für Eltern mit schulpflichtigen Kindern stellt allein die Fixierung der Urlaubszeit auf einige wenige festgelegte Zeiträume eine erhebliche zeitliche und ökonomische Benachteiligung gegenüber Personen ohne Kinder dar. Beispielsweise gilt in den meisten Ferienorten die Schulferienzeit als „Saison", was sich üblicherweise in erheblich höheren Preisen bemerkbar macht, und das ausgerechnet für einen Personenkreis, der durch die Kinder ohnehin schon deutlich höhere Kosten hat, als Paare oder Einzelpersonen ohne Kinder. Auch müssen sich solche Familien häufig in Verkehrsstaus abquälen oder sich bereits ein Jahr vorher um Flugtickets zum Ziel ihrer Wahl bemühen.

Eine wichtige Maßnahme zur Anhebung der Geburtenrate kann deshalb die Erneuerung und Flexibilisierung der Schulferienregelung sein. Dabei wird es vor allem darum gehen, die Schulen und Lehrer davon zu überzeugen, dass die Eltern letztendlich ihre Kunden sind und sie aus diesem Grund eine flexiblere Lösung möglich machen müssen, auch wenn dies auf den ersten Blick schwer zu fallen scheint.

Freizeit

Ein Hauptproblem der elterlichen Arbeit ist die fehlende Freizeit: Eltern sind meist rund um die Uhr eingespannt, und das sieben Tage die Woche. Auch haben gerade Eltern von kleinen Kindern häufig viel zu wenig Zeit für sich, ein gewichtiger Grund, warum manche Ehe frühzeitig auseinanderbricht.

Die mit der Elternschaft üblicherweise einhergehende Einschränkung der Freizeit gehört zu den gewichtigsten Opportunitätskosten, die bei einer Entscheidung für oder gegen Kinder zur Anrechnung kommen (siehe dazu die Abschnitte *Vereinbarkeit von Familie und Freizeit* auf Seite 61 und *Die Opportunitätskosten der Kindererziehung* auf Seite 63). Die ganztägige, kontinuierliche Ausrichtung auf Kinder wird nicht selten gar als Verlust der persönlichen Autonomie empfunden. Alleinerziehende haben darüber hinaus häufig das Problem einer aus zeitlichen Gründen deutlich eingeschränkten Partnersuche, zumal die eigenen Eltern für Betreuungsaufgaben seltener zur Verfügung stehen (zum Beispiel aufgrund einer räumlichen Trennung).

Auch für Familienmanagerinnen ist dieser Punkt deshalb als kritisch zu bewerten.

Allerdings dürfte sich für sie die Situation günstiger darstellen. Denn:

- Eine Familienmanagerin ist finanziell unabhängig und kann es sich deshalb eher einmal leisten, ihre Kinder abends von einer anderen Person beaufsichtigen zu lassen (zum Beispiel einer Familienmanagerin in Ausbildung). Dies könnte sogar ein im Rahmen der Erziehung erwünschter Effekt sein, der den Kindern zeigt, dass ihre Mutter eine eigenständige Person mit eigenen Interessen ist.

- Familienmanagerinnen-Familien werden sich sehr schnell mit anderen kinderreichen Familien anfreunden, dafür werden allein schon ihre Kinder sorgen. Kinder anderer Familien werden bei ihnen ein- und ausgehen. Es sind dann leicht Effekte vorstellbar, die in manchen kinderreichen Ländern (zum Beispiel in Lateinamerika) zu beobachten sind: Eltern mit vielen Kindern verfügen dort über mehr Freizeit und persönliche Autonomie als Ein-Kind-Familien in Deutschland, da sich immer Familien in der Nachbarschaft finden, die bereit sind, die Kinder für ein paar Stunden aufzunehmen.

Wahlrecht

Eltern sind nicht nur für sich verantwortlich, sondern für ihre Kinder ebenso. Obwohl sie letztendlich mehr Personen vertreten, haben sie bei politischen Wahlen zurzeit genauso viele Stimmen wie kinderlose Paare. Dies kann dazu führen, dass die Interessen von Familien mit Kindern politisch zu wenig Berücksichtigung finden.

Martine und Jürgen Liminski dazu[227]:

> *Zu der finanziell materiellen Gerechtigkeitslücke gesellt sich die politische. Eltern wählen nur für sich, vertreten aber ihre Kinder, also mehr Personen. Hier ist eine wählerpolitische Ungleichheit, die zukunftsgewandte Politiker mit der Forderung nach der Einführung eines Familienwahlrechts beheben wollen.*

Bei Geburten könnte deshalb in Zukunft zum Beispiel festgelegt werden, welcher Elternteil bis zur Volljährigkeit des Kindes dessen aktives Wahlrecht übernimmt. Um Manipulationen zu vermeiden könnte etwa ein Zufallsverfahren eingesetzt werden.

Hat eine Familienmanagerin zum Beispiel 6 Kinder und für drei ihrer Kinder das Wahlrecht, dann hätte sie bei einer politischen Wahl 4 Stimmen.

Erhält ein Elternteil nach einer Trennung für ein Kind das alleinige Sorgerecht, dann erhält er für dieses auch das aktive Wahlrecht.

Wohnort

In Untersuchungen gaben mehr als zwei Drittel aller Befragten als Grund für wenige oder gar keine Kinder an, dass sie noch nicht den richtigen Partner gefunden haben. Dieser Grund galt insgesamt als wesentlich wichtiger als fehlende Betreuungseinrichtungen oder staatliche Unterstützungszahlungen[228].

Herwig Birg führt dazu unter anderem aus[229]:

---

[227]   Liminski, Martine und Liminski, Jürgen: Abenteuer Familie - Erfolgreich erziehen: Liebe und was sonst noch nötig ist, 2002, Seite 197

[228]   Birg, Herwig: Die ausgefallene Generation – Was die Demographie über unsere Zukunft sagt, 2005, Seite 86

[229]   ebenda, Seite 87

> *Zu dem Risiko einer langfristigen Festlegung in der Biographie des Einzelnen kommt bei der Bindung an einen Partner das organisatorisch-praktische Problem der räumlichen und zeitlichen Abstimmung zweier Biographien hinzu. Wenn beide Partner eine berufliche Karriere anstreben, tritt früher oder später mit an Sicherheit grenzender Wahrscheinlichkeit die Schwierigkeit auf, dass ein aus beruflichen Gründen erforderlicher Arbeits- und Wohnortwechsel des einen Partners nicht im gleichen Zeitpunkt auch in der Biographie des anderen Partners auftritt und beide an den gleichen Wohnort führt. Die dann erforderliche Anpassung des einen Partners an die Biographie des anderen führt zu einer Beeinträchtigung der Karrierechancen, nicht selten auch zur Trennung, wenn die Bereitschaft zur Anpassung fehlt.*
>
> *Die abnehmende Häufigkeit von Eheschließungen und die zunehmende von Scheidungen hat also oft wenig mit dem Fehlen eines passenden Partners zu tun, sondern mit den objektiv schwieriger gewordenen gesellschaftlichen und wirtschaftlichen Rahmenbedingungen für ein erfolgreiches Leben in einer Partnerschaft oder Familie. Beruflicher Erfolg und die Gründung einer Familie schließen sich in unserer Wirtschafts- und Konkurrenzgesellschaft gegenseitig aus, unser Gesellschaftstyp macht aus Lebensläufen Hindernisläufe.*

Die Ehe einer Familienmanagerin wäre nicht diesen Hindernissen ausgesetzt. Eine Familienmanagerin kann ihrem Ehemann mitsamt ihren Kindern an jeden Ort der Welt folgen. Hier dürften eher andere Gründe wie der Verlust von Freundschaften oder der vertrauten Umgebung einen hemmenden Einfluss haben.

Kinder als Konsumenten

Kinder sind Konsumenten. Und diese simple Tatsache wird sich unmittelbar dann bereits wirtschaftlich auswirken, wenn sie geboren sind. Die ersten Effekte neuer kinderreicher Familien auf die Binnennachfrage und das Wirtschaftswachstum werden sich bereits dann einstellen, wenn die ersten Kinder unterwegs sind und nicht erst 20 Jahre später, wenn die ersten von ihnen auf den Arbeitsmarkt drängen und zu Rentenbeitragszahlern werden.

Arbeitsmarktentlastung

Da Familienmanagerinnen für die wichtigste Aufgabe der Welt – viele Kinder großzuziehen – bezahlt werden, werden sie dem normalen Arbeitsmarkt entzogen. Dies könnte zu einer baldigen Entspannung auf dem Arbeitsmarkt führen, so dass über die Reduzierung der Arbeitslosenzahlen weitere Einsparungen vorstellbar sind. Da Familienmanagerinnen nicht selten einen Bedarf an unterstützenden Dienstleistungen haben dürften (Putzen, Kochen, Reparaturarbeiten, usw.), sind hier weitere Effekte vorstellbar, die in einer Gesamtkostenrechnung zu berücksichtigen wären.

Aber Meinhard Miegel sieht noch viel durchgreifendere Effekte, indem er der Frage nachgeht, welche wirtschaftlichen Auswirkungen es gehabt hätte, wenn sich die Deutschen seit den 70er Jahren nicht nur zu zwei Dritteln sondern zu 90% reproduziert hätten. Denn dann lebten in Deutschland heute statt 17 Millionen immerhin 23,5 Millionen Menschen unter 20 Jahren[230]:

> *Um diese zusätzlichen 6,5 Millionen Kinder und Jugendlichen zu versorgen, müsste das Gemeinwesen knapp 53 Milliarden Euro aufbringen, und die Haushalte mit Kindern hätten noch einmal reichlich 28 Milliarden Euro zu tragen. Dieser Betrag von insgesamt rund 81 Milliarden Euro entspricht der gegenwärtigen Wertschöpfung von annähernd 1,6 Millionen Erwerbstätigen. Im häuslichen Bereich müssten weitere 8,3 Milliarden Arbeitsstunden – unentgeltlich – geleistet werden. Das ist ebenso viel wie die derzeitige Erwerbsarbeitszeit von 5,8 Millionen Erwerbstätigen. Oder umgekehrt: Weil sich die Bevölkerung Deutschlands nur zu zwei Dritteln und nicht zu neunzig Prozent in der Zahl ihrer Kinder ersetzt, unterbleiben jährlich Investitionen im Wert von überschlägig mehr als 160 Milliarden Euro, jeweils zur Hälfte entgeltlich und unentgeltlich. Würden diese Investitionen getätigt und wollte die Bevölkerung darüber hinaus ihren derzeitigen Lebensstandard aufrechterhalten, müssten 2,3 Milliarden bezahlter Arbeitsstunden zusätzlich auf dem Markt erbracht werden. Zugleich könnte das Arbeitskräfteangebot sinken, weil mehr Menschen als bisher durch Kinder zeitlich gebunden wären. Die wahrscheinliche Folge wäre ein Rückgang der Arbeitslosigkeit um schätzungsweise die Hälfte.*
>
> *Diese Zahlen legen nahe, dass die Größe des Kinder- und Jugendanteils an einer Bevölkerung bedeutsam für deren wirtschaftliche Entwicklung ist. Ein internationaler Vergleich verstärkt die Vermutung. Danach besteht zwischen Geburtenrate, sprich dem Anteil von Kindern und Jugendlichen an einer Bevölkerung, und dem Wachstum ihrer Wirtschaft zwar kein durchgängiger, aber dennoch auffälliger Zusammenhang. Wo in frühindustrialisierten Ländern die Geburtenraten vergleichsweise hoch sind – in den USA, Großbritannien oder Irland –, da sind auch die Wachstumsraten recht ansehnlich. Wo hingegen die Geburtenraten gering sind – in Japan, Deutschland oder der Schweiz –, da dümpelt auch die Wirtschaft vor sich hin.*

---

[230] Miegel, Meinhard: Epochenwende – Gewinnt der Westen die Zukunft? 5. Auflage, 2006, Seite 181 f.

Sonstige Kosten

Es darf allerdings nicht übersehen werden, dass Familienmanagerinnen weitere Kosten produzieren werden. Denn der durch sie verursachte Anstieg bei der Geburtenrate wird sich sehr bald in den Schulen bemerkbar machen, wodurch hier unmittelbar ein zusätzlicher Bedarf an Lehrkräften entsteht.

Auch bei den gesetzlichen Krankenkassen können die Kosten aufgrund der höheren Anzahl an Geburten und Familienmitgliedern steigen. Ferner ist mehr Kindergeld auszuschütten.

Kinder kosten Geld. Und mehr Kinder kosten mehr Geld. Wenn man mit der aktiven Bevölkerungsplanung erst dann beginnt, wenn sich die Baby-Boomer der Nachkriegszeit aus dem aktiven Arbeitsleben verabschiedet haben, dann werden wenige Erwerbstätige einer sehr großen Zahl an Rentnern und einer wieder größer werdenden Zahl an Kindern gegenüberstehen. Dies dürfte eine zu große Belastung sein.

Ruprecht Jaenicke meint dazu[231]:

> *Der Aufbau der Bevölkerung in Form eines X bedeutete aber eine unerträgliche Belastung für die wenigen „Erwachsenen" (die Taille), die dann arbeiteten. Sie müssen viele Senioren und mehr und mehr Junge unterhalten. Kriege haben eine solche Form erzeugt, das haben die Überlebenden zu spüren bekommen. Machen wir uns daher nicht ein X für ein U vor, planen wir den einfachen Realitäten entsprechend.*

---

[231] Jaenicke, Ruprecht: Bevölkerungsentwicklung: A-H-O-V-X, http://www.faz.net/s/RubFC06D389EE76479E9E76425072B196C3/Doc%7EE6E52DF498 7844F3EB129FBEF49DB7D6A%7EATpl%7EEcommon%7EScontent.html

Ähnlich argumentiert auch Gerd Bosbach[232]:

> *Bei so gut wie allen Betrachtungen zum Thema Demografie wird so getan, als wenn die erwerbsfähige Bevölkerung (meist als 20- bis unter 60-Jährige angenommen) nur ihre Alten zu ernähren hätte. Dass Kinder und Jugendliche neben Essen, Kleidung und Wohnen – oft von den Eltern finanziert – auch gesellschaftliche Ausgaben erfordern, z.B. für Kindergärten, Schulen, Gesundheit, inkl. Personal, wird meist nicht beachtet. Bei seriösen Betrachtungen darf nicht nur der Altenquotient, sondern muss auch der Jugendquotient dargestellt werden. Die Summe beider, der sogenannte Gesamtquotient, ist eine aussagekräftige Größe über die von den Erwerbsfähigen zu versorgenden Menschen.*
>
> *Aus der Veröffentlichung der Fachleute des Statistischen Bundesamtes, die sich diesem Gedanken nicht verschließen, sind die folgenden Daten entnommen: Auf hundert Menschen mittleren Alters (20 bis 60 Jahre) kommen im Jahre 2001 44 Ältere und 38 Junge, macht insgesamt 82. 2050 sind es 78 Ältere und 34 Junge, macht insgesamt 112.*
>
> *Während der Altenquotient um 77 Prozent steigt, ergibt sich für den Gesamtquotienten ein Plus von 37 Prozent. Die Dramatik hat sich allein bei Einbeziehung der jungen Generation in die Betrachtung schon halbiert.*

Beide Autoren scheinen der irrigen Ansicht zu sein, dass es für eine Gesellschaft keinen Unterschied macht, ob die Erwerbstätigen viele Kinder und wenige Senioren („A"-Form) oder umgekehrt wenige Kinder und viele Senioren („V"-Form) zu versorgen haben, Hauptsache die Gesamtbelastung für die Erwerbstätigen bleibt insgesamt gleich. Dabei handelt es sich um den kleinen aber feinen Unterschied zwischen Zukunft und Vergangenheit, zwischen Hoffnung und Tod[233]:

> *Denn es macht einen riesigen Unterschied, ob das Geld eingesetzt wird, um Kinder zu hoffnungsträchtigen Erwachsenen zu entwickeln oder ob die Perspektive der Pflege letztlich nur noch der hinausgeschobene Tod ist.*

Und sie verschweigen natürlich die Tatsache, dass die jetzigen Erwerbstätigen über ihre Verhältnisse leben, weil sie keine Vorkehrungen für die

---

[232] Bosbach, Gerd: Die modernen Kaffeesatzleser, http://www.frankfurter-rundschau.de/ressorts/nachrichten_und_politik/dokumentation/?cnt=392527

[233] Tichy, Roland und Tichy, Andrea: Die Pyramide steht Kopf – Die Wirtschaft in der Altersfalle und wie sie ihr entkommt, 2003, Seite 59

Zukunft treffen und das Aufziehen von späteren Rentenbeitragszahlern lieber den anderen überlassen.

Familienmanagerin und Wissensgesellschaft

In einer Wissensgesellschaft wie der Bundesrepublik Deutschland hat das Humanvermögen eine zentrale Bedeutung, denn[234]:

> *Während Arbeitnehmer früher rein körperliche Arbeit leisteten, ist das Kapital der Unternehmen heute dagegen der Verstand der Mitarbeiter. „In der Wissensökonomie zählt nur ein Rohstoff: menschliche Intelligenz", beobachtet der Unternehmensberater und Zukunftsforscher Matthias Horx.*

Und[235]:

> *Neu an dieser Entwicklung ist nicht das Entstehen von wissensfundierter Arbeit, denn „Experten" hat es schon immer gegeben; neu ist die große Zahl der Berufspositionen, die wissensfundierte Arbeit erfordern, also auch der rapide Rückgang von Arbeitsplätzen, die geringe kognitive Fertigkeiten verlangen.*

In Wissensgesellschaften wird die Fähigkeit zum Lernen zur wichtigsten beruflichen Anforderung. Dies mag einer der wesentlichen Gründe dafür sein, warum sich viele Unternehmen in den letzten Jahrzehnten vorzugsweise von älteren Mitarbeitern getrennt haben. Denn diesen wird zwar in der Regel sehr viel Erfahrung zugestanden, dafür aber eine geringere Lernfähigkeit unterstellt.

Für die Heranbildung von hochqualifizierten Knowledge-Workern ist nicht nur die Qualität der Hochschulen oder die Bereitstellung von leistungsfähigen Infrastrukturen von Bedeutung, sondern in erster Linie die Qualität der gesamten Ausbildungskette.

Gerade die frühkindliche Erziehung, die Intelligenzbildung, das Erlernen des Lernens, das Vermitteln von sozialer Kompetenz, die Förderung von Wissen und Motivation, die Erziehung zu Bewegung und gesunder Ernährung, das Aufwachsen in einer liebevollen und sicheren Umgebung können entscheidende Fundamente legen, auf die spätere Fachausbildungen und berufliche Karrieren aufbauen. Dies gilt in besonderem Maße für Staaten, die relativ

---

[234] ebenda, Seite 40
[235] ebenda, Seite 42

arm an natürlichen Ressourcen wie etwa Rohstoffvorkommen sind. Die natürliche Ressource solcher Länder ist die Intelligenz und Kompetenz ihrer Einwohner, und je frühzeitiger dafür das Fundament gelegt wird, desto besser.

Martine und Jürgen Liminski[236]:

> *Erziehung ist keineswegs nur Privatsache. Von ihren Folgen, von der Erziehungsleistung, profitiert die Gesellschaft. Oder sie leidet darunter, wenn diese Arbeit nicht oder nur mangelhaft getan wird.*

Meinhard Miegel ergänzt[237]:

> *Die zweite Weiche wird unmittelbar nach der Geburt gestellt. Zwar kümmert sich die große Mehrheit engagiert und liebevoll um ihren Nachwuchs. Eine wachsende Minderheit tut dies jedoch nicht. In den ersten zwei, drei Lebensjahren, in denen Kinder wichtigste, lebensbestimmende Fähigkeiten entwickeln, fehlen ihnen keineswegs nur in Ausnahmefällen Bezugspersonen, die diese Entwicklung gekonnt fördern. Die Gründe hierfür sind hinlänglich geklärt. Der bedeutsamste: Den Erwachsenen, an erster Stelle den Eltern, fehlt die Zeit. Ihre Erwerbstätigkeit, die Entfaltung des eigenen Ichs oder gesellschaftliche Verpflichtungen nehmen sie in Beschlag. Hinzu kommt nicht selten ein latentes Desinteresse an Kindern. Dieselben Faktoren, die zur Kinderarmut beitragen, tragen auch dazu bei, dass eine beachtliche Zahl der dennoch Geborenen vernachlässigt wird. Einen Hund zu halten fällt vielen, gerade auch jungen Paaren leichter.*
>
> *Die Folgen: In Deutschland zeigen zwischen einem Siebtel und einem Fünftel der Fünfjährigen massive Sprach- und Verhaltensauffälligkeiten, kulturell-soziale Entwicklungsrückstände, gesundheitliche Defizite und motorische Störungen. Jedem siebten Kind fehlt es an einer ausreichenden Grundversorgung. Das gilt nicht nur für Kinder aus den sogenannten sozialen Unterschichten.*

---

[236] Liminski, Martine und Liminski, Jürgen: Abenteuer Familie - Erfolgreich erziehen: Liebe und was sonst noch nötig ist, 2002, Seite 23

[237] Miegel, Meinhard: Epochenwende – Gewinnt der Westen die Zukunft? 5. Auflage, 2006, Seite 184

Und weiter[238]:

> *Völker, die wie die Deutschen glauben, sie ersetzten sich in der Zahl ihrer Kinder zumindest noch zu zwei Dritteln, ersetzen sich in Wirklichkeit nur noch zur Hälfte. Sie bürden der nachwachsenden Generation nicht nur eine hohe Altenlast, sondern darüber hinaus auch noch viele Junge auf, die sich nicht selbst tragen können und von anderen mitgeschleppt werden müssen.*

Und Gary S. Becker fügt an[239]:

> *Ich bezeichne unsere Zeit als Zeitalter des Humankapitals. Für dieses gilt, dass das Humankapital zur zentralen Determinante von Wohlstand und Reichtum geworden ist. Das 21. Jahrhundert wird eher noch stärker vom Humankapital geprägt sein. Länder, deren Wirtschaft unzureichend in deren Menschen investiert, sowie Familien, die dabei versagen, adäquat in ihre Kinder zu investieren, sorgen schlecht für die kommende Generation vor. Familien müssen heute ihre Kinder mit den erforderlichen Voraussetzungen ausstatten, damit sie in der Schule und auch später erfolgreich sein können sowie effektive Arbeitsgewohnheiten und auch sonst adäquate Verhaltensweisen aufweisen. Unabhängig davon, wie gut ihre körperlichen und geistigen Anlagen sind, werden sie ohne adäquate Förderung nicht in der Lage sein, sich erfolgreich zu entwickeln.*

Und Kurt H. Biedenkopf[240]:

> *Die Familie ist der Ort, in dem Humanvermögen sich bildet, und damit Zukunftsinvestitionen. Es gibt keinen Widerspruch zwischen der Familie und einer wohlverstandenen Ökonomie, sondern die Familie ist Grundlage einer wohlverstandenen Ökonomie.*

Und auch in den Unternehmen werden diese Zusammenhänge so gesehen.

---

[238] ebenda, Seite 188

[239] Becker, Gary S.: Die Bedeutung der Humanvermögensbildung in der Familie für die Zukunft von Wirtschaft und Gesellschaft; in: Leipert, Christian (Hrsg.): Demographie und Wohlstand – Neuer Stellenwert für Familie in Wirtschaft und Gesellschaft, 2003, Seite 96

[240] Biedenkopf, Kurt H.: Arbeit ist mehr als Erwerbsarbeit; in: Leipert, Christian (Hrsg.): Aufwertung der Erziehungsarbeit – Europäische Perspektiven einer Strukturreform der Familien- und Gesellschaftspolitik, 1999, Seite 311

Mechthild Löhr führt dazu aus[241]:

> *Die Unternehmen und die gesamte Volkswirtschaft brauchen Familien, die junge Menschen gut auf das Leben und auf ihr Berufsleben vorbereiten. Vor allem die Familie begleitet jeden in Krisen und Schwierigkeiten. Dies kann und sollte weder der Staat noch die Wirtschaft ersetzen wollen. Die Familien bleiben der wichtigste Baustein unserer Gesellschaft, von dem alle weiteren Systeme und Lebensbedingungen abhängen. Das macht ihren unersetzbaren Wert aus.*

In der Natur hat sich der Mensch aufgrund seiner Intelligenz gegenüber allen anderen Lebewesen durchgesetzt. Aus gleichem Grund werden Gesellschaften, die sehr stark in die Mehrung ihres Humanvermögens – konkret: in die Bildung und Intelligenz ihrer Menschen – investieren, Vorteile gegenüber anderen Gesellschaften haben.

Die Familienmanagerin stellt deshalb eine wichtige Maßnahme zur Standortsicherung dar.

Abgrenzung: Pronatalistische Maßnahmen im Dritten Reich

Zu den Gründen, warum die demographische Krise so lange von der Politik verdrängt wurde, schreibt Franz-Xaver Kaufmann[242]:

> *Und schließlich – für Deutschland verhängnisvoll – wurde die Bevölkerungsfrage seitens der Nationalsozialisten thematisiert, und zwar in der doppelten Dimension von Rassismus und Bevölkerungspolitik. Dieses Trauma hat die Thematisierung von Bevölkerungsfragen in der Bundesrepublik nicht nur im Bereich der Politik, sondern auch der Wissenschaft dauerhaft behindert. Zudem waren in der ersten Phase bundesdeutscher Familienpolitik zahlreiche Experten einflussreich, deren Gedankenwelt im Horizont des Dritten Reiches geformt worden war.*

---

[241] Löhr, Mechthild: Argumente zur Familienförderung aus Unternehmenssicht; in: Leipert, Christian (Hrsg.): Demographie und Wohlstand – Neuer Stellenwert für Familie in Wirtschaft und Gesellschaft, 2003, Seite 273

[242] Kaufmann, Franz-Xaver: Schrumpfende Gesellschaft – Vom Bevölkerungsrückgang und seinen Folgen, 2005, Seite 34 f.

Und Hans-Werner Sinn[243]:

> *Das Thema ist durch die Missbräuche in der Nazizeit in Deutschland in solchem Maße mit Tabus befrachtet, dass sich die Politik kaum dort herantraut. Doch geht es um Sachverhalte, die für die Zukunft unseres Volkes im wahrsten Sinne des Wortes von lebenswichtiger Bedeutung sind. Die ... dargestellten Bevölkerungstrends sind so verheerend, dass ideologische Vorprägungen hier nicht sonderlich zielführend sind.*

Und schließlich Martine und Jürgen Liminski[244]:

> *Einfach, aber in der Wirkung regelrecht durchschlagend ist die conditio historica. Die Gleichschaltung und Funktionalisierung der Familie im Dienst der Rassen- und Völkerideologie des Dritten Reiches stellt jeden Versuch, Familie im Zusammenhang der Zukunft des deutschen Volkes zu denken, unter Nationalismusverdacht.*

Jeder aktuelle pronatalistische Vorschlag – und „Familienmanagerin als Beruf" ist ein solcher nun einmal – wird sich über kurz oder lang mit einer Auseinandersetzung über die pronatalistischen Maßnahmen des Dritten Reiches konfrontiert sehen.

Zu den pronatalistischen Maßnahmen im Dritten Reich finden sich in Wikipedia die folgenden Informationen[245]:

> *Die Zwischenkriegszeit war von Geburtenstagnation und Überalterung der Deutschen geprägt. Vor 1910 waren stets über 30 Geburten auf 1.000 Einwohner gekommen – seit 1926 weniger als 20. Die Nationalsozialisten wollten durch eine pronatalistische Politik den Geburtenrückgang in den Griff bekommen und die „Gebärleistung" der deutschen Frau steigern. Dabei waren nur Kinder „rassisch wertvoller" Frauen erwünscht. Die Fortpflanzung jener 20–30 Prozent der deutschen Bevölkerung, die nach strengen rassenhygienischen Kriterien als „minderwertig" galten, sollte dagegen verhindert werden. Gesundheitsprüfungen regelten, dass nicht jede Frau heiraten durfte, wobei besonders strenge Maßstäbe für die Ehepartnerinnen von Berufssoldaten und SS-Angehörigen angelegt wurden.*
>
> **"Lebensborn" und Abtreibungsverbot**

---

[243]   Sinn, Hans-Werner: Ist Deutschland noch zu retten? 3. Auflage, 2005, Seite 421 f.

[244]   Liminski, Martine und Liminski, Jürgen: Abenteuer Familie - Erfolgreich erziehen: Liebe und was sonst noch nötig ist, 2002, Seite 176

[245]   Wikipedia: Rassenhygiene, http://de.wikipedia.org/wiki/Rassenhygiene

1935 gründete Heinrich Himmler die Lebensborn e.V., die sich zur Aufgabe machte, „den Kinderreichtum in der SS zu unterstützen, jede Mutter guten Blutes zu schützen und zu betreuen und für hilfsbedürftige Mütter und Kinder guten Blutes zu sorgen". Lebensborn gab unverheirateten „wertvollen" Frauen die materielle Möglichkeit, ihre Kinder auszutragen, und bot ihnen so eine Alternative zur Abtreibung. Zu den ersten Gesetzen, die das neue Regime erließ, gehörte die Wiedereinführung der §§ 219 und 220 des Strafgesetzbuches, die Abtreibungen wieder stärker unter Strafe stellten. Waren vor 1933 Abtreibungen vorwiegend mit Geld- und Gefängnisstrafen von weniger als drei Monaten geahndet worden, so nahm unter der NS-Herrschaft der Anteil der höheren Gefängnisstrafen deutlich zu.

Zugleich wurde der Zugang zu Verhütungsmitteln erschwert. Frauen „guten Blutes" sollten Schwangerschaften künftig weder verhindern noch unterbrechen können. Kinder von Jüdinnen oder anderen unerwünschten Gruppen durften dagegen ohne Angabe von Gründen abgetrieben werden.

Kindergeld und Ehestandsdarlehen

Neben repressiven Maßnahmen setzte das Regime auf finanzielle Anreize, um „rassisch wertvolle" Frauen zur Reproduktion zu bewegen. Kinderreiche Ehepaare wurden steuerlich begünstigt und finanziell unterstützt. Seit 1936 erhielten Arbeiter- und Angestelltenfamilien, deren Monatseinkommen unter 185 Reichsmark lag, für das fünfte und jedes weitere Kind 10 RM monatlich. Zwei Jahre später wurde dieses Kindergeld bereits für das dritte und vierte Kind bereitgestellt.

Einen weiteren Anreiz stellte das Angebot eines Ehestandsdarlehens dar. Seit 1933 konnten Heiratswillige, die den rassischen und sozialen Qualitätsanforderungen genügten, ein Darlehen in Höhe von bis zu 1000 RM beanspruchen. Neben der Erleichterung von Eheschließungen und Haushaltsgründungen sollte das Darlehen auch für mehr Kinder pro Ehe sorgen: Die Darlehensschuld verminderte sich pro Kind um ein Viertel und galt nach vier Geburten als „abgekindert".

Propaganda und „Mutterkreuz"

Über repressive und finanzielle Maßnahmen hinaus sollte eine wohlinszenierte Propaganda dafür sorgen, dass Frauen ihrer wichtigsten staatsbürgerlichen Aufgabe, Kinder zu gebären und aufzuziehen, gerecht wurden. Immer wieder betonten führende Politiker, jedes Kind, das zur Welt gebracht wird, sei „eine Schlacht, die sie besteht für das Sein oder Nichtsein ihres Volkes". Mutterschaft galt nicht mehr als Privatsache, sondern wurde in den Dienst der rassenhygienischen Politik gestellt. Ihr politischer Wert wurde durch eine Vielzahl öffentlicher Zeremonien unterstrichen. So feierte das Dritte Reich den Muttertag als nationales Fest mit offiziellen Ehrungen gebärfreudiger Mütter und Reden und Geschenken.

Am Muttertag 1939 verlieh der Staat etwa drei Millionen Frauen das „Ehrenkreuz der deutschen Mutter".

Erfolg der pronatalistischen Politik

Tatsächlich stieg die Geburtenrate: 1939 lag sie mit 20,4 Geburten pro 1000 Einwohner um mehr als fünf Punkte höher als 1932 und hatte fast wieder das Niveau von 1924 erreicht. Ob dieser Anstieg allerdings wirklich auf die nationalsozialistischen Geburtensteigerungsmaßnahmen zurückging, ist fraglich. Dass in den fünf Jahren nach 1933 mehr Kinder geboren wurden als in der entsprechenden Zeit zuvor, bedeutete nicht etwa, dass die Kinderzahl pro Ehe stieg. Alle Bemühungen, die Entwicklung zur Zwei-Kinder-Familie aufzuhalten, scheiterten. In den 1920 geschlossenen Ehen kamen durchschnittlich 2,3 Kinder zur Welt, in den 1930 und 1940 geschlossenen jedoch nur noch 2,2 beziehungsweise 1,8 Kinder. Die durchschnittliche Haushalts- und Familiengröße schrumpfte auch im Dritten Reich weiter. Ehepaare ließen sich offensichtlich weder durch Abtreibungsverbot noch Kindergeld oder Ehestandsdarlehen davon abhalten, die Zahl ihres Nachwuchses klein zu halten.

Ein naheliegender Einwand gegen den Job der Familienmanagerin könnte sein, dass der Staat den Bewerbungsprozess für rassische Selektionen missbrauchen könnte. In jedem Fall würde das geschehen, wenn in Deutschland wieder ein totalitäres System an die Macht kommen würde, so der Einwand.

Abgesehen davon, dass ein totalitäres Regime jede x-beliebige Regelung durchsetzen kann und dabei nicht auf bestehende Verordnungen zurückgreifen muss, hat ein Staat das Recht, Bewerber für eine vom Staat finanzierte Beschäftigung nach Qualifikation auszuwählen. Es geht dabei nicht darum, Menschen, die sich ein Kind wünschen, auszugrenzen, sondern Menschen mit definierter Qualifikation für einen Job auszuwählen und dann dafür auch zu bezahlen. Da eine Familienmanagerin keine Person ist, die sich, während ihre Kinder auf dem Spielplatz toben, tagsüber lediglich in der Sonne aalt, sondern die – einer Lehrerin gleichgestellt – für die Erziehung, Bildung und das psychische und leibliche Wohl der ihr anvertrauten Kinder verantwortlich ist, ist es nahe liegend, dafür bestimmte Qualifikationen einzufordern. Rassistische Gesichtspunkte können in diesem Zusammenhang naturgemäß keine Rolle spielen. Im Prinzip kommen die gleichen Argumente zur Geltung wie beim Lehrerberuf.

Familienmanagerinnen sind praktisch Betreuerinnen und Lehrerinnen einer kleinen Gruppe von Kindern, mit dem Unterschied, dass es sich bei den Kindern in der Regel um ihre eigenen Kinder handelt. Ihre primäre Aufgabe ist es, dafür zu sorgen, dass ihre Kinder gesund, zufrieden und gebildet heranwachsen. Eine Mutter, die ihr quengelndes Kind zwischen Job und Hausarbeit mit Süßigkeiten und Fernsehen ruhig stellt, würde nicht in dieses Raster passen, eine 13-jährige Schülerin mit ungeplantem Nachwuchs ebenso nicht.

Mit den leitenden Normen der Menschenwürde und einer freiheitlichen Gesellschaftsordnung sind keine Maßnahmen vereinbar, die Menschen unmittelbar daran hindern oder umgekehrt nötigen, Kinder in die Welt zu setzen. Die Entscheidung für oder gegen Kinder gilt in unserer Gesellschaft als persönliche Angelegenheit und daran soll auch nicht gerüttelt werden. Menschen sollen nicht für staatspolitische Zwecke dazu instrumentalisiert werden, Kinder in die Welt zu setzen. Deswegen wird die Familienmanagerin auch nicht für das Gebären von Kindern bezahlt oder belohnt, sondern für das professionelle Erziehen dieser, mit anderen Worten: für ihre Erziehungsarbeit. Diesen Umstand erkennt man allein schon an der Tatsache, dass eine Familienmanagerin auch adoptierte Kinder aufziehen kann.

Bei der Maßnahme „Familienmanagerin" geht es zwar auch um eine Steigerung der Geburtenzahlen, im Vordergrund steht aber die Vermehrung sozialisatorisch erfolgreicher Familien[246].

Im Kapitel *Bevölkerungsplanung* auf Seite 171 wird deutlich gemacht, dass staatliche und globale Bevölkerungsplanungen in der Zukunft genauso selbstverständlich sein werden, wie etwa heute die Planung und Abstimmung ökologischer Parameter. Dazu benötigt ein Staat aber die erforderlichen Instrumente, und die sollten vorzugsweise ökonomischer und nicht rechtstaatlicher Art sein. Bei Maßnahmen wie der Einführung des Berufs der Familienmanagerin handelt es sich also um langfristig notwendige Maßnahmen, die in keinem Zusammenhang zur Bevölkerungspolitik im Dritten Reich stehen.

Es ist zu hoffen, dass die Politik bald möglichst ihre selbstverordnete Denksperre überwindet und sich daran erinnert, dass sie ein dringendes Problem zu lösen hat. Oder mit den Worten von Martine und Jürgen Liminski[247]:

> *Schluss mit den historischen Vorbehalten und Komplexen. Familienpolitik darf und muss auch geburtenfördernd sein.*

---

[246]   Kaufmann, Franz-Xaver: Schrumpfende Gesellschaft – Vom Bevölkerungsrückgang und seinen Folgen, 2005, Seite 163 f.

[247]   Liminski, Martine und Liminski, Jürgen: Abenteuer Familie - Erfolgreich erziehen: Liebe und was sonst noch nötig ist, 2002, Seite 198

Alternative: Erziehungsgehalt

Seit vielen Jahren werden immer wieder Vorschläge zu einer Vergütung – und damit gesellschaftlichen Anerkennung – der durch Eltern geleisteten Erziehungsarbeit unterbreitet. Ein Ziel ist es auch, den Handlungsspielraum von Eltern zu erweitern.

Martine und Jürgen Liminski[248]:

> *Programmatisch ist die Forderung nach Einführung eines Erziehungsgehalts. Das ist das große Rad, der Hebel für eine Strukturreform der Gesellschaft, eine Reform, die der Leistung der Eltern Gerechtigkeit widerfahren lässt, die den Eltern Kaufkraft gibt und dadurch den Markt ankurbelt, auch den Wohnungsmarkt, die Erziehung wieder ermöglicht und aus der Stressecke herausholt.*

In einigen Modellen sind die finanziellen Zuwendungen zusätzlich mit Regelungen für einen besseren beruflichen Wiedereinstieg nach Beendigung der Erziehungszeit bis hin zur rechtlich verankerten Wiedereinstiegssicherung gekoppelt.

Einige der bekanntesten Vorschläge sollen im Folgenden vorgestellt und der Maßnahme „Familienmanagerin" gegenübergestellt werden.

Das sächsische Erziehungsgehalt-Modell

Im Februar 1998 veröffentlichte der sächsische Sozialminister Hans Geisler seine Vorstellungen zur Aufwertung der Erziehungsleistung bis zum Grundschulalter. Das sächsische Modell sieht vor, dass an Erziehende ein Erziehungsgehalt gezahlt wird, das in seiner Höhe eine "ausgewogene Anerkennung von Erziehungsleistung und Erhöhung der Wahlfreiheit" zwischen häuslicher und außerhäuslicher Betreuung gewährleisten soll. Nach den Vorstellungen des sächsischen Modells sollen Eltern pro Kind bis zum Ende des dritten Lebensjahres 550 EUR netto, vom vierten bis zum sechsten Lebensjahr 400 EUR netto erhalten. Danach erhielte, "wer drei Kinder hat, ein Erziehungsgehalt, das einem durchschnittlichen Arbeitnehmereinkommen entspricht". Zur Gewährleistung der finanziellen Absicherung im Alter wird eine Sozialversicherungspflicht angestrebt. Das Erziehungsgehalt soll vor allem durch Einsparungen beim Erziehungsgeld, der Sozialhilfe, der Arbeitslosenhilfe, dem Wohngeld und den öffentlichen Ausgaben für Kindergärten finanziert und im Unterschied zum heutigen Erziehungsgeld, wie ein

---

[248] Liminski, Martine und Liminski, Jürgen: Abenteuer Familie - Erfolgreich erziehen: Liebe und was sonst noch nötig ist, 2002, Seite 193

Arbeitsentgelt auf die Berechnung staatlicher Transferleistungen angerechnet werden.

Erziehungsgehalt 2000

Anfang 1998 entstand im Kontext einer seit vielen Jahren andauernden öffentlichen Diskussion um eine gerechtere Verteilung von Erwerbs- und Erziehungsarbeit sowie Einkommen zwischen den Geschlechtern und zwischen Eltern und Nicht-Eltern das Gutachten "Erziehungsgehalt 2000"[249].

Das vorgeschlagene Erziehungsgehalt 2000 soll mit einem auf dem Arbeitsmarkt erzielbaren Einkommen vergleichbar sein. Es besteht für alle Eltern aus einer Geldleistung in Höhe von 1.000 EUR pro Monat für das erste und 500 EUR für alle weiteren Kinder bis zum Alter von sieben Jahren. Bei einer Kompletteinführung für Familien mit Kindern bis zum Schuleintrittsalter wurde ein Finanzierungsbedarf von über 50 Milliarden EUR errechnet. Auf Grund der hohen Kosten wurde ein mehrstufiger Einführungsplan vorgeschlagen, der in der ersten Phase nur den Zeitraum bis zum 3. Lebensjahr des Kindes umfasst[250].

In einer zweiten Phase vom vierten bis zum 7. Lebensjahr ist zusätzlich die Einführung eines "Betreuungsgutscheins" mit einem Geldwert von 300 EUR vorgesehen, der die Betriebskosten eines Kindergartenplatzes decken soll. Das vorgeschlagene Erziehungsgehalt ist brutto etwas höher als im Sächsischen Modell, soll jedoch steuerpflichtig, aber sozialversicherungsfrei sein. Die Finanzierung geht von den gleichen Prämissen aus wie das Sächsische Modell. Zur Gegenfinanzierung wird hier allerdings zusätzlich die Einschränkung bzw. Abschaffung des Ehegattensplittings vorgeschlagen.

---

[249] Leipert Christian und Opielka Michael: Erziehungsgehalt 2000 – Ein Weg zur Aufwertung der Erziehungsarbeit, 1998

[250] Opielka, Michael: Zur Debatte um ein Erziehungsgehalt in Deutschland; in: Leipert, Christian (Hrsg.): Aufwertung der Erziehungsarbeit – Europäische Perspektiven einer Strukturreform der Familien- und Gesellschaftspolitik, 1999, Seite 150

Christian Leipert und Michael Opielka schreiben zur Finanzierung des Erziehungsgehalts 2000[251]:

> *Es bleibt unser Vorschlag eines Familienzuschlags zur Lohn- und Einkommenssteuer. Dabei würde es sich um eine beitragsähnliche Steuer handeln, die aber von den Einnahmepotenzialen des progressiven Verlaufs der Lohn- und Einkommenssteuer profitiert. Unter Gerechtigkeitsgesichtspunkten ist sie daher einem proportionalen Beitrag oder einer proportionalen Steuer überlegen. Ein konstanter Anteil an der Lohn- und Einkommenssteuer als „Familiensoli" der Gesellschaft am Anfang eines neuen Jahrhunderts realisiert das Ziel der Umverteilung von oben nach unten (durch den progressiven Verlauf der Einkommenssteuer). Dadurch werden gutverdienende Ehepaare und Alleinstehende stärker zur Finanzierung herangezogen. Und wir wissen, dass Kinderlose bei diesen Gruppen überrepräsentiert sind.*

Das Familiengeld-Modell der CDU/CSU

Das Familiengeld der CDU/CSU sieht im Endausbau folgende Leistungen vor:

- In den ersten drei Lebensjahren: 600 Euro/Kind und Monat.

- Vom 4. bis 18. Lebensjahr: 300 Euro/Kind und Monat.

- Für volljährige Kinder in Ausbildung bis zum 27. Lebensjahr eine Leistung in Höhe von 150 Euro bzw. 170 Euro ab dem vierten Kind.

Christa Stewens erläutert die Vorschläge wie folgt[252]:

> *Damit werden die finanziellen Belastungen für Eltern gerade in den ersten drei Lebensjahren des Kindes abgefangen. Eine finanzielle Unterstützung ist in dieser Zeitspanne besonders wichtig, denn häufig reduzieren die Eltern die Erwerbstätigkeit in den ersten drei Jahren und verfügen somit über weniger Einkommen, während die kindbedingten Ausgaben erheblich steigen.*
>
> *Mit dem Familiengeld stärken wir die Familien, wir schaffen eine einheitliche Leistung anstelle des inzwischen unübersichtlichen Systems der Familienförderung. Und wir verhindern Sozialhilfebedürftigkeit von Familien.*

---

[251] Leipert Christian und Opielka Michael: Erziehungsgehalt 2000 – Ein Weg zur Aufwertung der Erziehungsarbeit, 1998, Seite 154

[252] Stewens, Christa: Familie ist unsere Zukunft – die bayerische Familienpolitik; in: Leipert, Christian (Hrsg.): Demographie und Wohlstand – Neuer Stellenwert für Familie in Wirtschaft und Gesellschaft, 2003, Seite 209

Das dhg-Modell

Der Verband der Familienfrauen und -männer (vffm) schlägt die Einführung eines Gehalts für Familienarbeit in der Orientierung am versicherungspflichtigen Durchschnittseinkommen für mindestens 6 Jahre vor[253]. Es soll sozialversichert und versteuert werden. Das Gehalt soll an die Person gezahlt werden, die die häusliche Erziehungsarbeit leistet. Delegierte Erziehungsarbeit soll ebenso leistungsgerecht bezahlt und sozialrechtlich abgesichert sein.

Evaluierung und Abgrenzung

Da die verschiedenen Modelle zum Erziehungsgehalt die Auszahlung eines Gehalts für erbrachte Erziehungsleistungen an alle Eltern mit kleinen Kindern vorsehen, wäre ein solches Erziehungsgehalt zwar scheinbar „gerechter" als nur speziell ausgewählte Personen wie Familienmanagerinnen zu bedenken, führt aber nicht zu den gewünschten Effekten:

- Die Regelung würde wahrscheinlich einen Baby-Boom bei sozial schwachen Familien auslösen, die damit ihre finanzielle Situation deutlich verbessern könnten.

- Die finanziellen Anreize dürften zu gering sein, um qualifizierte und gutbezahlte Frauen zu mehr Geburten zu bewegen.

- Eine Frau mit vier Kindern (zum Beispiel mit einer Geburtenfolge alle zwei Jahre) hätte zwar über einen längeren Zeitraum einen Anspruch auf ein Erziehungsgehalt, danach aber keinen gesicherten Lebensunterhalt mehr, um ihre vier Kinder durchzubringen. Auf Grund der langen beruflichen Auszeit und der Doppelbelastung als Mutter mit vier Kindern, darf bezweifelt werden, dass sie rasch einen Beruf mit adäquater Bezahlung finden wird. Das Erziehungsgehalt bietet folglich zu wenig Sicherheit. Außerdem dürften die geplanten Gehälter aufgrund der relativ kurzen Gewährungszeit pro Kind gerade für kinderreiche Familien nicht ausreichend sein.

- Die vorgeschlagenen Modelle gehen – vermutlich aus Gründen der Kostenlimitierung – alle davon aus, dass nur für die Erziehung von kleinen Kindern eine Vergütung ausgezahlt wird. Eltern ist dagegen längst geläufig: Kleine Kinder – kleine Sorgen, große Kinder – große Sorgen.

---

[253] vffm – Verband der Familienfrauen und -männer: Familienarbeit heute. Gehalt für Familienarbeit – der Weg zur Emanzipation, http://www.dhg-vffm.de/p/modules/news/article.php?storyid=35

- Es ist nicht wirklich sicher, dass das ausgezahlte Erziehungsgehalt für eine ernsthafte Elternarbeit verwendet wird. Die Maßnahme führt also nicht notwendigerweise zu einer qualitativen Verbesserung der Erziehung. Ein Gehalt kann es letztendlich nur für Leistungen mit nachweisbaren Kompetenzen geben, für die zum Beispiel Ausbildung und ständige Weiterbildung erforderlich sind. Ein Gehalt für ein Aufziehen von Kindern zwischen Bierflaschen und Zigarettenkippen ist absurd und wäre „ungerecht" gegenüber den Erziehenden, die wirklich fokussierte und qualitativ hochwertige Erziehungsleistungen erbringen und dafür bereit sind, auf eine Verwirklichung in anderen Berufen zu verzichten.

Auch Familienväter leisten zum Teil in erheblichem Umfang unentgeltliche (und häufig zu wenig gewürdigte) Familienarbeit, nicht nur erzieherisch, sondern zum Beispiel auch, indem sie in Eigenregie und in der Freizeit ein Eigenheim hochziehen oder sonstige wichtige häusliche Organisations- und Installationsarbeiten vornehmen. Auch hierfür ist eine Gehaltsausschüttung nicht sinnvoll. Ein Gehalt kann es nur für Leistungen geben, die vorgegebenen Anforderungen entsprechen, und für die es einen Markt gibt.

Martine und Jürgen Liminski führen zur Berechtigung des Erziehungsgehalts aus[254]:

> *Die Leistung der Eltern muss auch finanziell anerkannt werden. Und zwar nicht als Almosen von Vater Staat, das heißt als Sozialhilfe, sondern als gerechter Lohn für getane Arbeit. Ähnliche Arbeiten, allerdings mit dem Schwerpunkt Betreuung, also ohne die tieferpflügende Erziehung, werden, so argumentiert zu Recht der sächsische Sozialminister Geisler, selbstverständlich anerkannt und entlohnt, etwa bei Erzieherinnen oder Kindergärtnerinnen. Mütter, die die gleiche Arbeit oft viel besser tun, gingen leer aus.*

Die Schwäche dieser Argumentation besteht darin, dass Erzieherinnen und Kindergärtnerinnen Berufe ausüben, die eine Qualifikation erfordern, der Elternberuf dagegen nicht. Manchmal bekommen sogar Kinder Kinder[255]. In diesem Fall müsste folgerichtig Kinderarbeit entlohnt werden. 13-jährige Mütter gehen noch zur Schule und können keine bezahlten „Familienmanagerinnen" sein.

---

[254] Liminski, Martine und Liminski, Jürgen: Abenteuer Familie - Erfolgreich erziehen: Liebe und was sonst noch nötig ist, 2002, Seite 32 f.

[255] Eltern im Netz: Minderjährige Mütter,
http://www.elternimnetz.de/cms/paracms.php?site_id=5&page_id=124

Kritik wurde auch von den Familienverbänden geäußert. Diese bemängelten unter anderem[256]:

> *Kurz zusammengefasst, setzt die Idee des Erziehungsgehaltes … unserer Meinung nach grundsätzlich am falschen Ende an: Anstatt auf eine bessere Vereinbarkeit von Familie und Beruf hinzuwirken, wird durch vorgespiegelte finanzielle Anreize ein Ausstieg aus der Arbeitswelt gefördert. Den richtigen Weg sehen wir in Rahmenbedingungen, die Familien tatsächlich Wahlfreiheit eröffnen und verschiedenste Formen der Vereinbarkeit von Familie und Beruf fördern, damit eine Partizipation aller Familienmitglieder an allen gesellschaftlichen Bereichen möglich ist.*

Diese Kritik setzt auf der Idee der prinzipiellen Vereinbarkeit von Familie und Beruf auf, die aber in der Praxis weltweit längst widerlegt ist und deren unbelehrbare Verfolgung dazu geeignet ist, ganze Staaten ins Verderben zu stürzen.

Die Maßnahme der Familienmanagerin geht dagegen einen ganz anderen Weg: Sie erkennt qualifizierte und vorgegebenen Standards entsprechende Familienarbeit als Beruf an und hebt damit die vermeintliche Trennung von Familie und Beruf auf. Sie vermeidet das Dilemma, dass eine Frau (oder ihr Lebensgefährte) neben der Ausübung ihres Berufes etwa

- die nächsten Montag beginnende Klassenfahrt ihres 14-jährigen Sohnes vorbereiten,

- den am darauf folgenden Mittwoch stattfindenden Kindergeburtstag der 7-jährigen Tochter organisieren, bei dem 12 Klassenkameradinnen und Freundinnen erwartet werden,

- sich verstärkt um den mit Schulschwierigkeiten kämpfenden 11-jährigen Sohn und

- die in der ganzen Woche mit einer Grippe im Bett liegende 9-jährige Tochter verarzten und betreuen

soll. Hier wird eindeutig die Quadratur des Kreises verlangt und wenn man möchte, dass sich die Geburtenraten in Deutschland in absehbarer Zeit signifikant erhöhen und dabei auch in größeren Familien glückliche und gesunde Kinder großgezogen werden, dann sollte man sich zunächst einmal von diesem Dogma der Vereinbarkeit unvereinbarer Dinge trennen.

---

[256] Arbeitsgemeinschaft der Familienverbände (AGF): Offener Brief der AGF zum "Erziehungsgehalt", http://www.paritaet.org/vamv/agf.html

Alternative: Zukunftsvorsorge durch Kinder oder Sparen

Franz-Xaver Kaufmann führt dazu aus:

> *Menschen, die Elternverantwortung übernehmen, leisten unentgeltlich Investitionen in das zukünftige Humankapital oder Humanvermögen, Menschen ohne Elternverantwortung nicht[257].*

Dabei nennt er für das Jahr 1992 eine geschätzte Summe von 8.500 EUR, die Eltern pro Kind an unentgeltlichen Investitionen in Form von unmittelbaren Kosten und Zeit erbringen.

Auf dieser Basis macht er einen Vorschlag für eine zusätzliche Ersparnisbildung für Kinderlose[258]:

> *Diejenigen, welche nicht in das Humankapital der nachwachsenden Generationen investieren, müssen in äquivalenter Weise zur kollektiven Zukunftsvorsorge beitragen, nämlich durch zusätzlichen Konsumverzicht und die Bildung von Ersparnissen. Jeder und jede, die aus persönlichen und wirtschaftlichen Gründen dazu in der Lage sind, vorzusorgen, haben dies entweder in der Form von Kindererziehung oder in der Form der langfristigen Ersparnisbildung zu leisten. Für dieses Gleichgewicht zu sorgen, ist die zentrale sozialpolitische Aufgabe des kommenden Jahrzehnts.*

Ganz ähnlich argumentiert Hans-Werner Sinn in seinem Buch „Ist Deutschland noch zu retten?"[259]:

> *Um im Alter eine Rente zu haben, muss man entweder Humankapital oder Realkapital gebildet haben. Eine Generation, die weder Human- noch Realkapital gebildet hat, muss im Alter hungern, denn von nichts kommt nun einmal nichts.*

Und weiter[260]:

> *Realkapital muss in dem Maße gebildet werden, wie es an Humankapital fehlt.*

---

[257] Kaufmann, Franz-Xaver: Schrumpfende Gesellschaft – Vom Bevölkerungsrückgang und seinen Folgen, 2005, Seite 195

[258] ebenda, Seite 196

[259] Sinn, Hans-Werner: Ist Deutschland noch zu retten? 3. Auflage, 2005, Seite 409

[260] ebenda

Bei dem heutigen umlagefinanzierten Rentensystem wird kein Realkapital gebildet, da alle eingenommenen Beiträge im Umlageverfahren sofort an die Leistungsempfänger ausgeschüttet werden. Anders sähe dies bei einer kapitalstockfinanzierten Zusatzrente aus. Ein häufig vorgebrachter Einwand gegen solche Systeme ist, dass in einer Gesellschaft mit schrumpfendem Humankapital schließlich auch die Werte schrumpfen werden, so dass auch das Realkapital an Wert verlieren wird[261].

Hans-Werner Sinn bestreitet eine solche Wirkung und verweist auf die internationale Verpflechtung der Kapitalmärkte. Dahinter steht die Vorstellung, dass Fondsgesellschaften und andere Finanzdienstleister die Sparsummen ohnehin zu Weltmarktbedingungen anlegen werden, Werte und Verzinsungen also auch nicht von den Verhältnissen auf dem deutschen Binnenmarkt abhängen würden[262]:

> *Im Übrigen braucht ein Fallen der Kapitalrendite schon deshalb nicht befürchtet zu werden, weil der Kapitalmarkt dafür sorgen würde, dass die zusätzliche Erspamis ins Ausland fließt, bevor die inländische Kapitalrendite unter das Weltmarktniveau gedrückt werden kann. Deutschland ist eingebunden in das System der kommunizierenden Röhren des Weltkapitalmarktes. Da es weltweit nicht an Menschen fehlt, die mit dem deutschen Sparkapital sinnvoll zusammenarbeiten können, wird auch der Weltkapitalmarktzins nicht fallen.*

Dieses Argument ist so lange richtig, wie zumindest die Währung stabil bleibt, was bei einem generellen europäischen Bevölkerungsschwund nicht mit Sicherheit vorhergesagt werden kann.

Hans-Werner Sinn bemängelt am aktuellen Rentensystem unter anderem[263]:

> *Das Versorgungsmotiv entfällt heute in Deutschland, denn auf eigene Kinder kommt es bei der Versorgung im Alter nicht mehr an. Es reicht, wenn andere Leute Kinder in die Welt setzen, die später die Rente zahlen, wenn also die Gesellschaft als ganze kinderreich ist.*

---

[261] Siehe dazu auch die Schilderungen in Longman, Phillip: The Empty Cradle - How Falling Birthrates Threaten World Prosperity and What to Do about It, 2004, Seite 154

[262] ebenda, Seite 412

[263] ebenda, Seite 423

Dies trifft aber auch auf kapitalstockfinanzierte Rentensysteme wie die Riesterrente zu. Denn damit sammelt man zwar Realkapital an, um sich im Alter selbst versorgen zu können, ein Anreiz für eigene Kinder entsteht hierdurch jedoch nicht unmittelbar.

Hans-Werner Sinn richtet sich gegen einen weiteren Ausbau direkter pronatalistischer Maßnahmen des Staates[264]:

> *Nicht mehr, sondern weniger Staatseinfluss auf die Familienplanung ist zu fordern.*

Dabei wendet er sich auch gegen das von der Bundesregierung geplante Elterngeld und deren Finanzierung über eine Besteuerung[265]:

> *Durch die Sozialisierung der Rentenbeiträge in der staatlichen Rentenversicherung wird der Kinderwunsch vertrieben, und durch andere, kompensierende staatliche Ausgaben wird er von neuem geweckt. Eine solche doppelte Intervention ist für sich genommen nicht sinnvoll.*

Und weiter[266]:

> *Angesichts der ohnehin schon exorbitant hohen Steuerbelastung der deutschen Arbeitnehmer kann dies kein gangbarer Weg sein.*

Stattdessen empfiehlt er eine Kinderrente für Eltern und eine Reduzierung des Rentenanspruchs für Kinderlose. Diese müssten dann gesetzlich gezwungen werden, über eine zusätzliche kapitalstockfinanzierte Rente (Riester-Rente) für eine Erhöhung ihres eigenen Rentenanspruchs zu sorgen. Dabei äußert er sich auch zur Höhe der Beiträge[267]:

> *Die Staffelung von Umlagerente und Riester-Rente nach der Kinderzahl wird zu der wünschenswerten Änderung der Familienplanung führen. Wenn Kinderlose 8% ihres Bruttoeinkommens für ein bloß kompensierendes Riester-Sparen verwenden müssen, mit dem sie sich die gleiche Gesamtrente wie Leute mit Kindern sichern können, die nicht sparen müssen, erhalten Kinder in der Lebensplanung wieder ein stärkeres Gewicht. Manch ein bislang noch unschlüssiges junges Paar wird sich unter diesen Umständen doch für Kinder entscheiden. Und wie gesagt:*

---

[264]   ebenda, Seite 429

[265]   ebenda, Seite 440

[266]   ebenda, Seite 441

[267]   ebenda, Seite 442

> *Es geht nicht darum, den Staat bei der Familienplanung mitreden zu lassen, sondern ganz im Gegenteil, ihn wieder ein Stück weit aus der Familienplanung herauszunehmen.*

Das Verfahren selbst begründet er wie folgt[268]:

> *Wer keine Kinder hat und insofern zu wenig tut, um seine eigene Rente im Umlageverfahren zu sichern, muss die Konsequenzen tragen und selbst auf dem Wege der Ersparnis für Ersatz sorgen. Und wer keine Kinder hat, der kann sparen, weil er keine Ausgaben für die Kindererziehung leisten muss. Er ist vergleichsweise liquide und kann die bei der Kindererziehung eingesparten Geldmittel am Kapitalmarkt anlegen, um auf diese Weise seine gekürzte Umlagerente zu ergänzen. Die Leistungsfähigkeit für ein kompensierendes Riester-Sparen ist vorhanden.*
>
> *Man mag gegen den Vorschlag einwenden, mit der Zahlung des Rentenbeitrags erbrächten junge, kinderlose Bürger bereits eine Leistung für die eigene Rente, und insofern sei es ungerecht, sie auf dem Wege des Riester-Sparens zu einer zweiten Leistung zu zwingen. Dieses Argument verkennt, dass es im Generationenzusammenhang zu den normalen Pflichten einer jeden Generation gehört, zwei Leistungen zu erbringen: In der leistungsfähigen Lebensphase muss man seine Eltern und seine Kinder ernähren. Die erste dieser beiden Leistungen wird in Form der Rentenbeiträge erbracht, die in vollem Umfang an die heutigen Rentner fließen. Doch die zweite Leistung wird von vielen Menschen nicht erbracht, weil sie sich gegen Kinder entscheiden oder keine Kinder bekommen können. So gesehen ist es sehr wohl gerecht, nun auch diesen Menschen eine zweite Leistung in Form des Riester-Sparens abzuverlangen.*

Es bleibt ein wenig ein Rätsel, wieso Kinderlosen eine Sparquote von 8% auf ihr Bruttoeinkommen für eine kapitalstockfinanzierte Zusatzrente zugemutet werden kann, während gleichzeitig zusätzliche Steuerbelastungen für direkte pronatalistische Maßnahmen im Rahmen „der ohnehin schon exorbitant hohen Steuerbelastung der deutschen Arbeitnehmer kein gangbarer Weg sind".

Ferner lässt sich das Folgende gegen den Vorschlag einwenden:

- Ein zusätzlicher Konsumverzicht einer großen Anzahl von Personen wird sich negativ auf eine bereits angeschlagene Konjunktur auswirken.

---

[268] ebenda, Seite 443

- Die angesparten Summen werden auf den Kapitalmarkt drängen, obwohl dort zurzeit an Kapital kein Mangel besteht. Bestenfalls werden sie den internationalen Kapitalmarktzins weiter drücken und es Investoren in fernen Ländern – dank des „Systems der kommunizierenden Röhren des Weltkapitalmarktes" – ermöglichen, mit dem billigen Geld deutscher Sparer neue Geschäftsideen zu realisieren, die es mangels Nachwuchs in Deutschland selbst aber nicht mehr gibt.

- Es entsteht kein unmittelbarer Anreiz, Kinder in die Welt zu setzen.

- Es besteht die Gefahr, dass sich das angesammelte Realkapital aufgrund einer durch den europaweiten Bevölkerungsschwund ausgelösten Wertevernichtung und einer damit einhergehenden Inflation entwertet.

Für und Wider

Sie als Leser werden möglicherweise einwenden, dass es doch ungerecht sei, wenn einige Frauen für die Tätigkeit der Familienmanagerin bezahlt werden, während andere berufstätige Frauen mit Kindern lediglich Anspruch auf Kindergeld und sonstige Vergünstigungen haben.

Die Welt ist leider nicht immer und überall „gerecht". Wenn Sie gerne Lehrerin werden möchten, es zurzeit aber aufgrund des Geburtenrückgangs keine freien Lehrerstellen gibt, dann können Sie dies als ungerecht empfinden. Leider ist die Wirklichkeit so. Und wenn Sie ein begnadeter Pianist sind, Sie aber trotz Bemühungen und dem täglichen mehrstündigen Üben von Etuden damit kein Geld verdienen können, dann werden Sie es hinnehmen müssen, dass andere Künstler damit erhebliche Summen verdienen, während Sie Ihr Können kostenlos Ihren Freunden darbieten.

Ich bin der Auffassung, dass der Staat zwar in Not geratene Kinder und Familien unterstützen, nicht aber auch noch das Kinderzeugen in ärmlichsten Verhältnissen fördern sollte. Genau dies würde aber – wie die Vergangenheit gezeigt hat – passieren, wenn noch mehr Gelder im Gießkannenverfahren an Familien verteilt werden. Viele Kinder zu haben rechnet sich in Deutschland in erster Linie für diejenigen, die gar nichts mehr zu verlieren haben. Dies ist ein extrem ungesunder Prozess.

Daraus entsteht die groteske Situation, dass in Deutschland immer mehr kinderlose alte Menschen eine nennenswerte Rente erhalten, während gleichzeitig immer mehr Kinder unterhalb der Armutsgrenze leben. In die Vergangenheit investieren und die Zukunft sich selbst überlassen, dies sind Schlagworte, die auch aus Diskussionen über fehlgesteuerte Subventionspraktiken her geläufig sind.

Kinder muss man sich leisten können. Wenn diese Voraussetzung nicht gegeben ist, dann ist es besser, keine Kinder in die Welt zu setzen. Die Natur handelt diesbezüglich ganz ähnlich: Wenn der Körperfettgehalt einer Frau unter eine bestimmte Grenze sinkt, dann setzt bei ihr die Menstruation aus, und sie kann nicht mehr empfangen. Dies ist eine ganz natürliche Regelung, denn wenn eine Frau in der Natur zu sehr abmagert, dann ist sie entweder krank oder hungrig. In beiden Fällen ist das Aufziehen eines Kindes, welches erhebliche zusätzliche körperliche Ressourcen beansprucht, nicht sinnvoll.

Auch eine Eigentumswohnung muss man sich leisten können. Wer trotz fehlender Einnahmen eine solche erwirbt, kann nicht darauf hoffen, dass der Staat die Hypothekenzinsen übernimmt. Sollte der Erwerb einer Eigentumswohnung zu einer hohen Verschuldung führen, dann kommen die Mechanismen des Sozialstaates zur Geltung, mehr aber auch nicht. Ähnlich sieht es bei eigenen Kindern aus: Fehlt die ökonomische Basis zur Aufziehung von Kindern, dann erfolgt eine Absicherung der Familie über die Sozialhilfe. Direkte Zuwendungen des Staates als Anerkennung für eine erbrachte Leistung, zum Beispiel in Form eines Erziehungsgehaltes, würden diesem einfachen und allseits akzeptierten Prinzip zuwiderlaufen.

In Deutschland wird der Begriff „sozial" leider häufig kontraproduktiv verwendet. Wenn man an Familien zusätzliche Mittel im Gießkannenverfahren ausschüttet, dann mag das „sozial" erscheinen, ist es aber nicht. Denn für sozial schwache Familien werden die ausgeschütteten Beträge im Vergleich zu wohlhabenden Ehepaaren erheblich sein, und in der Folge werden erstere mehr Kinder in die Welt setzen – ohne dabei sozial aufzusteigen –, letztere dagegen für Kinder noch keinen Anlass sehen. Im Endergebnis wachsen dann mehr Kinder in ärmlichen und sozial instabilen Verhältnissen auf, wo sie bereits von vornherein kaum eine Chance besitzen. Scheinbar soziales Handeln führt auf diese Weise letztendlich zu einer vermehrten Produktion von Sozialfällen.

Man kann sich sicherlich mit der Zeit überlegen, ob es auch andere Modelle mit vergleichbarer Wirkung gibt, die jeder Familie eine anteilsmäßige Bezahlung für das Aufziehen von Kindern zugesteht. Ich glaube allerdings, dass für solche Experimente keine Zeit mehr vorhanden ist. Die Situation ist bereits so verfahren, dass nur Modelle in Frage kommen, die binnen kurzer Zeit Wirkung zeigen, und erfahrungsgemäß wird dies nur mit solchen Modellen gelingen, die ein gewünschtes Verhalten darüber fördern, dass sich das Verhalten für die betroffenen Personen lohnt.

Kinder muss man aber auch lieben. Ein Einwand könnte deshalb sein, dass eine Familienmanagerin nur deshalb Kinder in die Welt setzt, weil sie sich höhere Einnahmen verspricht.

Keine Regelung ist vor Missbrauch geschützt. Schon so manche Frau soll ja schwanger geworden sein, um einen Mann zur Ehe zu zwingen. Als genereller Einwand kann der Kommerz-Vorwurf jedenfalls nicht gelten: Eine Frau, die etwa sieben Kinder zur Welt gebracht hat, ist ganztägig gefordert. Auch bei höherer Vergütung als den exemplarischen Zahlen aus dem *Finanzierungsbeispiel* von Seite 116 würde eine Familienmanagerin keineswegs so viel verdienen, dass es die Mühe allein des Geldes wegen lohnt. Auch weiterhin wird sie ihren Job als Berufung empfinden müssen, nur dass es ihr die finanzielle Unabhängigkeit dabei leichter machen wird, ihre Kinder auch zu wollen und zu lieben. Liebe hat nichts mit finanziellen Entbehrungen zu tun.

Ich bin davon überzeugt, dass man nur mit der hier vorgeschlagenen Maßnahme oder ganz ähnlichen Modellen (die konkrete Ausgestaltung wäre in vielen Punkten ohnehin noch vorzunehmen) eine ausreichend rasche und durchgreifende demographische Trendwende wird bewirken können. Dabei sollte man sich stets vor Augen halten, dass die Maßnahme nicht nur geeignet ist, die Geburtenraten zu erhöhen, sondern eine ganze Reihe weitere positive Effekte hat:

- Sie belastet in erster Linie gutverdienende kinderlose Einzel- und Doppelverdiener, die bislang den größten Nutzen aus dem deutschen Rentensystem gezogen haben. Diese können aber durch eine Entscheidung für eigene Kinder die zusätzlichen Belastungen vermeiden. Damit wird sichergestellt, dass sich gerade die Leistungsträger unserer Gesellschaft wieder verstärkt an deren Reproduktion beteiligen und zwar auf die von ihnen präferierte Weise.

- Die eingezogenen Beiträge werden im Wesentlichen im Umlageverfahren unmittelbar an Familien ausgeschüttet, was sich günstig auf die Binnennachfrage auswirken kann. Die Maßnahme bindet kein bzw. nur wenig Kapital.

- Die Einführung der Familienmanagerin wird neue Qualitätsmaßstäbe in der kindlichen und insbesondere der so wichtigen frühkindlichen Erziehung setzen und zwar sowohl bezüglich Zuwendung, Bildung, allgemeiner Entwicklung, Bewegung als auch Ernährung. Diese Qualitätsmaßstäbe können auch in anderen Familien Wirkung zeigen.

- Familienmanagerinnen können gegen Vergütung tagsüber einzelne Kinder aus berufstätigen Familien aufnehmen und so deren Situation signifikant verbessern, ja in Einzelfällen deren Elternschaft überhaupt erst ermöglichen.

- Die beteiligten Mütter bzw. Eltern erhalten die notwendige Sicherheit und Souveränität, um Kinder sorglos aufziehen zu können.

- Die Maßnahme entlastet die Frauen von einem ungesunden Spagat zwischen Familie und Beruf, indem sie die Familienarbeit selbst zu einem Beruf macht, der ausgewiesenen Standards entspricht und auch sonstige berufstypische Merkmale (Weiterbildung, Urlaub usw.) aufweist.

- Der Anteil der unterhalb der Armutsgrenze lebenden Kinder wird sich schlagartig verringern.

- Die Familienmanagerinnen werden neue Standards im Ernährungsverhalten setzen und einen direkten Einfluss auf die Produktentwicklungen der Lebensmittelindustrie nehmen. Sie werden maßgeblichen Anteil an der Verbesserung des Gesundheitsstatus der Bevölkerung haben.

- Qualifizierte Frauen aus sozial schwachen Schichten erhalten eine zusätzliche Aufstiegsmöglichkeit.

- Die Maßnahme wird die Stellung der Frauen in unserer Gesellschaft entscheidend stärken.

- Das eingezogene Geld wird dort ausgegeben, wo eine Leistung erbracht wird, die vorgegebenen Standards genügt.

- Die Kosten entwickeln sich fast linear zur Anzahl der aufgezogenen Kinder.

- Die Maßnahme entspricht den arbeitsteiligen Prinzipien einer modernen Wissensgesellschaft: Möchte man einen erstklassigen Service erhalten, muss man Anderen die Gelegenheit geben, damit Geld zu verdienen[269]. In dieser Hinsicht ist die Maßnahme „Familienmanagerin" fast als natürlich zu bezeichnen: sie löst ein Systemproblem mit den Mitteln des Systems.

- Das Verfahren erlaubt eine relativ genaue Bevölkerungsplanung und erhöht damit die Planungssicherheit des Staates.

---

[269] Oder in den Worten von Frank Schirrmacher: „Ökonomie ist unser Familienersatz."

7 Scheidung

Im Scheidungsrecht sind erhebliche Änderungen vorzunehmen, da einige aktuelle Regelungen nicht nur ungerecht sind, sondern eine ausgesprochen antinatalistische Wirkung haben.

Scheidung mit Beteiligung einer Familienmanagerin

Erheblich vereinfachen wird sich die Scheidungssituation, wenn einer der beteiligten Ehepartner eine Familienmanagerin ist. In diesem Fall sollten die Kinder grundsätzlich der Familienmanagerin zugesprochen werden, es sei denn, beide Parteien vereinbaren ausdrücklich und einvernehmlich etwas anderes. Trotzdem behält der Vater der Kinder die gleichen Rechte gegenüber den Kindern wie bislang in ähnlichen Fällen.

Unterhaltszahlungen für die Ehefrau und an die Kinder entfallen in diesem Fall ganz oder fast ganz, da die Ehefrau als Familienmanagerin ausreichend verdient, um sich und die Kinder versorgen zu können. Geteilt werden muss lediglich der Zugewinn während der Ehe.

Scheidung ohne Beteiligung einer Familienmanagerin

Für diesen Fall sind ebenfalls Änderungen im Scheidungsrecht erforderlich. Insbesondere ist die Besteuerung nach einer Trennung zu ändern. Ein alleinverdienender Ehemann hat nach der Trennung von seiner Ehefrau nicht weniger, sondern mehr Aufwende, folglich kann ihm keine höhere Besteuerung zugemutet werden. Eine Lösung könnte darin bestehen, dass – ähnlich wie in Frankreich – nicht die Ehe zu Steuervorteilen führt, sondern die Zahl der Kinder. Solange eine der beiden Parteien unterhaltspflichtig ist, hat sich ihre Familiengröße nicht geändert und folglich stehen ihr alle steuerlichen Vorteile mindestens in dem Maße wie während der Ehe zu.

Zerrüttungsprinzip

Das Zerrüttungsprinzip hat einige Vorteile gegenüber dem früheren Schuldprinzip, aber auch gravierende Nachteile. Wie im Abschnitt *Vom Schuldprinzip zum Schuldenprinzip* auf Seite 74 dargestellt wurde, kann eine eheliche Gemeinschaft heute durch schlichtes Ausziehen aus der ehelichen Wohnung beendet werden. Hierbei handelt es sich nicht selten um einen Vertragsbruch, aus dem in gewissen Konstellationen Vorteile gezogen werden können. Die durch die Trennung erforderliche Terminierung weiterer Verträge kann gleichzeitig leicht zu einer hohen finanziellen Belastung bis hin zur Verschuldung beider Ehepartner führen.

Geht die Trennung ausschließlich von einem Ehepartner aus, dann sollten von ihm zusätzliche Nachweise für die tatsächliche Zerrüttung der Ehe gefordert werden, zum Beispiel eine erfolglose Eheberatung, bei der Gründe vorgebracht wurden, die schwerwiegend genug sind, die Trennung zu rechtfertigen. Sollte so etwas nicht geschehen sein, dann entfällt ein eventueller Unterhaltsanspruch gegenüber dem anderen Partner. Auch die Zuteilung des Sorgerechts gegenüber den Kindern könnte bei Strittigkeit hiervon beeinflusst werden.

Eine solche Änderung des Scheidungsrechts würde eine Trennung erschweren und signalisieren, dass eine zu leichtfertige oder auch einseitige Trennung auf Kosten des Ehepartners und der Kinder Konsequenzen haben kann und wird. Wie bei anderen Verträgen auch, muss der ohne ausreichende Gründe verlassene Ehepartner das Recht haben, auf Fortführung der Ehe zu bestehen und wenn das nicht gelingt, sich schadlos zu halten.

Das durch die Änderung deutlich verringerte Ehe-Folgekosten-Risiko kann langfristig zu einer Erhöhung der Geburtenrate beitragen.

8 Die Alten

Die Menschen werden immer älter, viele bleiben jedoch dabei auch in einem höheren Alter noch immer recht leistungsfähig[270], zumindest geistig, während sie gleichzeitig über jede Menge Lebens- und Berufserfahrung verfügen. In vielen Situationen können ältere Menschen ein natürliches Korrektiv zu den überbordenden Aktivitäten jüngerer Menschen sein. Ein Vorbote der jetzigen Wirtschaftskrise – der Zusammenbruch des Neuen Marktes – etwa war ein Produkt der jüngeren Generation und nicht der älteren.

Das durchschnittliche tatsächliche Renteneintrittsalter liegt derzeit bei 60 Jahren, also 5 Jahre unter dem gesetzlich vorgegebenen Rentenalter von 65 Jahren für Männer[271].

Franz-Xaver Kaufmann präzisiert[272]:

> *In der Bundesrepublik wurde in den letzten Jahrzehnten in exorbitantem Umfange von Frühverrentungen Gebrauch gemacht, so dass die Bundesrepublik derzeit im internationalen Vergleich eine der niedrigsten Beschäftigungsquoten bei den 55 – 65-Jährigen aufweist.*

In wenigen Jahren werden die geburtenstarken Nachkriegsjahrgänge das Rentenalter erreichen, während gleichzeitig immer weniger junge Menschen nachrücken. Die Frage ist: Wer finanziert dann diese alten Menschen?

Wie im Kapitel *Rentenversicherung* auf Seite 37 dargestellt wurde, ist das momentane Rentenmodell auf eine solche Situation nicht vorbereitet. Auch manche Alternativen wie private Vorsorge oder eine leichte generelle Erhöhung des Rentenalters werden nur für eine kurzzeitige Entspannung an der Krisenfront sorgen.

Eine Lösung des Problems wird maßgeblich davon abhängen, ob

- es gelingen wird, alte und erfahrene Menschen zum Teil dem Arbeitsleben zu erhalten, und

---

[270] GMX: Amerikaner geht mit 100 in den Ruhestand – Keinen Tag krank gewesen, http://www.gmx.net/de/themen/beruf/karriere/business/2094728.html

[271] Roloff, Juliane: Demographischer Faktor, 2003, Seite 34

[272] Kaufmann, Franz-Xaver: Schrumpfende Gesellschaft – Vom Bevölkerungsrückgang und seinen Folgen, 2005, Seite 88

- Unternehmen bereit sein werden, ältere Mitarbeiter länger zu beschäftigen.

In den letzten Jahrzehnten war eher die Tendenz vorhanden, Mitarbeiter bereits vor Erreichen des gesetzlichen Rentenalters in den Ruhestand zu schicken. Allerdings gibt es inzwischen bei zahlreichen Unternehmen erhebliche Zweifel daran, ob der Tausch von Alt gegen Jung immer sinnvoll war und ob nicht im Rahmen des vorgezogenen Ruhestandes häufig wertvolles Know-how verloren gegangen ist[273].

Bei weiterhin steigenden Lebenserwartungen wird man auf Dauer kaum daran vorbeikommen, die sozialen Sicherungssysteme durch weitestgehendes Konstanthalten des Verhältnisses von durchschnittlicher Dauer der Erwerbstätigkeit zu durchschnittlicher Rentenzeit zu dynamisieren. Eine ständige Anpassung des Renteneintrittsalters nach oben wäre die wahrscheinliche Folge.

Bei den Arbeitnehmern wird eine Erhöhung des Renteneintrittsalters vermutlich auf unterschiedliches Echo stoßen:

Sicherlich wird dies für viele ältere Menschen, die mehrere Kinder in die Welt gesetzt haben und sich nun darauf freuen, einen verdienten und stressarmen Lebensabend im Rahmen der Familie zu verbringen, nicht akzeptabel sein.

Auf der anderen Seite werden mehr und mehr Frauen und Männer das Rentenalter erreichen, die über weite Strecken ihres Lebens allein geblieben oder bestenfalls wechselnde Paarbeziehungen eingegangen sind, während die Arbeit ihr Leben dominierte. Es ist kaum anzunehmen, dass diese Menschen im Ruhestand einen besonderen Vorteil sehen werden.

Die Fragen, die sich deshalb unmittelbar stellen, sind:

- Welche Anreize soll es geben, ältere Menschen zu einer gegebenenfalls unlimitierten Fortsetzung ihrer Arbeit zu bewegen?

- Welche Arbeiten außerhalb der freien Wirtschaft könnten ältere Menschen übernehmen?

---

[273] ebenda

Franz-Xaver Kaufmann dazu[274]:

> *Deutschland kann sich ändern, wenn seine Menschen es wollen. Aber die Umorientierung auf lebenslanges Lernen und längere Lebensarbeitszeiten bzw. auf nutzbringende ehrenamtliche Tätigkeiten, auf eine Stärkung der Lebensbedingungen und die Anerkennung der Bedürfnisse von Familien und Kindern sowie eine Reform des Bildungswesens und die Berücksichtigung des investiven Charakters der Kindererziehung – um nur die wichtigsten Erfordernisse zu nennen – ist weder zum Nulltarif noch ohne nachhaltige Einstellungsänderungen von Unternehmern, Gewerkschaften, Politikern und den ‚einfachen Leuten' zu haben. Ob die hierfür erforderliche Solidarität in einer Situation offener Grenzen mobilisiert werden kann, lässt sich nicht theoretisch, sondern nur praktisch beweisen.*

Anreize für einen späteren Renteneintritt

Eine Beschäftigung von älteren Arbeitnehmern über das normale Rentenalter hinaus sollte sich für Arbeitnehmer und Arbeitgeber wirtschaftlich lohnen. Beispielsweise könnte festgelegt werden, dass solche Mitarbeiter nicht mehr in die Renten- und Arbeitslosenversicherung einzahlen, wodurch sich die Lohnnebenkosten verringern.

Eine weitere Steuerungsmöglichkeit könnte die Berücksichtigung der Zahl der eigenen Kinder bei der Höhe der Rentenansprüche sein. Fehlender Nachwuchs würde dabei zunächst eine Reduzierung der Rentenansprüche zur Folge haben.

Arbeitet ein Beitragszahler über das gesetzlich vorgegebene Rentenalter hinaus, dann verzichtet er für diesen Zeitraum auf die ihm zustehende Rente. Dieser Verzicht könnte ihm anteilsmäßig angerechnet werden, so dass er bei einem späteren Renteneintritt mit einer etwas höheren Rentenzahlung rechnen kann.

Von Vorteil dürfte auch sein, dass ein älterer Arbeitnehmer immer noch Steuerzahler ist und damit auch Sondersteuern abführen könnte, die gezielt zur Nachwuchsförderung eingesetzt werden. Durch die Verlängerung seiner Lebensarbeitszeit würde er damit einen Beitrag zur Hebung der Geburtenrate leisten. Dies dürfte langfristig eine bessere Investition als die reine Absicherung von Rentenansprüchen sein.

---

[274] Kaufmann, Franz-Xaver: Schrumpfende Gesellschaft – Vom Bevölkerungsrückgang und seinen Folgen, 2005, Seite 17

Zusätzliche Arbeiten für ältere Menschen

Die folgenden Überlegungen gehen davon aus, dass sich der Arbeitsmarkt aufgrund der größeren Zahl an in den Ruhestand wechselnden Arbeitnehmern und der im Vergleich dazu kleineren Zahl jüngerer Menschen in den nächsten Jahren entspannen wird, so dass ältere Arbeitnehmer wieder faktisch eine Chance auf Arbeit erhalten werden. Dies ist allerdings eine Annahme, die sich in der Praxis als falsch herausstellen könnte[275]. Genauso ist nicht auszuschließen, dass immer mehr Unternehmen ihre Standorte in andere Länder verlegen werden, weil sie in Deutschland kein ausreichend innovatives Personal finden.

Kerschbaumer und Schroeder dazu[276]:

> *Eine schrumpfende Gesellschaft führt nicht automatisch zum Abbau der Arbeitslosigkeit. Es ist auch denkbar, dass ein weiterer Anstieg stattfindet, wenn die Dynamik und Innovationsfähigkeit zurückgeht und Kaufkraftverluste damit einhergehen. Die Höhe der Arbeitslosigkeit korreliert nicht mit der Anzahl der Menschen, die in einem Land leben, sondern mit dessen wirtschaftlicher Produktivität und diese basiert unter anderem auf Forschung, Bildung und Qualifikation.*

Alte für Alte

Durch den Fortschritt der Medizin können viele Menschen ein hohes Alter erreichen, obwohl sie schon länger schwer krank bzw. gebrechlich sind und Pflege benötigen. Dies gilt zum Beispiel für die zunehmende Anzahl an Alzheimer-Patienten, aber auch für viele Diabetes-Erkrankte. In Zukunft wird deshalb parallel zur Alterung der Gesellschaft ein zusätzlicher Bedarf an Pflegepersonal entstehen, aber auch an Personen, die lediglich einem Krebspatienten mal ein Buch vorlesen oder bei einer älteren alleinstehenden Person nach dem Rechten schauen, und ihr die Zeitung oder ein paar Lebensmittel besorgen. Für solche zusätzlichen Aufgaben wird die schwindende Zahl an jüngeren Menschen nicht ausreichen, die stattdessen dringend in der Wirtschaft oder für andere gesellschaftlich relevante Aufgaben benötigt werden. Es ist deshalb naheliegend, dass ältere kranke Menschen zunehmend von noch leistungsfähigen älteren Menschen betreut werden müssen.

---

[275] Roloff, Juliane: Demographischer Faktor, 2003, Seite 35

[276] Kerschbaumer J, Schroeder W. Demographischer Wandel ist gestaltbar; in: Kerschbaumer J, Schroeder W (Hrsg.): Sozialstaat und demographischer Wandel – Herausforderungen für Arbeitsmarkt und Sozialversicherung. 2005

Peter Schimany fasst die mögliche Entwicklung wie folgt zusammen[277]:

> *... sie gewinnt auch im weiteren Lebenslauf für ältere Menschen an Relevanz, wenn sich durch Scheidung, Pensionierung, Krankheit oder Tod die persönlichen sozialen Netze verändern und verkleinern sowie eigene Hilfe- oder Pflegebedürftigkeit eintritt. Pointiert formuliert: Während die einen möglicherweise durch die Pflege Dritter überfordert werden, haben die anderen niemanden, der sie pflegen wird.*

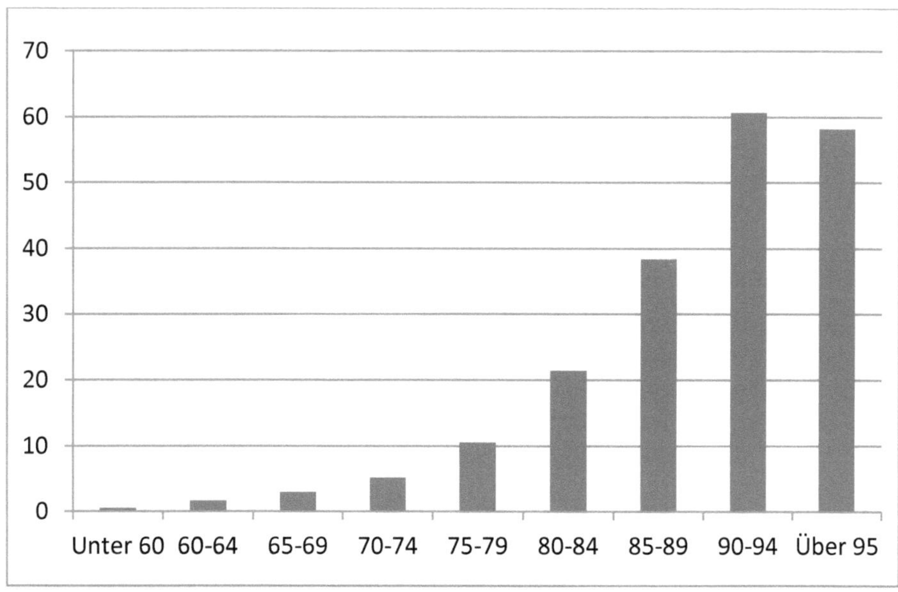

Abbildung 8: Anteil der Pflegebedürftigen nach Altersgruppen – 2000[278]

Alte für Kinder

Sollte es durch geeignete Maßnahmen gelingen, die Geburtenrate wieder deutlich ansteigen zu lassen, dann wird auch der Bedarf an gebildetem Betreuungspersonal zunehmen. Ohne Verbesserung der gesellschaftlichen Reproduktionsrate werden auch die meisten anderen Beschäftigungen für Senioren letztendlich ins Leere laufen, weil sich sonst ein Heer von Omas und Opas ohne eigene Enkel- und Urenkel in erster Linie mit dem Alter und

---

[277] Schimany, Peter: Die Alterung der Gesellschaft – Ursachen und Folgen des demographischen Umbruchs, 2004, Seite 227

[278] Quelle: Roloff, Juliane: Demographischer Faktor, 2003, Seite 56

dem nahen Tod beschäftigen und somit das Vergehen verwalten wird, anstatt das Entstehen zu pflegen.

Werden mehr Kinder geboren, steigt auch der Betreuungsbedarf in den Kindergärten und Schulen wieder an. Da auch Lehrerstellen aufgrund der rückläufigen Kinderzahlen in den letzten Jahren deutlich reduziert wurden, können steigende Geburtenraten unmittelbar einen erhöhten Bedarf an qualifizierten Unterrichtspersonen zur Folge haben. Auch hier ist ein Einsatz von Experten aus Industrie und Wirtschaft im Ruhestand (a. D.), erimitierten Professoren oder ehemaligen Lehrern vorstellbar.

Patrick Opdenhövel ergänzt[279]:

> *In Japan finden sich schon heute sogenannte „Senior Human Resource Center",* *in denen mobile ältere Menschen Dienstleistungen von der Haus- und Gartenar-* *beit über die Kinderbetreuung bis hin zur Buchhaltung und PC-Schulung anbieten.* *„2young2retire.com" nennt sich eine Homepage in den USA, auf der Tipps für* *einen arbeitsamen Lebensabend gegeben werden.*

Alte Menschen als Experten für Altenprodukte

Weltweit verlangen immer mehr alte Menschen nach speziell auf sie zugeschnittene Dienstleistungen und Produkte. Dies bietet neue Chancen für Gesellschaften, in denen besonders viele alte Menschen leben, denn die hier erworbenen Kompetenzen können für die Bedienung eines weltweiten Marktes für alte Menschen genutzt werden.

Speziell auf ältere Menschen ausgerichtete Produkte sind ohne die Beteiligung von Senioren in der Produktentwicklung kaum vorstellbar. Dabei werden auf Dauer einfache Produkttests mit ausgewählten Personen aus den Zielgruppen kaum ausreichen. Innovative Produkte werden speziell dann entstehen, wenn man die Vorstellungen von Senioren bereits in der Entwicklungsphase direkt einfließen lässt. Bei alten Menschen scheitert eine Produktnutzung oft bereits an der Verpackung und die Bedienungselemente vieler technischer Geräte sind mehr etwas für junge Computer-Freaks denn für die ältere Generation.

---

[279] Opdenhövel, Patrick: Die demografische Herausforderung für Politik und Wirtschaft in Hessen – Daten, Fakten, Handlungsoptionen; in: Vereinigung der hessischen Unternehmerverbände e.V. (Hrsg.): Zukunft Hessen, Zukunft Deutschland – Chancen der demografischen Herausforderung, 2005, Seite 25

Patrick Opdenhövel führt dazu aus[280]:

> *Im demografischen Wandel können ganze Branchen zu potenziellen Gewinnern oder Verlierern werden. Als Gewinner werden im weitesten Sinne all die Branchen definiert, deren Leistung von Älteren nachgefragt wird. Hier besteht bei einer latent alternden Gesellschaft das Potenzial eines wachsenden Inlandsmarktes, auch wenn die Konsumbranchen insgesamt den absoluten Rückgang an Verbrauchern gewiss negativ zu spüren bekommen. Der Zwang zur Anpassung der Wirtschaft an die veränderten Rahmenbedingungen am Markt ist offensichtlich. Diese Anpassung erfolgt auch: Zunehmend werden Produkte beworben, die auch für ältere Menschen von größerer Bedeutung sind. Dass das durchaus lohnend sein kann, zeigt erneut Japan: Etwa 700 bis 800 Milliarden US-Dollar jährlich macht dort das speziell auf Senioren ausgerichtete Dienstleistungs- und Güterangebot aus. Die sogenannten „Old-age-proof-Produkte" machen mit steigender Tendenz 21 Prozent des privaten Verbrauchs aus. Für 2010 wird mit einer Steigerung auf 27 Prozent gerechnet.*

Alte Menschen und der „Dritte Sektor"

Senioren könnten auch verstärkt in Bereichen tätig werden, die zurzeit in erster Linie durch ehrenamtlich tätige Menschen versorgt werden, da die Tätigkeit selbst nicht gewinnorientiert ist, sondern sich zum Beispiel über Spenden finanziert.

Heide Simonis formuliert dies so[281]:

> *Die Wohlfahrtsverbände hätten dann endlich jemanden, der sich mit ihren Steuerrechnungen, Steuererklärungen und der Buchhaltung auskennt. Sie würden sich nicht länger die Haare raufen, weil sie so wenig davon verstehen und teure Dienstleistungen einkaufen müssen.*

Auch könnten ältere Menschen bei der so dringend erforderlichen Migrantenintegration zum Einsatz kommen (zum Beispiel: Vorort-Unterrichtung von ausländischen Müttern in Deutsch).

---

[280] ebenda

[281] Simonis, Heide: Was Familien und der "Dritte Sektor" für die Zukunft des Sozialstaats tun; in: Leipert, Christian (Hrsg.): Aufwertung der Erziehungsarbeit – Europäische Perspektiven einer Strukturreform der Familien- und Gesellschaftspolitik, 1999, Seite 303

9 Rationalisierung

Rationalisierungspotenzial

In zahlreichen Branchen besteht weiterhin ein erhebliches Rationalisierungspotenzial. Dies gilt zum Beispiel für die Verwaltungsbereiche des öffentlichen Dienstes, die Rechtsprechung und die Finanzindustrie.

In den kommenden Jahren werden immer weniger Arbeitnehmer immer mehr Menschen versorgen müssen. Bestehende Rationalisierungspotenziale sollten deshalb ausgeschöpft werden. In der Industrie wird dieser Prozess ganz von selbst ablaufen.

Daneben besteht die Notwendigkeit, dass der Staat mit der Zeit seiner Bürger ökonomischer umgeht und viele unnötige Leer- und Wartezeiten vermeidet. Dies impliziert unter anderem eine stärkere Zusammenarbeit zwischen den Behörden. Es kann zum Beispiel auf Dauer nicht angehen, dass sich Staatsbürger bei einer Behörde Unterlagen beschaffen müssen, um sie lediglich einer anderen Behörde vorzulegen. Es sollte genügen, dass diese Unterlagen an einer Stelle existieren.

Ferner ist die Nutzung des Internets auszubauen.

Komplexitätsreduzierung

Wenn ein Großteil der Bevölkerung alt ist, dann sollten sich Produkte, Dienstleistungen und Prozesse darauf einstellen: Einfachheit wird das Zauberwort der Zukunft sein. Beispielsweise sollten Fahrkartenautomaten in der Bundesrepublik Deutschland auf die gleiche einfache Weise funktionieren, so dass sie auch von sehschwachen älteren Menschen verstanden und bedient werden können.

Daneben sollten viele Prozesse so verschlankt werden, dass sie weniger personelle Ressourcen binden. Dies gilt zum Beispiel für das Steuerrecht, welches nur noch von ausgewiesenen Experten verstanden werden kann.

Meinhard Miegel führt dazu aus[282]:

---

[282] Miegel, Meinhard: Epochenwende – Gewinnt der Westen die Zukunft? 5. Auflage, 2006, Seite 281

> *Ein dritter großer Aufgabenbereich des Westens, dessen Bewältigung zugleich eine weitere zivilisatorische und kulturelle Großtat wäre, ist die Verminderung der sinnlosen Komplexität, die alle Lebensbereiche durchdrungen hat.*

Grundsätzlich sollte bei allen Verordnungen und Gesetzesänderungen auf eine Vermeidung von neuen personalintensiven Arbeitsschritten geachtet werden. Häufig werden solche von Interessenvertretern der beteiligten Berufsgruppen als notwendig erachtet, primär geht es dabei aber um die Absicherung bzw. Ausweitung des eigenen Geschäftsfelds. Ein typisches Beispiel ist der Rechtsanwaltszwang bei Ehescheidungen.

Ein anderes Beispiel ist die seit dem 01.01.2004 von den gesetzlichen Krankenkassen erhobene Praxisgebühr, die in den Arztpraxen zusätzliche kostenintensive Arbeitsschritte erforderlich macht. Bei einer in Zukunft steigenden Zahl älterer und ärztliche Dienste in Anspruch nehmender Menschen bei gleichzeitig rückläufiger Praxenzahl verbieten sich solche Prozessänderungen von selbst. Aber auch für die Patienten – und hier gerade für die zunehmende Zahl der Alten – sind solche Prozesse zu komplex.

10 Chancen für den Osten

Natürliche Lebensmittel für gesunde Kinder

Die moderne Lebensweise mit einer zunehmenden Berufstätigkeit beider Elternteile hat zu deutlichen Veränderungen des kindlichen Ernährungsverhaltens geführt.

Beispielsweise essen Kinder heute in der Regel nicht mehr dreimal am Tag, sondern bis zu 10-mal. Bei den einzelnen Speisen und Getränken stehen nicht mehr von der Mutter zubereitete frische Mahlzeiten im Vordergrund, sondern zunehmend Fertigprodukte. Dabei ist eine klare Tendenz hin zu zuckerhaltigen Snacks und Softdrinks erkennbar. Dies gilt umso mehr, je niedriger der soziale Status ist[283].

Wie im Abschnitt *Verschlechterung der Volksgesundheit* auf Seite 31 aufgezeigt wurde, kann diese Lebensweise bereits im Kindesalter zu erheblichen gesundheitlichen Beeinträchtigungen führen.

Heutige Ernährungsberater empfehlen eine kohlenhydratreiche Ernährungsweise mit vielen Getreideprodukten und wenig Fett. Das ist eine Diät, mit der man notfalls die Ärmsten der Armen satt bekommen kann, sie entspricht aber nicht den Erfordernissen einer modernen Wissensgesellschaft. Hierfür sind in erster Linie hochqualitative und blutzuckerstabilisierende tierische Produkte wie frisches Fleisch, frischer Fisch, Eier, Milchprodukte, traditionell hergestellte Wurst usw. geeignet, die die Kinder mit den erforderlichen Nährstoffen und ausreichender Energie versorgen, damit auch der Schulunterricht konzentriert und in Ruhe verfolgt werden kann.

Im Rahmen einer Optimierung des Humanvermögens kann deshalb auch eine stärkere Versorgung der Bevölkerung mit hochqualitativen und kontrollierten inländischen Nahrungsmitteln von Bedeutung sein. Auch ohne direkten Eingriff in das Marktgeschehen – zum Beispiel mittels Verordnungen –, kann eine Marktveränderung über die steuernde Funktion der Familienmanagerinnen erzielt werden, die auf qualitativ hochwertige Nahrungsmittel für ihre Kinder bestehen werden.

---

[283] Dubois, Lise: Diet in childhood – A social and behavioural perspective,
http://www.stat.gouv.qc.ca/publications/sante/pdf_colloques/ISSBD_2002_Ottawa/ISSBD_3-08-02/ISSBD02_QLSCD_LDubois_et-al.pdf

Die zum Teil erheblichen Leerflächen in Ostdeutschland könnten neue
Möglichkeiten für eine Viehwirtschaft ohne Futterimporte und eine Agrarwirt-
schaft ohne Chemikalien bieten.

Familienurlaub auf dem Bauernhof und an der See

Stellen Sie sich einmal vor, Sie hätten eine Familie mit vier kleinen Kindern
im Alter von 1, 3, 5 und 7 Jahren und möchten nun endlich einmal raus aus
dem täglichen Alltagstrott und für ein paar Wochen entspannen. Stellen Sie
sich weiter vor, dass Geld nicht Ihr primäres Problem ist.

Wohin würden Sie reisen? Nach Thailand? Auf die Seychellen?

Wohl kaum. Familien mit kleinen Kindern sind – was den Urlaub betrifft –
deutlich weniger risikofreudig als kinderlose Paare. Dies hat zunächst ganz
einfache Gründe: Kinder könnten im Urlaub krank werden, und wer weiß, ob
die ärztliche Versorgung vor Ort so gut ist, wie man das zu Hause gewöhnt
ist und ob man sich überhaupt ausreichend mit dem Arzt oder dem Apothe-
ker verständigen kann.

Familien mit kleinen Kindern bevorzugen sehr häufig Urlaubsorte,

- die leicht zu erreichen sind,

- in die sie den halben Hausstand mitbringen können,

- in denen sie in Problemsituationen verstanden werden,

- die sie in Problemsituationen fluchtartig verlassen können,

- wo viele andere Kinder sind,

- wo es besonders viele kindgerechte Einrichtungen gibt,

- wo Kinder viel Bewegung und Spaß haben können.

Die Rückkehr von Familien mit drei und mehr Kindern als nennenswerter
und finanzkräftiger Teil der Bevölkerung wird automatisch das Interesse an
heimatlichen Urlaubsorten erneuern. Ein Teil des normalerweise von
deutschen Touristen im Ausland gelassenen Geldes könnte hierdurch in
Deutschland verbleiben.

Neue kinderreiche Familien werden ein verstärktes Interesse an natürlichen,
kindgerechten Urlaubsumgebungen haben. Hierfür bieten sich insbesondere
die deutsche Ostseeküste, aber auch ländliche und ursprüngliche Gebiete in
Mecklenburg-Vorpommern oder Brandenburg an, die zurzeit massiv von
einer Landflucht betroffen sind.

11 Bevölkerungsplanung

> Wir brauchen eine einwanderungsfreundliche Gesellschaftspolitik ebenso wie eine bewusste Steuerung der Bevölkerungsentwicklung.[284]

Steuerung der Bevölkerungsentwicklung

Josef Joffe führt zur Bevölkerungsproblematik in Deutschland in DIE ZEIT aus[285]:

> Aber was wird aus Germanien, wenn es sich entvölkert? Das ist die Frage von rechts, die sich von völkischen Todesfantasien oder Überfremdungsängsten nährt. Auch hier darf man gegenfragen: Na und?

Und weiter:

> Aber lassen wir solch schnöde materialistische Betrachtungen: reden wir über Seele und Lebensqualität. Vorweg wieder ein paar Fakten. In Deutschland leben 231 Menschen pro Quadratkilometer. In Frankreich sind es 110, in den USA 52, in Finnland nur 15. Sind diese Länder leistungsschwächer oder gar unglücklicher, weil sich auf ihrem Boden nicht so viele drängeln wie hier?

Und schließlich:

> Jedenfalls weisen viele Länder mit geringerer Bevölkerungsdichte höhere Geburtenraten auf als Deutschland: USA, Island, Irland, Neuseeland, Frankreich, Finnland, Schweden… Auf Deutschland übertragen, könnte auch hier gelten: wo viel Land, da auch viel Kind. Trösten wir uns mit der Dialektik aller menschlichen Existenz: je weniger die Deutschen, desto mehr ihre Kinder. So ab 2050.

Mal abgesehen davon, dass die behauptete Korrelation so nicht immer zu stimmen scheint – denn beispielsweise hat Russland nur eine Bevölke-

---

[284] Tichy, Roland und Tichy, Andrea: Die Pyramide steht Kopf – Die Wirtschaft in der Altersfalle und wie sie ihr entkommt, 2003, Seite 17

[285] Joffe, Josef: Kinderschwund – na und? Deutschland ist überbevölkert, DIE ZEIT, 47, Nr. 13, 23. März 2006, Seite 55

rungsdichte von 8,40 Menschen pro Quadratkilometer[286], gleichzeitig aber mit einem Wert von 1,3 eine der niedrigsten Fertilitätsraten der Welt –, stellt sich unmittelbar die Frage: Muss der Rückgang der Bevölkerungszahlen so unkoordiniert vonstatten gehen?

Eine wichtige Aufgabe von Organisationen wie Staaten oder Unternehmen ist die Planung:

- Wie viele Kindergärten, Schulen und Lehrer werden in den nächsten fünf Jahren benötigt?

- Wieviele Polizisten sind erforderlich, was kosten die und wie sehen im Vergleich dazu die Steuereinnahmen aus?

- Wie werden sich die Verkaufszahlen für unser Produkt in den nächsten Jahren entwickeln, welche Gewinne sind dabei erzielbar und wie viele Mitarbeiter müssen wir beschäftigen, um die Unternehmensziele zu erreichen?

Warum sollte man dabei das eigentliche Fundament – den Menschen – dem Zufall überlassen? Warum sollte die Mehrung des Humanvermögens planlos erfolgen?

Es kann überhaupt kein Zweifel daran bestehen, dass die Erde bereits überbevölkert ist. Insoweit ist langfristig ein Rückgang der Erdbevölkerung wünschenswert. Allerdings kann es nicht Sinn der Sache sein, wenn sich dabei ganze Kulturen völlig unkoordiniert zurückziehen und vergehen. Wenn sich eine Fertilitätsrate von 1,3 einpendelt und über einen längeren Zeitraum bestehen bleibt, dann hat das unter anderem zur Konsequenz, dass die Anzahl der nachrückenden gebärfähigen Frauen signifikant sinkt. Wenn diese nun ihrerseits nur eine Fertilitätsrate von 1,3 haben, dann sinkt die Bevölkerung in einem Ausmaß und mit einer Geschwindigkeit, wie es nicht sinnvoll sein kann.

Josef Joffe dazu[287]:

> *Für den Einzelnen mag der Verlust der Heimat tragisch sein. Da aber der deutsche Mensch als solcher ein Natur- und Waldfreund ist, sollte er frohgemut in die bevölkerungsverdünnte Zukunft blicken. Die Zersiedelung wird gebremst, die Natur kommt wieder zu ihrem Recht, und vielleicht kommen auch Bären, Wölfe, Biber und Auerhähne wieder. Ein fröhliches Lied auf den Lippen, kann der deut-*

---

[286] Wikipedia: Russland, http://de.wikipedia.org/wiki/Russland

[287] Joffe, Josef: Kinderschwund – na und? Deutschland ist überbevölkert, DIE ZEIT, 47, Nr. 13, 23. März 2006, Seite 55

Leider wird nicht viel aus dem fröhlichen Lied zwischen Bäumen, Bären und Bibern, denn auch die Pflege der Straßen wird man bald mangels Personal und Finanzierungsmöglichkeiten aufgeben müssen, so dass nun etliche umgefallene Bäume aus den letzten Herbststürmen den Weg zu Auerhahn und Co. versperren. Wo der Mensch sich zurückzieht, da verschwinden auch seine Wege.

In Zukunft wird es sich kaum ein Staat leisten können, auf eine aktive Bevölkerungsplanung zu verzichten. Genauso wie es internationale Konferenzen gibt, die sich Gedanken über den CO_2-Ausstoß machen, werden sich andere Gremien mit der Bevölkerungsentwicklung auf globaler Ebene beschäftigen müssen und dabei gegebenenfalls sogar Kontingente pro Land verteilen. Auf diese Weise könnte es möglich werden, die Geburtenrate mit der steigenden Lebenserwartung und den schwindenden natürlichen Ressourcen auszubalancieren und einen koordinierten weltweiten Rückgang der Bevölkerung zu erwirken. Die Maßnahmen könnten maßgeblich zur Befriedung der Welt beitragen.

Da gebildete und mit wirkungsvollen Methoden der Empfängnisverhütung ausgestattete Frauen offenbar eher zu sehr niedrigen Geburtenraten tendieren, dürfte das Steuerungsmittel sehr einfach sein: Die Differenz zwischen tatsächlicher und optimaler Geburtenrate wird durch die staatliche Finanzierung einer entsprechenden Anzahl an Familienmanagerinnen (siehe dazu das Kapitel *Die Familienmanagerin* auf Seite 99) aufgefüllt.

Josef Joffe empfiehlt dagegen Selbstregulierungsprozesse und beruft sich auf die „Dialektik"[288]:

Trösten wir uns mit der Dialektik aller menschlichen Existenz: je weniger die Deutschen, desto mehr ihre Kinder. So ab 2050.

Es steht zu befürchten, dass schon viel früher eine ganz andere „Dialektik der menschlichen Existenz" zum tragen kommen wird:

Die höhere Bildung und stärkere berufliche Beschäftigung von Frauen führt in den westlichen Industrienationen zu einem deutlichen Rückgang der Geburten, so dass dann notwendige Arbeiten zunehmend von ausländi-

---

[288] ebenda

schen Arbeitnehmern aus Ländern mit hohen Reproduktionsraten durchgeführt werden müssen. Hierbei handelt es sich in erster Linie um Männer aus muslimischen Ländern, in denen Frauen oft deshalb viele Kinder in die Welt setzen, weil sie selbst entrechtet sind. Die zunehmende Anzahl an fundamentalistisch denkenden Personen aus diesem Kulturkreis könnte dann zu einer geistigen Unterwanderung der westlichen Industrieländer mit frauenfeindlichem Gedankengut führen und damit wieder zu einem Anstieg der Geburtenzahlen. Oder mit den Worten von Josef Joffe:

Je weniger die Deutschen, desto mehr die Kinder. So ab 2030.

Einwanderungsland

Man kann ein Land gemäß den gleichen Prinzipien managen wie einen Fußballverein:

- Entweder man betreibt eine intensive eigene Nachwuchsarbeit und führt die talentiertesten Kräfte schließlich bis in die eigene Profi-Mannschaft, oder

- man verzichtet völlig auf eine eigene Nachwuchsarbeit und kauft stattdessen talentierte und in die Profi-Mannschaft passende Kräfte bei Bedarf bei anderen Vereinen ein. Man überlässt also die Nachwuchsarbeit anderen und erntet die Früchte deren Arbeit dann, wenn sie reif sind, allerdings gegen eine entsprechende Aufwandsentschädigung.

Der zweite Weg führt zwangsläufig zu sehr internationalen Mannschaftsaufstellungen mit zusätzlichen Integrationsaufwenden. Allerdings birgt er auch weitere Risiken, unter anderem den Zwang zum Erfolg. Denn ein solcher Verein kann wirtschaftlich nur funktionieren, wenn er erfolgreich ist: Wenn die Spielergehälter nicht mehr gezahlt werden können, verlassen zuerst die Spitzenspieler den Verein und wenig später auch alle anderen mit noch vorhandenen sportlichen Perspektiven, und dann kann dieser Verein nicht mehr weitermachen, selbst wenn er wollte.

Auch in Staaten werden bei sich verschlechternden ökonomischen Rahmenbedingungen zuerst die Spitzenkräfte das Land verlassen. Bei fehlendem Nachwuchs wird niemand diese Menschen ersetzen können.

Dennoch ist die Situation in einem Fußballverein nicht ganz mit der eines Staates vergleichbar. Denn ein Fußballverein ist ja zunächst einmal tief verwurzelt in einer heimatlichen Umgebung. Die Fußballspieler mögen zwar aus aller Herren Länder kommen, der Fußballverein selbst bleibt aber da wo er ist. Ein Staat, dessen Bürger mehrheitlich aus anderen Ländern zugewandert sind, bekommt dagegen irgendwann eine neue Identität.

Ferner sind Fußballspieler normalerweise bereits vertraglich gebunden. Wenn ein deutscher Verein einen brasilianischen Spieler beschäftigen möchte, dann wird üblicherweise eine kräftige Ablösesumme fällig, die den ehemaligen Verein für dessen Aufwendungen entschädigt. Die von einem anderen Land großgezogenen und ausgebildeten jungen Arbeitskräfte können dagegen – sofern sie im Zielland erwünscht sind – ohne Aufwandsentschädigungen in das Zielland einwandern.

Auf diese Weise könnte ein Staat auf die Idee kommen, die Nachwuchsarbeit anderen Staaten zu überlassen. Damit könnte nicht nur ein größerer Teil der Bevölkerung beschäftigt werden (es fehlen ja nun die „unrentablen" Kinder und Jugendlichen), sondern es könnten auch zahlreiche Kosten für Kindergeld, Kindergärten und Schulen eingespart werden.

Bei kritischer Betrachtung der Entwicklung der letzten 30 Jahre könnte man den Eindruck bekommen, dass auch der Bundesrepublik Deutschland diese Idee recht nahesteht.

Herwig Birg äußert sich dazu wie folgt[289]:

> *Für Menschen gibt es keinen Ersatz. Auch die Einwanderer Deutschlands müssen zuerst irgendwo geboren worden sein, bevor sie zuwandern und hier Probleme lösen können. Dass unser Land glaubt, seine Zukunft darauf bauen zu können, dass es die von anderen Ländern mit Kosten und Mühen gewonnenen Früchte erntet – darüber gibt es hierzulande nicht den geringsten Ansatz einer öffentlichen Reflexion. Wir sehen uns im Wettbewerb um „die Besten" der anderen Länder und verstehen nicht, dass wir mit unseren Ansprüchen eine neue Art des Kolonialismus betreiben.*

Es darf bezweifelt werden – und ganz besonders vor dem Hintergrund der schon seit Jahrzehnten andauernden erheblichen Zuwanderungen nach Deutschland, dass eine weitere Öffnung des Landes für ausländische Arbeitskräfte die günstigste Option für die sich anbahnende demographische Krise sein wird. Sie mag zum Teil die schlimmsten Auswirkungen mildern, mehr aber auch nicht.

---

[289] Birg, Herwig: Die ausgefallene Generation – Was die Demographie über unsere Zukunft sagt, 2005, Seite 149

Denn[290]:

> *Wenn eine Bevölkerung sich dauerhaft nur noch zu zwei Dritteln reproduziert, so hilft keine Zuwanderung mehr, um ein Gleichgewicht zwischen Beiträgen und Leistungen auf dem bisherigen Niveau zu ermöglichen.*

Auch der weitere Ausbau Deutschlands als Einwanderungsland wird deshalb zunächst voraussetzen, dass im Land selbst wieder mehr eigene Kinder geboren werden.

In Zahlen ausgedrückt[291]:

> *Wollte Deutschland bis zum Jahr 2050 die Bevölkerungszahl konstant halten, müssten wir jährlich 344.000 ausländische Menschen aufnehmen; also insgesamt bis zum Jahr 2050 rund 17 Millionen – das entspricht der Einwohnerzahl der Benelux-Staaten oder von Österreich plus Tschechien. Und doch ist diese gewaltige Zahl lediglich die untere Grenze, das Harmlos-Szenario: Denn noch dramatischer sieht es im Hinblick auf das Arbeitspotenzial aus (also der Deutschen, die älter als 15, aber jünger als 65 Jahre sind). Wollte man das Reservoir an Arbeitskräften konstant halten, wären jährlich 487.000 Zuwanderer nötig, was sich bis zum Jahr 2050 auf 24,3 Millionen Einwanderer summieren würde. Oder anders gerechnet: Deutschland bräuchte jährlich 6.000 Zuwanderer pro 1 Million Einwohner, um sein Arbeitskräfte-Potenzial auf bisherigem Niveau halten zu können.*
>
> *Noch alarmierender werden die Zahlen, wenn es darum geht, das „potenzielle Unterstützungsverhältnis" aufrechtzuerhalten, also die Zahl der Personen im arbeitsfähigen Alter, die auf je eine Person über 65 Jahre entfällt. Wäre es das Ziel, das heutige Verhältnis zu stabilisieren, müssten bislang nie dagewesene (und jeglichen vernünftigen Erwartungen widersprechende) Einwanderungszahlen erreicht werden: Deutschland müsste jährlich bis zu 3,6 Millionen Migranten gewinnen und so bis zum Jahr 2050 nicht weniger als 181 Millionen Zuwanderer ins Land holen – die heutige Bevölkerung Russlands.*
>
> *…*
>
> *Eine derartige Zuwanderung würde dazu führen, dass in fünfzig Jahren 80 Prozent der in Deutschland Lebenden Migranten wären.*

---

[290] Kaufmann, Franz-Xaver: Schrumpfende Gesellschaft – Vom Bevölkerungsrückgang und seinen Folgen, 2005, Seite 241 f.

[291] Tichy, Roland und Tichy, Andrea: Die Pyramide steht Kopf – Die Wirtschaft in der Altersfalle und wie sie ihr entkommt, 2003, Seite 125 ff.

Solche Zahlen machen unmittelbar deutlich, wie absurd eine solche Entwicklung wäre.

Erschwerend kommt hinzu, dass zukünftige Zuwanderer kaum mehr aus den europäischen Nachbarländern oder anderen hochentwickelten Staaten kommen können, da diese allesamt die gleichen oder ähnliche Nachwuchssorgen haben. Alternativ bieten sich dann Zuwanderer aus den schnell wachsenden Ländern im Norden Afrikas oder im Nahen Osten an, die allgemein schlechter ausgebildet sind und für die ein erhöhter Integrationsaufwand entstehen dürfte.

Franz-Xaver Kaufmann[292]:

> *Zuwanderung ist keine gleichwertige Alternative zur Nachwuchssicherung in der Form des Aufbringens ausreichenden Nachwuchses in den Erziehungs- und Bildungskontexten des eigenen Landes. Allerdings ließe sich durch eine deutlich auf Integration und Qualifikation der Zugewanderten und ihrer Kinder ausgerichtete Politik wahrscheinlich der „Umsatz" der Wanderungsströme reduzieren und damit auch die Zuwanderungsbilanz verbessern.*

Ursula von der Leyen[293] hat in Zusammenarbeit mit der katholischen und evangelischen Kirche in 2006 ein Bündnis für eine „wertgebende Erziehung" initiiert und dabei betont: „Auf christlichen Werten basiert unsere gesamte Kultur."

Die Absichten mögen sinnvoll sein, eine solche Initiative wird bei fehlendem Nachwuchs aber ins Leere laufen: Wenn jährlich mehr Menschen nach Deutschland zuwandern als dort geboren werden, werden wertgebende erzieherische Maßnahmen zwangsläufig nur den kleineren Teil des neuen Bevölkerungsteils erreichen. Auch die Wirkung von erzieherischen Maßnahmen hängt deshalb zunächst einmal von dem Erreichen sinnvoller Fertilitätsraten ab.

Um auf den Eingangsvergleich mit Fußballvereinen zurückzukommen:

Wenn in Brasilien mehr Fußballtalente zu finden sind, als in Deutschland, dann kann es für einen Fußballverein lohnend sein, auf eine eigene Nachwuchsarbeit zu verzichten und stattdessen auf das riesige Potenzial im Ausland zurückzugreifen. Genau diese Situation ist aber bei Arbeitskräften nicht gegeben.

---

[292] Kaufmann, Franz-Xaver: Schrumpfende Gesellschaft – Vom Bevölkerungsrückgang und seinen Folgen, 2005, Seite 178

[293] Bundesministerin für Familie, Senioren, Frauen und Jugend

Dennoch benötigt Deutschland insbesondere vor dem Hintergrund der sich verschärfenden demographischen Krise einen weiteren Zustrom an Zuwanderern. Zurzeit gilt dies bereits für Fachkräfte in bestimmten Berufen. Verschiedene Autoren empfehlen deshalb, Deutschland sollte sich als Einwanderungsland gezielt um hochqualifizierte ausländische Fachkräfte bemühen, mit dem Ziel, diese zu integrieren und im Land zu halten. Auch könnte ihnen ein vereinfachter Zugang zur deutschen Staatsbürgerschaft angeboten werden. Bislang kamen in die Bundesrepublik überwiegend gering qualifizierte Zuwanderer, die ein unterdurchschnittliches Einkommen verdienten[294].

Aufgrund der aktuellen Arbeitsmarktsituation wird erst frühestens ab 2010 mit einem gesteigerten Bedarf an ausländischen Arbeitskräften gerechnet. Der tatsächliche Bedarf wird dann von verschiedenen anderen Faktoren abhängen wie Konjunktur, Erhöhung des Rentenalters, staatlichen Regelungen, Mindestlohnregelungen, Einstellungen in der Bevölkerung.

Gerade der letzte Punkt wird häufig konträr diskutiert. Auf der einen Seite behaupten einige Autoren, dass Zuwanderer einheimische Arbeitskräfte in die Arbeitslosigkeit drängen. Hans-Werner Sinn dazu[295]:

> *Die Zunahme an Arbeitslosigkeit unter den Einheimischen, die wir in den letzten drei Jahrzehnten zu verzeichnen hatten, dürfte tatsächlich im Wesentlichen durch die Verdrängung seitens der Zuwanderer erklärt werden. Der deutsche Sozialstaat hat wie ein gewaltiger Wanderungsmagnet gewirkt, der dem deutschen Arbeitsmarkt gut drei Millionen ausländische Arbeitnehmer zugeführt und von ihm drei Millionen Deutsche in die Arbeitslosigkeit abgezogen hat.*

Hans-Werner Sinn sieht die Ursache dieser Entwicklung in Mindestlöhnen und Sozialstaat-Regelungen[296]:

> *Die egalisierende Lohnpolitik, der Ausbau des Sozialstaates in Form des Lohnersatzsystems und die Massenimmigration: Das sind drei Dinge, die einfach nicht zusammenpassen.*

Und weiter[297]:

---

[294] Sinn, Hans-Werner: Ist Deutschland noch zu retten? 3. Auflage, 2005, Seite 487

[295] ebenda, Seite 479

[296] ebenda, Seite 480

[297] ebenda, Seite 482

> *Den Verdrängungseffekt durch die Zuwanderung sieht man übrigens nicht nur in der Statistik, sondern man kennt ihn auch aus eigener Anschauung. Welcher Kellner, welcher Straßenarbeiter, welcher Müllkutscher, welche Putzfrau, welcher Erntehelfer, welche Krankenschwester, welcher Hilfsarbeiter am Bau, welcher Fließbandarbeiter ist denn noch deutsch? Sicher, es gibt sie noch, die Deutschen, die in diesen Funktionen tätig sind, aber ihre Zahl schwindet. Ein sehr hoher und wachsender Anteil dieser Berufsgruppen besteht aus Ausländern. Die Deutschen, die früher solche Arbeiten ausgeführt hätten, sitzen heute zu Hause und beziehen ihre Arbeitslosenhilfe, ihr Arbeitslosengeld oder ihre Sozialhilfe.*
>
> *Das zeigt, wie unsinnig die Immigration unter den institutionellen Rahmenbedingungen der Bundesrepublik Deutschland tatsächlich war. Die betroffenen Deutschen haben die Verdrängung mit einem Achselzucken zur Kenntnis genommen. Sie waren nicht glücklich, wurden aber auch nicht ins Unglück gestürzt, sondern haben sich mit den Ersatzeinkommen, die der Staat anbot, abgefunden und sich daran gewöhnt. Heute will keiner mehr auf die Sozialhilfe oder die Arbeitslosenhilfe verzichten, um stattdessen, bei nur geringfügig höherem Gehalt, Müllkutscher zu werden. Solange das Geld vom Sozialamt kommt, ist die Sache mit den Ausländern schon in Ordnung. Aber sie ist aus volkswirtschaftlicher Sicht eben nicht in Ordnung, denn das Geld, das vom Sozialamt verteilt wird, müssen andere erarbeiten. Die ausländischen Müllkutscher sind ein Minusgeschäft für die Deutschen in ihrer Gesamtheit, wenn die freigesetzten deutschen Müllkutscher aufhören zu arbeiten und gleichwohl ihr Geld bekommen.*

Hans-Werner Sinn empfiehlt, die Lohnersatzleistungen des Sozialsystems an den Nachweis des Tätigwerdens zu koppeln[298]:

> *Wenn der Sozialstaat sein Geld nicht mehr unter der Bedingung des Nichtstuns auszahlt, sondern das Tätigwerden zur Bedingung macht, dann fallen die Anspruchslöhne und mit ihnen die tatsächlichen Löhne, zu denen gering Qualifizierte zu arbeiten bereit sind. Das Fallen der tatsächlichen Löhne veranlasst die Arbeitgeber, zusätzliche Arbeitsplätze zu schaffen. Die Zuwanderung führt dann nicht mehr zur Verdrängung einheimischer Arbeitskräfte, sondern zu einem Zuwachs an Beschäftigung.*

Dies setzt allerdings voraus, dass zumindest auf betrieblicher Ebene Ausnahmen zur Mindestlohnregelung möglich sind.

---

[298] ebenda, Seite 485 f.

Es lässt sich theoretisch kaum vorhersagen, welche Wirkungen solche Maßnahmen auf den Arbeitsmarkt haben werden. Die von Hans-Werner Sinn prognostizierte Wirkung ist denkbar, umgekehrt ist ebenso vorstellbar, dass die Löhne für viele einfache Tätigkeiten so weit nachgeben, dass zahlreiche Arbeitnehmer nur noch Jobs finden werden, deren Entlohnung unter dem Existenzminimum liegt. In diesem Fall müsste dann erneut der Sozialstaat stützend eingreifen. Arbeitnehmer sähen sich dann nicht nur einer Konkurrenz von preiswerteren ausländischen Arbeitnehmern gegenüber ausgesetzt, sondern auch noch den extrem billigen Arbeitskräften der Sozialhilfe.

Roland und Andrea Tichy bezweifeln dagegen bereits die Grundannahme, dass ausländische Arbeitnehmer Einheimische in die Arbeitslosigkeit verdrängen[299]:

> *Der Blick nach vorne zeigt: Neue Zuwanderer braucht das Land. „Ängste, dass Einheimische dadurch ihre Jobs verlieren, sind unbegründet", konstatierte unlängst das Institut der deutschen Wirtschaft in Köln. Denn statistisch lässt sich nicht beweisen, dass ein hoher Ausländeranteil die Arbeitslosenzahl nach oben schnellen lässt.*

Allerdings konstatieren auch sie, dass es zumindest in bestimmten Branchen zu einem Ersatz von deutschen Arbeitskräften durch Zugewanderte gekommen ist. Sie führen dies aber in weiten Teilen auf einen Einstellungswandel in der deutschen Bevölkerung zurück[300]:

> *Die Deutschen – ein Volk von unterbeschäftigten Bürohockern, während die Ausländer die harte Arbeit erledigen? Ganz so falsch ist diese Position nicht. Gingen die Ausländer, müssten die deutschen Büroangestellten zurück ans Band oder an den Ofen der Gießerei. Denn vom Verkauf der Verwaltungstätigkeit allein kann man nicht leben – einer muss die Brötchen backen.*

Hans-Werner Sinn erwartet, dass es nach Aufhebung der Zuwanderungsbeschränkung aus den neuen EU-Ländern (spätestens im Jahr 2010) zu einem verstärkten Strom an Zuwanderern aus den östlichen EU-Staaten kommen wird. Das wird auch davon abhängen, wie groß die Lohnunterschiede zwischen der Bundesrepublik Deutschland und diesen Ländern dann noch

---

[299] Tichy, Roland und Tichy, Andrea: Die Pyramide steht Kopf – Die Wirtschaft in der Altersfalle und wie sie ihr entkommt, 2003, Seite 148

[300] ebenda

sind. Zurzeit wird allgemein angenommen, dass die Löhne in den neuen EU-Ländern auch dann immer noch bei einem Bruchteil der deutschen Löhne liegen werden.

Hans-Werner Sinn weist aber noch auf ein anderes Problem hin: den Zuwanderungssog durch die Regelungen des deutschen Sozialstaates[301]:

> *Da es im Wesen des Sozialstaates liegt, den Reichen zu nehmen und den Armen zu geben, wird die durch Lohndifferenzen gesteuerte Zuwanderung verzerrt. Qualifizierte Arbeitskräfte, die in Deutschland ein überdurchschnittliches Arbeitseinkommen erwirtschaften würden, werden gleichsam mit einem staatlichen Eintrittsgeld belegt, und weniger Qualifizierte, die in Deutschland ein unterdurchschnittliches Einkommen erwirtschaften, erhalten vom Fiskus eine Art Wanderungsprämie, die die Anreize zur Zuwanderung über das Maß hinaus verstärkt, das durch Lohn- und Produktivitätsdifferenzen erklärt wird. Der Sozialstaat wirkt aus diesen Gründen wie eine Art zweipoliger Magnet für die wanderungsbereiten Menschen. Mit der einen Seite zieht er die Kostgänger des Staates an, mit der anderen stößt er die Nettozahler, durch deren Anwesenheit das Staatsbudget entlastet wird, ab.*

Für Immigranten bis zu einer Aufenthaltsdauer von 10 Jahren errechnet er durchschnittliche zusätzliche Staatsausgaben pro Jahr (Einnahmen minus Ausgaben) von 2.367,- EUR, bei einer Aufenthaltsdauer von 10 – 25 Jahren von 1.330,- EUR und bei einer noch längeren Aufenthaltsdauer dagegen zusätzliche Einnahmen von 853,- EUR[302].

Aus Sicht der Bundesrepublik Deutschland sprechen auch diese Zahlen dafür, dass Zuwanderer möglichst im Lande gehalten werden sollten. Dabei gewinnt aber der Integrationsgedanke an Bedeutung. Bislang ist eine Integration vieler Zuwanderer nicht gelungen, im Gegenteil: die Gegensätze scheinen sich zu verschärfen[303]:

> *Die rechtliche, und daraus abgeleitet die wirtschaftliche und soziale Diskriminierung der unterschiedlichen Klassen von hier Lebenden könnten dazu beitragen, dass eine neue Form der Unterschicht sich verfestigt und ständig erweitert: eine ethnische Unterschicht von Bürgern minderen Rechts, mit geringem sozialen Status und belastet mit allen Problemen sozialer Randgruppen.*

---

[301]   Sinn, Hans-Werner: Ist Deutschland noch zu retten? 3. Auflage, 2005, Seite 486

[302]   ebenda, Seite 490

[303]   Tichy, Roland und Tichy, Andrea: Die Pyramide steht Kopf – Die Wirtschaft in der Altersfalle und wie sie ihr entkommt, 2003, Seite 183

> *Diese neue Klasse als Ausländer zu bezeichnen verbietet sich – sie leben ja schon seit zwei oder gar drei Generationen hier. Doch durch ihre nationale oder ethnische Herkunft werden sie von der Gesellschaft ferngehalten.*

Hans-Werner Sinn merkt an, dass die Hälfte der Zuwanderer bereits nach fünf Jahren Deutschland wieder verlassen hat und dass nach 25 Jahren über 80 Prozent der Immigranten entweder verstorben oder in ihr Heimatland zurückgekehrt sind. Gemäß seiner Kostenaufstellung stellt also die Zuwanderung für den Sozialstaat aus heutiger Sicht ein Zuschussgeschäft dar[304]:

> *Bislang war der direkte Verlust des Staates durch den Umverteilungsgewinn der Zuwanderer beherrschbar. Über den Daumen gepeilt könnte es sich dabei derzeit um einen Betrag in der Größenordnung von jährlich 20 Milliarden Euro handeln. Die Situation könnte sich aber drastisch ändern, wenn die Zuwanderungszahlen nach der Osterweiterung weiter steigen. Dann könnte der ohnehin sehr stark strapazierte Sozialstaat in Schwierigkeiten kommen und sich gezwungen sehen, die sozialen Leistungen zu kürzen.*

Hans-Werner Sinn weist darüber hinaus auf die möglichen Folgerungen eines EU-Verfassungsentwurfs hin, der Angehörigen eines EU-Landes das Recht einräumt, sich im Hoheitsgebiet der Mitgliedstaaten frei zu bewegen, dabei aber im Wohnsitzland auch von den Segnungen des Sozialsystems Gebrauch machen zu dürfen[305]:

(1) Die Union anerkennt und achtet das Recht auf Zugang zu den Leistungen der sozialen Sicherheit und zu den sozialen Diensten, die in Fällen wie Mutterschaft, Krankheit, Arbeitsunfall, Pflegebedürftigkeit oder im Alter sowie bei Verlust des Arbeitsplatzes Schutz gewähren...

(2) Jeder Mensch, der in der Union seinen rechtmäßigen Wohnsitz hat und seinen Aufenthalt rechtmäßig wechselt, hat Anspruch auf die Leistungen der sozialen Sicherheit und die sozialen Vergünstigungen...

(3) Um die soziale Ausgrenzung und die Armut zu bekämpfen, anerkennt und achtet die Union das Recht auf eine soziale Unterstützung und eine Unterstützung für die Wohnung, die allen, die nicht über ausreichende Mittel verfügen, ein menschenwürdiges Dasein sicherstellen soll.

---

[304]   ebenda, Seite 492 f.

[305]   ebenda, Seite 495

Auf diese Weise könnten für Mitgliedsländer mit gut ausgebauten Sozialsystemen unkalkulierbare und unbezahlbare Folgerungen entstehen, zumal man in ein Land auch ohne dort arbeiten zu wollen einwandern kann. Dies könnte zu einem Ende des Sozialstaates westeuropäischer Prägung führen[306]:

> *Europa wird sich schleichend in die Richtung der Vereinigten Staaten von Amerika entwickeln. Dort gibt es keinen Sozialstaat. Der Grund ist nicht, dass die Amerikaner keinen wollen, sondern dass er sich angesichts der Mobilität der Bevölkerung nicht halten kann.*

Hans-Werner Sinn empfiehlt dagegen, zugewanderten Erwerbstätigen erst nach einer angemessenen Frist den vollen Anspruch auf die Leistungen des Sozialstaates im Wohnsitzland zu gewähren. Nicht erwerbstätige Personen sollten dagegen ihre Ansprüche unabhängig vom Aufenthaltsort immer an ihr Heimatland richten[307].

Dies ist in höchstem Maße sinnvoll. Deutschland wird in den nächsten Jahren aufgrund seiner demographischen Krise auf weitere Zuwanderer angewiesen sein, dies ist unstrittig. Es sollte aber unbedingt vermieden werden, dass dabei dem deutschen Sozialstaat weitere Lasten aufgebürdet werden, die im Rahmen der verschärften demographischen Krise erst recht nicht mehr getragen werden können. Das deutsche Sozialsystem wird in den nächsten Jahren bis an die Schmerzgrenze belastet werden und wird keine weiteren kostenintensiven Anforderungen verkraften können. Dies sollte bei allen neuen Gesetzen und Verordnungen berücksichtigt werden.

Gleichzeitig sollte die Zeit genutzt werden, sich über eine bessere Integration der zu erwartenden Zuwanderer Gedanken zu machen und die Integration der bereits zugewanderten Bevölkerungsgruppen energisch voranzutreiben.

---

[306]   ebenda, Seite 504
[307]   ebenda, Seite 510

12 Schlussbemerkung

Wenn Sie dieses Buch gelesen haben und insbesondere sein erstes Kapitel *Was auf uns zukommt*, dann werden Sie vielleicht einwenden, dass dies doch alles übertrieben und reine Panikmache sei, und es am Ende vielleicht gar nicht so schlimm wird, wie dargestellt.

Allerdings reden wir ja hier von einer Fertilitätsrate von 1,3, und das ist eine Zahl, die man nicht wegdiskutieren kann. Dazu benötigt man weder Super-Computer noch endlose Simulationsrechnungen, um zu verstehen, dass das auf Dauer nicht funktionieren kann und zwangsläufig ins Chaos führen wird. Wir müssen diese Zahl baldmöglichst in die Höhe bringen, und zwar nicht auf 1,6 oder 1,7, sondern auf bestandserhaltende oder besser noch bestandserhöhende Werte. Wenn das erreicht ist, wird man möglicherweise später einmal sehen, ob – im Konzert mit anderen Nationen – auch ein leichter Bevölkerungsschwund eine tragbare Option ist. Ein starker und unkontrollierter Bevölkerungsschwund ist dies dagegen nicht, sondern wird immer Ursache oder Folge einer Katastrophe sein. Wenn wir so weitermachen wie bislang, dann werden wir unseren Kindern etwas hinterlassen, demgegenüber die Folgen des 2. Weltkriegs noch klein gewesen sein könnten.

Politiker neigen dazu, nur das als Problem anzuerkennen, wofür sich bereits eine Lösung abzeichnet. Dies mag einerseits verständlich sein, andererseits haben wir es hier nicht mit irgendeinem x-beliebigen Problem, sondern mit der Tatsache zu tun, dass die Bevölkerung nicht weiter in sich investiert und sich schleichend von ihrer Regierung, ihrem Land und ihrer Kultur verabschiedet: etwas Alarmierenderes kann es eigentlich überhaupt nicht geben.

Fast alle Lösungsvorschläge zur demographischen Krise konzentrieren sich zurzeit darauf, eine Verbesserung der Vereinbarkeit von Familie und Beruf zu erzielen. Meist lautet die These, dass die Fertilitätsraten in Deutschland deshalb so niedrig sind, weil Deutschland im Gegensatz zu einigen Nachbarländern bezüglich der Stellung der Frau so rückständig bzw. insgesamt sehr kinderfeindlich ist.

Diese Haltung ist typisch deutsch, denn es gibt kaum jemanden, der die deutsche Mentalität so harsch kritisieren kann, wie der Deutsche selbst.

Und diese These ist auch falsch, denn in Deutschland haben nachweislich die Familien die bei weitem höchsten Geburtenraten (nämlich unsere

Schlussbemerkung

Zuwanderer), die mit dem Begriff „Frauenemanzipation" am wenigsten anfangen können.

Ich vertrete in diesem Buch eine genau diametrale Position: Die Fertilitätsraten in Deutschland sind deshalb so niedrig – und sie sind es vor allem auch schon so lange so – weil Deutschland besonders weit fortgeschritten ist, weil sich nach den Zerstörungen des 2. Weltkrieges viele neue Entwicklungen hier besonders rasch durchsetzen konnten. Deutschland hat seit 30 Jahren das, was die anderen Staaten im Laufe der Zeit noch bekommen werden.

Die nahtlose Vereinbarkeit von Familie und Beruf ist eine Illusion. Viele Frauen und Paare scheinen unbewusst zu spüren, dass sie entweder gar keine oder nur wenige Kinder in die Welt setzen dürfen, weil alles andere zulasten der Qualität gehen würde, weil ihre Kinder sonst nicht so aufwachsen werden, wie sie es sich wünschen.

Wenn Sie regelmäßig zur Arbeit gehen, dann werden Sie schnell begreifen, dass eine gleichzeitige Selbstversorgung mit Lebensmitteln nicht länger möglich ist und sich folglich – wenn überhaupt – auf den Anbau von ein paar Tomaten auf dem Balkon oder im Garten beschränken. Beruflich eingespannte Eltern verhalten sich bezüglich dem Aufziehen von Kindern ganz ähnlich: Ein oder zwei Kinder sind eventuell möglich, mehr aber nicht!

Selbst die Natur hat bereits für eine klare Trennung von Familie und Beruf gesorgt, in dem sie Männer und Frauen geschaffen hat: Die einen wurden mit starken Muskeln ausgestattet, damit sie zur Jagd gehen und die für den Nachwuchs sorgenden anderen besser beschützen konnten.

Eine solche einfache Trennung ist für moderne Wissensgesellschaften wie die Bundesrepublik Deutschland nicht mehr adäquat, jedenfalls passt sie nicht mehr ins Konzept. Und natürlich sollten Frauen heute die Chance haben, gemäß ihren Fähigkeiten und Interessen einen ihnen entsprechenden Lebensweg einzuschlagen und zum Beispiel lieber Journalistin, Pianistin oder Managerin als ausschließlich Mutter zu werden oder sich auch außerberuflich zu verwirklichen und dabei auf niemanden Rücksicht nehmen zu müssen.

Ich bin der Auffassung, dass wir den Konflikt zwischen dem veränderten Selbstverständnis und der höheren Bildung der Frauen auf der einen Seite und den gegenläufigen Reproduktionsanforderungen der Gesellschaft auf der anderen Seite nur durch ein radikales Umdenken in den Griff bekommen werden: Wir müssen das langjährige verantwortungsbewusste Aufziehen von Kindern als das verstehen und behandeln, was es ist, nämlich als eine Aufgabe von herausragender gesellschaftlicher Bedeutung.

Dies kann dann aber nicht so aussehen, dass diejenigen, die sich Kinder zwar finanziell, aber nicht zeitlich oder organisatorisch leisten können oder wollen, zur Kasse gebeten werden, um das eingesammelte Geld anschließend im Gießkannenverfahren an Familien mit Kindern auszuschütten. Dies würde bestenfalls einen Babyboom bei den Familien auslösen, die erfahrungsgemäß besonders wenig in die Ausbildung ihrer Kinder investieren, allein schon deshalb, weil ihnen die Mittel dazu fehlen. Und dies würde den deutlichen Trend weiter verstärken, dass ein immer größerer Teil der Zukunft unseres Landes – unsere Kinder – ein Leben unterhalb der Armutsgrenze fristen muss.

Im Rahmen der demographischen Krise müssen die Bürger begreifen, dass sie nicht nur für ihr Alter vorsorgen müssen, sondern dass es ihre staatsbürgerliche Pflicht ist, für einen Nachfolger ihrer eigenen Person zu sorgen, der dann später einmal in der Lage sein wird, die Rentenbeiträge einzuzahlen, die man als Rentenempfänger erwartet. Nicht jeder kann und will das, aber dafür muss er dann entsprechend seinen finanziellen Möglichkeiten einen Beitrag leisten, der es anderen erlaubt, dies für ihn in einer möglichst guten Qualität zu tun.

In der Konzeption des Erziehungsgehalts 2000 wurde dessen Finanzierung über eine progressive Besteuerung mit der damit erzielbaren „Umverteilung von oben nach unten" begründet[308].

Leider geht es bei der demographischen Krise nicht um oben und unten, sondern um heute und morgen: Wohlhabende Singles und kinderlose Paare geben auf ihren Urlaubsreisen nach Südostasien oder in die Karibik nicht ihr Geld aus, sondern das von Kindern, die nie geboren wurden! Und dies umso mehr, als gleichzeitig immer mehr Staatsschulden angehäuft werden, die die schwindende Zahl der Nachkommen sowieso nicht mehr zurückzahlen kann.

Es muss endlich Schluss sein mit dieser Nach-uns-die-Sintflut-Mentalität, bei der ständig Gelder verteilt und ausgegeben werden, die keiner beteiligten Seite gehören. Stattdessen müssen Maßnahmen ergriffen werden, die dieses Land auch für die nachkommende Generation noch lebenswert machen.

Wenn etwas auf dem freien Markt nicht funktioniert, muss sich der Staat der Sache annehmen. Ohne Schulpflicht würden auch heutzutage viele Kinder noch nicht einmal Lesen und Schreiben lernen, denn viele Eltern würden sich die Ausbildungskosten sparen. Ganz ähnlich sieht es beim Nachwuchs

---

[308] Leipert Christian und Opielka Michael: Erziehungsgehalt 2000 – Ein Weg zur Aufwertung der Erziehungsarbeit, 1998, Seite 154

aus, auch der ist vielen zu teuer, also bleibt er aus. Nun ist erneut der Staat gefordert.

Wie in diesem Buch dargestellt wird, kann er das Problem ähnlich wie beim Schulunterricht durch Schaffung eines neuen Berufs („Familienmanagerin") lösen und dabei nicht nur für einen deutlichen Anstieg der Geburtenrate, sondern auch für neue Qualitätsstandards bei der kindlichen Erziehung sorgen.

In dem Moment, wo der Staat Bürgern Beiträge für eine gesellschaftlich relevante Aufgabe abverlangt, muss er sicherstellen, dass das Geld gut angelegt wird. Im konkreten Fall heißt das: Die Beträge müssen vor allem denjenigen zufließen, die nachweislich für einen hohen Standard bei der Erziehung der Kinder sorgen. Dies ist bei der schulischen Bildung nicht anders.

Die Qualitätssicherung dient dabei nicht nur der Erhöhung des Humanvermögens und der Standortsicherung unseres Landes, sondern dürfte im unmittelbaren Interesse des Steuerzahlers selbst sein: Wenn Kinder besonders gut ausgebildet werden und in einer liebevollen und kindgerechten Umgebung aufwachsen, dann werden daraus später einmal mit höherer Wahrscheinlichkeit potente Steuer- und Rentenbeitragszahler hervorgehen, als wenn die Kinder in Umgebungen groß werden, in denen Begriffe wie Bildung oder liebevolle Zuwendung Fremdwörter sind.

Ich bin davon überzeugt, dass man eine ausreichende Zahl an qualifizierten Frauen für die Aufgabe des Berufs der „Familienmanagerin" gewinnen kann. Wie bei jedem anderen Marktgeschehen muss dafür jedoch eine Voraussetzung stimmen: Der Preis.

13 Literatur

[1]   Alexy U, Sichert-Hellert W, Kersting M: Fifteen-year time trends in energy and macronu-
        trient intake in German children and adolescents: results of the DONALD study, Br J
        Nutr 2002;87:595-604

[2]   Arbeitsgemeinschaft der Familienverbände (AGF): Offener Brief der AGF zum "Erzie-
        hungsgehalt", http://www.paritaet.org/vamv/agf.html

[3]   Austen, Jane: Verstand und Gefühl (Sinn und Sinnlichkeit), 2000

[4]   Bachmann, Dieter: Wer hat Angst vor Alice S.? Begegnung mit dem "Schreckgespenst"
        Alice Schwarzer, Weltwoche, 8.10.1975,
        http://www.aliceschwarzer.de/632092572792423.html

[5]   Becker, Gary S.: Die Bedeutung der Humanvermögensbildung in der Familie für die
        Zukunft von Wirtschaft und Gesellschaft; in: Leipert, Christian (Hrsg.): Demographie und
        Wohlstand – Neuer Stellenwert für Familie in Wirtschaft und Gesellschaft, 2003

[6]   Berlin-Institut für Bevölkerung und Entwicklung: Deutschland weltweit Schlusslicht bei
        Geburtenrate,
        http://www.berlin-institut.org/newsletter/Newsletter_20_20._Maerz_2006.html

[7]   BiB: The Demographic Future of Europe – Facts, Figures, Policies: Ergebnisse der
        Population Policy Acceptance Study (PPAS),
        http://www.bib-demographie.de/dialog_ppas_d.pdf

[8]   Biedenkopf, Kurt H.: Arbeit ist mehr als Erwerbsarbeit; in: Leipert, Christian (Hrsg.):
        Aufwertung der Erziehungsarbeit – Europäische Perspektiven einer Strukturreform der
        Familien- und Gesellschaftspolitik, 1999

[9]   Biedenkopf, Kurt H.: Die Ausbeutung der Enkel – Plädoyer für die Rückkehr zur
        Vernunft, 2006

[10]   Birg, Herwig (Hrsg.): Auswirkungen der demographischen Alterung und der Bevölke-
        rungsschrumpfung auf Wirtschaft, Staat und Gesellschaft, 2005

[11]   Birg, Herwig: Die ausgefallene Generation – Was die Demographie über unsere Zukunft
        sagt, 2005

[12]   Birg, Herwig: Die demographische Zeitenwende – Der Bevölkerungsrückgang in
        Deutschland und Europa, 4. Auflage, 2005

[13]   Birg, Herwig: Strategische Optionen der Familien- und Migrationspolitik in Deutschland
        und Europa; in: Leipert, Christian (Hrsg.): Demographie und Wohlstand – Neuer Stel-
        lenwert für Familie in Wirtschaft und Gesellschaft, 2003

[14]   Borchert, Jürgen: Wie Juristen Flüsse bergauf fließen lassen – Zur Semantik in der
        Sozial- und Familienpolitik und ihre Folgen für das Recht; in: Birg, Herwig (Hrsg.): Aus-
        wirkungen der demographischen Alterung und der Bevölkerungsschrumpfung auf Wirt-
        schaft, Staat und Gesellschaft, 2005

[15]   Bruneau, Christine: Für einen neuen Feminismus; in: Leipert, Christian (Hrsg.):
        Demographie und Wohlstand – Neuer Stellenwert für Familie in Wirtschaft und Gesell-
        schaft, 2003

[16] Bundesministerium für Bildung und Forschung: Ganztagsschulen – Zeit für mehr, http://www.ganztagsschulen.org/

[17] Connolly V, Unwin N, Sherriff P, Bilous R, Kelly W.: Diabetes prevalence and socioeconomic status: a population based study showing increased prevalence of type 2 diabetes mellitus in deprived areas, J Epidemiol Community Health. 2000 Mar;54(3):173-7

[18] Der Spiegel: Britische Studie – Deutsche sollen intelligenteste Europäer sein, 27.03.2006, http://www.spiegel.de/wissenschaft/mensch/0,1518,408084,00.html

[19] Der Spiegel: Intelligenz – "Frühstücken macht klug", 03.04.2006, 14/2006, Seite 163

[20] Der Spiegel: TV-Programm – Kinderfreie Zone, 15.04.2006, 16/2006, Seite 102

[21] Deutsche Gesellschaft für Ernärung e.V.: Die neuen 10 Regeln der DGE, http://www.dge.de/modules.php?name=News&file=article&sid=428

[22] Diamond, Jared: Kollaps – Warum Gesellschaften überleben oder untergehen, 7. Auflage, 2006

[23] Dubois, Lise: Diet in childhood – A social and behavioural perspective, http://www.stat.gouv.qc.ca/publications/sante/pdf_colloques/ISSBD_2002_Ottawa/ISSBD_3-08-02/ISSBD02_QLSCD_LDubois_et-al.pdf

[24] E+Z: In den meisten Ländern altert die Bevölkerung, http://www.inwent.org/E+Z/content/archiv-ger/06-2005/schwer_art1.html

[25] Ehmer, Josef: Bevölkerungsgeschichte und historische Demographie 1800-2000, 2004

[26] Eltern im Netz: Minderjährige Mütter, http://www.elternimnetz.de/cms/paracms.php?site_id=5&page_id=124

[27] Elterngeld.net: Alle Infos zum Elterngeld 2007, http://www.elterngeld.net/

[28] EUFIC: Die Basics – Hintergrundinformationen zu Fetten, http://www.eufic.org/de/quickfacts/fats_chapter.htm

[29] Fallon S, Enig MD: Guts and Grease – The Diet of Native Americans, http://www.westonaprice.org/traditional_diets/native_americans.html

[30] Fasshauer, Stephan: Die Folgen des demographischen Wandels für die gesetzliche Rentenversicherung; in: Kerschbaumer J, Schroeder W (Hrsg.): Sozialstaat und demographischer Wandel – Herausforderungen für Arbeitsmarkt und Sozialversicherung, 2005

[31] Gaschke, Susanne: "Fragt die Frauen!" – Ein aktuelles Gutachten empfiehlt der Regierung, alles dafür zu tun, dass es in Deutschland mehr Kinder gibt, DIE ZEIT, 46, Nr. 19, 04. Mai 2005, http://www.zeit.de/2005/19/FamilienPolitik

[32] Gaschke, Susanne: Wenn Männer dröhnen – Die Propaganda für Fortpflanzung könnte die letzten Reste von Familienbegeisterung zerstören, DIE ZEIT, 47, Nr. 13, 23. März 2006, Seite 1

[33] Gerlinger, Johannes: Die Demographische Alterung in Deutschland und die Folgen für Wirtschaft und Gesellschaft, http://www.joejoe.de/examen/Die_demographische_Alterung_in_Deutschland.pdf

[34] GMX: Amerikaner geht mit 100 in den Ruhestand – Keinen Tag krank gewesen, http://www.gmx.net/de/themen/beruf/karriere/business/2094728.html

[35] Gonder, Ulrike: Fett – Unterhaltsames und Informatives über fette Lügen und mehrfach ungesättigte Versprechungen, Stuttgart, 2004

[36]   Hoem, Jan M.: Warum bekommen die Schweden mehr Kinder als die Deutschen?
http://www.zdwa.de/zdwa/debatten/20060127_23051974_debatte.php

[37]   Jäncke, Lutz: Die Evolution des Gehirns,
http://www.psychologie.unizh.ch/neuropsy/Lehre/WS0506/ETH/ETH2-Evolution-
Gehirn.pdf

[38]   Jaenicke, Ruprecht: Bevölkerungsentwicklung: A-H-O-V-X,
http://www.faz.net/s/RubFC06D389EE76479E9E76425072B196C3/Doc%7EE6E52DF4
987844F3EB129FBEF49DB7D6A%7EATpl%7EEcommon%7EScontent.html

[39]   Joffe, Josef: Kinderschwund – na und? Deutschland ist überbevölkert, DIE ZEIT, 47, Nr.
13, 23. März 2006, Seite 55

[40]   Jung, Irene: Wo bleiben die Kinder? Hamburger Abendblatt, 19.02.2005,
http://www.abendblatt.de/daten/2005/02/19/400565.html

[41]   Kaufmann, Franz-Xaver: Schrumpfende Gesellschaft – Vom Bevölkerungsrückgang und
seinen Folgen, 2005

[42]   Kerschbaumer J, Schroeder W: Demographischer Wandel ist gestaltbar; in: Kerschbaumer J, Schroeder W (Hrsg.): Sozialstaat und demographischer Wandel – Herausforderungen für Arbeitsmarkt und Sozialversicherung, 2005

[43]   Kerschbaumer J, Schroeder W (Hrsg.): Sozialstaat und demographischer Wandel –
Herausforderungen für Arbeitsmarkt und Sozialversicherung, 2005

[44]   Kistler, Ernst: Demographischer Wandel und Arbeitsmarkt; in: Kerschbaumer J,
Schroeder W (Hrsg.): Sozialstaat und demographischer Wandel – Herausforderungen
für Arbeitsmarkt und Sozialversicherung, 2005

[45]   Koch, Klaus: Ernährungsempfehlungen ohne Gewähr,
http://www.evibase.de/texte/rahmen_text.htm?/texte/sz/texte/ernaehrungsempfehlungen
_ohne.htm

[46]   Krech III, Shepard: The Ecological Indian – Myth and History, 1999

[47]   Kröhnert Steffen und Klingholz, Reiner: Emanzipation oder Kindergeld? Der europäische
Vergleich lehrt, was man für höhere Geburtenraten tun kann,
http://www.berlin-institut.org/pdfs/Emanzipation%20oder%20Kindergeld_1512.pdf

[48]   Kröhnert S, Medicus F, Klingholz, R: Die demografische Lage der Nation – Wie
zukunftsfähig sind Deutschlands Regionen?
http://www.berlin-institut.org/berlin-institut_studie_2006.pdf

[49]   Landesamt für Datenverarbeitung und Statistik Nordrhein-Westfalen: NRW – Der
Lehrerberuf wird weiblicher,
http://www.lds.nrw.de/presse/pressemitteilungen/2003/pres_129_03.html

[50]   Lederer, Iris: Mama ist im Meeting, 2005

[51]   Leipert, Christian (Hrsg.): Aufwertung der Erziehungsarbeit – Europäische Perspektiven
einer Strukturreform der Familien- und Gesellschaftspolitik, 1999

[52]   Leipert, Christian (Hrsg.): Demographie und Wohlstand – Neuer Stellenwert für Familie
in Wirtschaft und Gesellschaft, 2003

[53]   Leipert, Christian (Hrsg.): Familie als Beruf: Arbeitsfeld der Zukunft, 2001

[54]   Leipert Christian und Opielka Michael: Erziehungsgehalt 2000 – Ein Weg zur Aufwertung
der Erziehungsarbeit, 1998

[55] Leisinger, Klaus M.: Hoffnung als Prinzip – Bevölkerungspolitik mit menschlichem Antlitz, 1994

[56] Liminski, Martine und Liminski, Jürgen: Abenteuer Familie - Erfolgreich erziehen: Liebe und was sonst noch nötig ist, 2002

[57] Löhr, Mechthild: Argumente zur Familienförderung aus Unternehmenssicht; in: Leipert, Christian (Hrsg.): Demographie und Wohlstand – Neuer Stellenwert für Familie in Wirtschaft und Gesellschaft, 2003

[58] Longman, Phillip: The Empty Cradle – How Falling Birthrates Threaten World Prosperity and What to Do about It, 2004

[59] Löwenstein, Stephan: Demographie: "Im Jahr 2015 Schock in Ostdeutschland", http://www.faz.net/s/Rub594835B672714A1DB1A121534F010EE1/Doc~E0E9BE8C889 9644539A7F8F7829C5D197~ATpl~Ecommon~Sspezial.html

[60] Lüth, Erik und Raffelhüschen, Bernd: Die Finanzierung des Erziehungsgehalts 2000 – eine langfristige Herausforderung; in: Leipert, Christian (Hrsg.): Aufwertung der Erziehungsarbeit – Europäische Perspektiven einer Strukturreform der Familien- und Gesellschaftspolitik, 1999

[61] Lutz W, Skirbekk V, Testa MR: The Low Fertility Trap Hypothesis – Three mechanisms that can produce a downward spiral in the future number of births in very low fertility settings, http://www.oeaw.ac.at/vid/download/pce/dec01/pm/Low_Fertility_Trap_01_12.pdf

[62] Meinhardt, Volker: Finanzierungsstrategien zur strukturellen Besserstellung der Familien; in: Leipert, Christian (Hrsg.): Aufwertung der Erziehungsarbeit – Europäische Perspektiven einer Strukturreform der Familien- und Gesellschaftspolitik, 1999

[63] MerckMedicus Modules: Migraine – Epidemiology, http://www.merckmedicus.com/pp/us/hcp/diseasemodules/migraine/epidemiology.jsp

[64] Mersch, Peter: Migräne – Heilung ist möglich, 2006

[65] Meyer, Heinz: Emanzipation von der Männlichkeit – Genetische Dispositionen und gesellschaftliche Stilisierungen der Geschlechtsstereotype, 1993

[66] Miegel, Meinhard: Epochenwende – Gewinnt der Westen die Zukunft? 5. Auflage, 2006

[67] Müller-Kirschbaum, Thomas: Wirtschaftliche Zukunft braucht Familien; in: Leipert, Christian (Hrsg.): Demographie und Wohlstand – Neuer Stellenwert für Familie in Wirtschaft und Gesellschaft, 2003

[68] Netzzeitung.de: Viele Deutsche beklagen "Überfremdung", 13.07.2005, http://www.netzeitung.de/deutschland/348393.html

[69] n-tv: Immer weniger Kinder – Rückgang beschleunigt sich, 15.03.2006, http://www.n-tv.de/644879.html

[70] Opdenhövel, Patrick: Die demografische Herausforderung für Politik und Wirtschaft in Hessen – Daten, Fakten, Handlungsoptionen; in: Vereinigung der hessischen Unternehmerverbände e.V. (Hrsg). Zukunft Hessen, Zukunft Deutschland – Chancen der demografischen Herausforderung. 2005

[71] Opielka, Michael: Familienpolitik und Lebenslauf; in: Rehberg, Karl-Siegbert (Hrsg.): Differenz und Integration: Die Zukunft moderner Gesellschaften, 1997

[72] Opielka, Michael: Zur Debatte um ein Erziehungsgehalt in Deutschland; in: Leipert, Christian (Hrsg.): Aufwertung der Erziehungsarbeit – Europäische Perspektiven einer Strukturreform der Familien- und Gesellschaftspolitik, 1999

[73]   Pollmer, Udo et al.: Erstes Steinzeitmärchen – Unsere Vorfahren aßen fettbewusst, EU.L.E.n-Spiegel 5-6/2005, pages 4-7

[74]   Querdenken: Vorwerk macht wütend – Familienmanagerin voll daneben, 10.03.2006, http://querdenken.twoday.net/stories/1678580/

[75]   Roloff, Juliane: Demographischer Faktor, 2003

[76]   Schimany, Peter: Die Alterung der Gesellschaft – Ursachen und Folgen des demographischen Umbruchs, 2004

[77]   Schirrmacher, Frank: Das Methusalem-Komplott – Die Menschheit altert in unvorstellbarem Ausmaß. Wir müssen das Problem unseres eigenen Alterns lösen, um das Problem der Welt zu lösen, 36. Auflage, 2004

[78]   Schirrmacher, Frank: Minimum – Vom Vergehen und Neuentstehen unserer Gemeinschaft, 2006

[79]   Schlaffer, Hannelore: Das Alter – Ein Traum von Jugend, 3. Auflage, 2003

[80]   Simonis, Heide: Was Familien und der "Dritte Sektor" für die Zukunft des Sozialstaats tun; in: Leipert, Christian (Hrsg.): Aufwertung der Erziehungsarbeit – Europäische Perspektiven einer Strukturreform der Familien- und Gesellschaftspolitik, 1999

[81]   Sinn, Hans-Werner: Das demographische Defizit – die Fakten, die Folgen, die Ursachen und die Politikimplikationen; in: Birg, Herwig (Hrsg.): Auswirkungen der demographischen Alterung und der Bevölkerungsschrumpfung auf Wirtschaft, Staat und Gesellschaft, 2005

[82]   Sinn, Hans-Werner: Ist Deutschland noch zu retten? 3. Auflage, 2005

[83]   Speth JD, Spielmann KA: Energy source, protein metabolism, and hunter-gatherer subsistence strategies, Journal of Anthropological Archaeology 1983/2/pages 1-32

[84]   Statistisches Bundesamt: 10. koordinierte Bevölkerungsvorausberechnung, http://www.destatis.de/basis/d/bevoe/bev_svg_var.php

[85]   Statistisches Bundesamt: Bevölkerung, http://www.destatis.de/basis/d/bevoe/bevoetab1.php

[86]   Statistisches Bundesamt: Bevölkerung Deutschlands bis 2050 – 10. koordinierte Bevölkerungsvorausberechnung, http://www.destatis.de/presse/deutsch/pk/2003/Bevoelkerung_2050.pdf

[87]   Statistisches Bundesamt: Eheschließungen, Ehescheidungen, http://www.destatis.de/indicators/d/lrbev06ad.htm

[88]   Statistisches Bundesamt: Geborene, Gestorbene, Geburten-/Sterbeüberschuss, http://www.destatis.de/indicators/d/lrbev04ad.htm

[89]   Statistisches Bundesamt: Haushalte nach Haushaltsgrößen, http://www.destatis.de/indicators/d/lrbev05ad.htm

[90]   Stefansson V: The Fat of the Land, 1956

[91]   Stewens, Christa: Familie ist unsere Zukunft – die bayerische Familienpolitik; in: Leipert, Christian (Hrsg.): Demographie und Wohlstand – Neuer Stellenwert für Familie in Wirtschaft und Gesellschaft, 2003

[92]   Tichy, Roland und Tichy, Andrea: Die Pyramide steht Kopf – Die Wirtschaft in der Altersfalle und wie sie ihr entkommt, 2003

[93]   Ulrich, Ralph E.: Kontrazeption in Europa,
       http://www.berlin-institut.org/pages/buehne/buehne_beventw_ulrich_kontrazeption.html

[94]   vffm – Verband der Familienfrauen und -männer: Familienarbeit heute. Gehalt für
       Familienarbeit – der Weg zur Emanzipation.
       http://www.dhg-vffm.de/p/modules/news/article.php?storyid=35

[95]   Vorwerk: Familien-Managerin, http://www.vorwerk.com/de/html/familien-managerin.html

[96]   Waidfeld, Johannes M.: Wachstum, der Irrtum – Wohlstand, eine gesellschaftliche
       Betrachtung, 2005

[97]   wdr.de: Faktencheck. Kinder – nein danke! Aussagen auf dem Prüfstand, 23.03.2006,
       http://www.wdr.de/themen/politik/1/hart_aber_fair/faktencheck_060322/index.jhtml

[98]   Wickler, Wolfgang und Seibt, Ute: Männlich-Weiblich – Der große Unterschied und seine
       Folgen, 1983

[99]   Wikipedia: Beruf, http://de.wikipedia.org/wiki/Beruf

[100] Wikipedia: Berufsbeschreibung, http://de.wikipedia.org/wiki/Berufsbeschreibung

[101] Wikipedia: Bevölkerungsrückgang,
       http://de.wikipedia.org/wiki/Bev%C3%B6lkerungsr%C3%BCckgang

[102] Wikipedia: Demografie Deutschlands,
       http://de.wikipedia.org/wiki/Demografie_Deutschlands

[103] Wikipedia: Demografische Entwicklung,
       http://de.wikipedia.org/wiki/Demografische_Entwicklung

[104] Wikipedia: Demographie, http://de.wikipedia.org/wiki/Demographie

[105] Wikipedia: Einwanderungsland, http://de.wikipedia.org/wiki/Einwanderungsland

[106] Wikipedia: Emanzipation, http://de.wikipedia.org/wiki/Emanzipation

[107] Wikipedia: Eugenik, http://de.wikipedia.org/wiki/Eugenik

[108] Wikipedia: Fertilitätsrate, http://de.wikipedia.org/wiki/Fertilit%C3%A4tsrate

[109] Wikipedia: Frau, http://de.wikipedia.org/wiki/Frau

[110] Wikipedia: Opportunitätskosten, http://de.wikipedia.org/wiki/Opportunit%C3%A4tskosten

[111] Wikipedia: Rassenhygiene, http://de.wikipedia.org/wiki/Rassenhygiene

[112] Wikipedia: Russland, http://de.wikipedia.org/wiki/Russland

[113] Wikipedia: Subsidiarität, http://de.wikipedia.org/wiki/Subsidiarit%C3%A4t

[114] Wikipedia: Überfremdung, http://de.wikipedia.org/wiki/%C3%9Cberfremdung

[115] Wippermann, Peter: Weniger Kinder – andere Welt: das Vordringen der "Ich-AG"; in:
       Leipert, Christian (Hrsg.): Demographie und Wohlstand – Neuer Stellenwert für Familie
       in Wirtschaft und Gesellschaft, 2003

Ebenfalls von Peter Mersch:

Klüger werden und Demenz vermeiden. Wie sich beides für Jung und Alt erreichen lässt!

Ein Buch, das Ihnen zeigt, wie Sie Ihre Intelligenz verbessern und die Leistungsfähigkeit Ihres Gehirns bis ins hohe Alter erhalten können.

Es richtet sich an Jung und Alt, aber auch an Eltern von kleineren Kindern.

Mit Mitte dreißig war der Autor aufgrund seiner jahrzehntelangen schweren Migräneerkrankung geistig und körperlich bereits so sehr erschöpft, dass er sich kaum mehr konzentrieren konnte, unter Schlafstörungen litt und bei den kleinsten Anstrengungen und Aufregungen Kopfschmerz-, Schwindel- und Panikattacken bekam. Daneben plagten ihn chronische Müdigkeit, Depressionen und rheumatische Beschwerden. Von den Ärzten war kaum mehr Hoffnung zu erwarten, da er im medizinischen Sinne als austherapiert galt. Wenig später fand er heraus, was er – wie vermutlich die meisten Menschen in unserer Gesellschaft ebenso – seit Anbeginn seines Lebens falsch machte. Heute, mit über 60 Jahren, erarbeitet er eigenständige kreative Lösungen zu äußerst komplexen wissenschaftlichen Problemstellungen, wie es die von ihm entwickelte „Systemische Evolutionstheorie" beispielhaft demonstriert.

Das Buch wendet sich an alle, die ihre vorhandene Konzentrationsfähigkeit weiter verbessern und sich ihre kognitiven Fähigkeiten bis ans Lebensende erhalten möchten. Es macht Mut und Hoffnung, da es zeigt, dass man mit den geeigneten Maßnahmen selbst im Alter noch deutlich klüger und kreativer werden kann.

Der Autor lässt anklingen, dass die im Buch vorgeschlagenen Verhaltens- und Lebensstilmaßnahmen ein erhebliches Kostensenkungspotenzial im Gesundheitssystem besitzen können.

Norderstedt: Books on Demand, 2012, ISBN 978-3-8482-2741-9, 9,95 €

North Charleston, SC: CreateSpace, 2012, ISBN 978-1480254893, 8,95 €

Die egoistische Information. Eine Theorie des Lebens

Prof. Dr. Dr. Gerhard Vollmer (Mitbegründer der Evolutionären Erkenntnistheorie): *„Mir scheint, dass hier die bisher beste Verallgemeinerung des Evolutionsgedankens vorliegt."*

Alles Leben ist absolute und komparative Kompetenzverlustvermeidung, oder anders gesagt: Lebewesen und sonstige Evolutionsakteure verhalten sich informationsegoistisch.

Aus dieser mit dem Zweiten Hauptsatz der Thermodynamik begründbaren Verallgemeinerung der Theorie der egoistischen Gene  wird im Laufe des Buches ein Großteil der uns umgebenden belebten Welt evolutionär rekonstruiert, von einfachsten Lebensformen bis hin zu aktuellen sozialen Phänomenen und Problemstellungen moderner menschlicher Gesellschaften. Mehr ist nicht erforderlich. So gesehen ist die Welt einfach.

Als Verhaltensmodell stellt die *Theorie der egoistischen Information* eine Alternative zum Modell des Homo oeconomicus dar: Menschen und sonstige Lebewesen sind gemäß ihr keine einfachen Nutzenmaximierer, sondern primär darum bemüht, ihre Kompetenzen mit der Zeit und in Relation zu ihrer Umwelt und anderen nicht schwächer werden zu lassen.

Zudem werden einige wesentliche Theorien und Theoreme auf sie zurückgeführt. Dazu zählen:

- Charles Darwins biologische Selektionstheorie

- Ricardos Theorem der komparativen Vorteile in einer verallgemeinerten kompetenzbasierten Formulierung

- Die Population Ecology of Organizations Theory

Für die Eusozialität im Tierreich, die sozialen Phänomene demografischer Wandel und demografisch-ökonomisches Paradoxon und die Begriffe Sozialdarwinismus und Zivilisation werden neue, sich unmittelbar auf die *Theorie der egoistischen Information* stützende Erklärungen und Definitionen vorgestellt.

Das Paradigma der *egoistischen Information* ist Weltbild und Welterklärung zugleich.

North Charleston, SC: CreateSpace, 2016, ISBN 978-1530351251, 26,75 €

Wie Übergewicht entsteht … und wie man es wieder los wird

Die vorherrschende Vorstellung der Medizin ist, dass Menschen in erster Linie deshalb übergewichtig werden, weil sie mehr Kalorien zu sich nehmen als sie verbrauchen. Meist wird ihnen geraten, weniger zu essen – insbesondere vom Hauptenergieträger Fett – und sich gleichzeitig mehr zu bewegen – zum Beispiel durch Sport –, um die zu viel aufgenommene Energie zu verbrauchen.

Peter Mersch zeigt demgegenüber, dass es vor allem der aus evolutionärer Sicht noch nicht ganz ausgereifte Gehirnstoffwechsel des Menschen ist, der ihn unter den heutigen Lebensbedingungen zunehmend übergewichtig werden lässt. Denn unter der modernen Zivilisationskost kann das energiehungrigste und wichtigste Organ des Menschen – das Gehirn – die vielen, im Körperfett vorgehaltenen Kalorien nicht ausreichend nutzen, sodass Menschen selbst dann wieder hungrig werden, wenn sie längst überreichlich viel Fett am eigenen Körper tragen.

Ursache des Problems ist also weder die zu reichliche Fettspeicherung noch die mangelhafte Fettmobilisierung bei den Übergewichtigen, wie es die meisten Diäten und Ernährungsexperten behaupten, sondern die unzureichende Nutzung der in den Fettdepots gespeicherten Energien. Damit lässt sich insbesondere der epidemische Charakter der globalen Übergewichtswelle gut erklären.

Der Autor schließt seine Ausführungen mit einer Erläuterung verschiedener Lebensstilmaßnahmen und Ernährungsweisen zur Vermeidung und Reduzierung von Übergewicht, an deren Grundprinzipien er sich seit mehr als 20 Jahren selbst hält. In diesem Zuge analysiert er zahlreiche Ernährungsprogramme zur Gewichtsabnahme wie die Atkins-Diät, South-Beach-Diät, Lutz-Diät, ketogene Diät, anabole Diät, Dukan-Diät, 17-Tage-Diät, GLYX-Diät, Montignac-Methode, LOGI-Methode, Sears-Diät, Trennkost, Schlank im Schlaf, KFZ-Diät, Steinzeiternährung, FDH, Low-Fat etc. und beschreibt deren Eigenschaften und Wirkmechanismen.

Norderstedt: Books on Demand, 2012, ISBN 978-3-8482-0792-3, 9,95 €

North Charleston, SC: CreateSpace, 2012, ISBN 978-1477551721, 8,95 €

Migräne. Heilung ist möglich

Immer mehr Menschen leiden unter Migräne, einer Krankheit mit quälenden Kopfschmerzen und zum Teil schweren neurologischen Symptomen. Allein in Deutschland geht man von 6 bis 8 Millionen Betroffenen aus, darunter eine zunehmende Zahl kleiner Kinder.

Peter Mersch zeigt auf, dass es sich bei Migräne keineswegs – wie von der Schulmedizin behauptet – um eine unheilbare neurologische Erkrankung handelt, sondern um temporäre energetische Krisen im Gehirn, in vielen Fällen verursacht durch eine zu kohlenhydratreiche Ernährung.

Die Umstellung der Energieversorgung des Gehirns vom Kohlenhydratstoff-wechsel auf den leistungsfähigeren Fettstoffwechsel war die Voraussetzung dafür, dass das Gehirn des Menschen in der Altsteinzeit wachsen konnte. Mit Einführung des Getreides im Neolithikum und dem späteren Siegeszug des Zuckers erfolgte eine immer stärkere Regression der Energieversorgung des Gehirns auf den labileren Kohlenhydratstoffwechsel, womit viele Menschen nicht zurechtkommen. Die Folge sind Unterzuckerungen und andere sporadische zerebrale Mangelsituationen, die zu den Migräneattacken führen.

Das Buch stellt dar, wie durch Umstellung auf eine Ernährung, die den energetischen Anforderungen des Gehirns entspricht, und andere Lebensstilmaßnahmen Migräne deutlich gebessert oder sogar geheilt werden kann.

2. unveränderte Auflage der Erstausgabe aus 2006

Norderstedt, Books on Demand, 2016, ISBN 978-3-8391-2531-1, 14,99 €

North Charleston, SC: CreateSpace, 2016, ISBN 978-1477574256, 14,98 €